YUENAN SHANGMAO
FALÜ XUANBIAN

越南商贸法律选编

孙志文　编译

法律出版社
LAW PRESS · CHINA
—— 北京 ——

图书在版编目(CIP)数据

越南商贸法律选编 / 孙志文编译. -- 北京 : 法律出版社, 2023
ISBN 978-7-5197-7481-3

Ⅰ. ①越… Ⅱ. ①孙… Ⅲ. ①知识产权法–越南②劳动法–越南③企业法–越南④外商投资–涉外经济法–越南 Ⅳ. ①D933.3

中国国家版本馆 CIP 数据核字(2023)第 005875 号

越南商贸法律选编
YUENAN SHANGMAO FALÜ XUANBIAN

孙志文 编译

策划编辑 朱海波
责任编辑 朱海波 李 军
装帧设计 贾丹丹

出版发行 法律出版社
编辑统筹 法律应用出版分社
责任校对 王晓萍
责任印制 刘晓伟
经　　销 新华书店

开本 710 毫米×1000 毫米 1/16
印张 28.25 **字数** 400 千
版本 2023 年 4 月第 1 版
印次 2023 年 4 月第 1 次印刷
印刷 北京虎彩文化传播有限公司

地址:北京市丰台区莲花池西里 7 号(100073)
网址:www.lawpress.com.cn
投稿邮箱:info@lawpress.com.cn
举报盗版邮箱:jbwq@lawpress.com.cn

销售电话:010-83938349
客服电话:010-83938350
咨询电话:010-63939796

书号:ISBN 978-7-5197-7481-3
定价:98.00 元

凡购买本社图书,如有印装错误,我社负责退换。电话:010-83938349

目　录

劳动法

企业法

投资法

知识产权法

附 录

劳动法

律字第 45/2019/QH14 号

国会根据《越南社会主义共和国宪法》颁行《劳动法》。

第一章　总　　则

第 1 条　适用范围

《劳动法》调整劳动标准；调整劳动者、雇主、基层职工代表组织、雇主代表组织在劳动关系及与劳动关系直接相关的其他关系中的权利、义务和责任；调整国家的劳动管理。

第 2 条　适用对象

1. 劳动者、学徒、实习人员及无劳动关系劳动者。

2. 雇主。

3. 在越南工作的外籍劳动者。

4. 与劳动关系直接相关的其他机关、组织或个人。

第 3 条　用语释义

本法用语释义如下：

1. 劳动者，系指按照劳动协议为雇主劳动、获取报酬并接受雇主管理、安排和监督的人员。

劳动者须年满 15 周岁，但本法第 11 章第 1 节规定的情形除外。

2. 雇主，系指按照劳动合同雇用劳动者的企业、机关、组织、合作社、家庭户以及个人；雇主为自然人的，应具备完全民事行为能力。

3. 基层职工代表组织，系指同一用工单位的劳动者根据劳动法律的规定自发成立的以集体协商或其他合法形式保护劳动关系中劳动者的合法正当权益的组织。基层职工代表组织包括基层工会和企业的劳动者组织。

4. 雇主代表组织，系指依法成立、代表并保护雇主在劳动关系中的合法权益的组织。

5. 劳动关系，系指劳动者、雇主、各方代表组织、国家主管部门在雇用劳动者、给付薪资过程中所产生的社会关系。劳动关系包括个人劳动关系和集体劳动关系。

6. 无劳动关系劳动者，系指无劳动合同雇用关系的劳动者。

7. 强迫劳动，系指使用武力、威胁使用武力或其他手段胁迫劳动者违反本人意愿从事劳动。

8. 劳动歧视，系指因种族、肤色、国籍或社会背景、民族、性别、年龄、怀孕哺乳、婚姻、宗教、信仰、政见、残疾、家庭负担，或因感染艾滋病毒，或因成立、加入工会或企业的劳动者组织，采取歧视、限制或优先行为，从而影响就业机会或职业平等的行为。

基于工作的特殊要求采取的区别对待、排除或优先行为，对易遭受伤害的劳动者采取的就业保护行为，不视为劳动歧视。

9. 劳动场所性骚扰，系指任何人对他人在劳动场所实施的、未经对方同意或接受的带有性属性的行为。劳动场所是指劳动者按照劳动协议或雇主的指派实际工作的任何场所。

第 4 条　国家的劳动政策

1. 保障劳动者、无劳动关系劳动者的合法正当权益；鼓励优于劳动法规定的更有利于保障劳动者的劳动协议。

2. 保障雇主的合法权益，以依法、民主、公平、文明的方式开展劳动管理，增强社会责任。

3. 为创造就业、自主创业、以就业为目的的技能培训学习，为劳动密集型生产经营活动，为无劳动关系劳动者适用本法的部分规定创造有利条件。

4. 制定人力资源发展与配置、提高劳动效率、培训和提升劳动者职业技能的政策；制定辅助劳动者维持、更换职业和工作的政策；对满足国家工业化和现代化事业、工业革命发展需求的高水平专业技术劳动者的优惠政策。

5. 制定发展劳动力市场，多元化劳动供求方式的政策。

6. 促进劳动者与雇主集体对话、协商，建立进步、和谐与稳定的劳动关系。

7. 保障性别平等；制定保护女性劳动者、残疾劳动者、高龄劳动者以及未成年工的劳动制度和社会政策。

第5条　劳动者的权利与义务

1. 劳动者享有以下权利：

(1)就业；自由选择工作内容、工作地点、职业、职业学习、提升职业水平；不遭受劳动歧视、强迫劳动、劳动场所性骚扰。

(2)基于与雇主的协商，领取符合职业技能的薪资；享受劳动保护，在保障劳动安全卫生的条件下工作；按规定休假，领取带薪年假和集体福利。

(3)依法成立或加入劳动者代表组织、行业组织及其他组织；要求并参加与雇主的对话，落实民主制度，进行集体协商，在劳动场所接受咨询，保护自身合法正当权益；根据雇主拟定的内部劳动规章制度参与管理。

(4)拒绝工作过程中明显直接危及生命安全、身体健康的工作。

(5)单方终止劳动合同。

(6)罢工。

(7)法律规定的其他权利。

2. 劳动者的义务：

(1)履行劳动合同、集体劳动合同和其他合法协议；

(2)遵守劳动纪律、内部劳动规章制度，服从雇主的管理、调度和监管；

(3)遵守有关劳动、就业、职业教育、社会保险、医疗保险、失业保险、劳动卫生安全的法律法规。

第6条 雇主的权利与义务

1. 雇主享有以下权利：

(1)招聘、安排、管理和监督劳动者；奖励、对违反劳动纪律的行为进行处分。

(2)依法成立或加入雇主代表组织、行业组织及其他组织。

(3)要求劳动者代表组织协商签订集体劳动合同；参与解决劳动争议和罢工；与劳动者代表组织就涉及劳动关系、改善劳动者物质和精神生活的问题对话。

(4)临时关闭劳动场所。

(5)法律规定的其他权利。

2. 雇主的义务：

(1)履行劳动合同、集体劳动合同和其他合法协议；尊重劳动者的名誉和尊严。

(2)建立并落实与劳动者、劳动者代表组织对话的机制；在劳动场所落实基层民主制度。

(3)对劳动者进行培训、再培训、提升劳动技能，以维持或变更劳动者的职业和工作。

(4)遵守有关劳动、就业、职业教育、社会保险、医疗保险、失业保险、劳动卫生安全的法律法规；制定并实施预防劳动场所性骚扰的各项措施。

(5)参与制定国家职业技能标准，对劳动者的职业技能进行评估、认证。

第7条 建立劳动关系

1. 基于自愿、善意、平等、合作、尊重彼此合法权益的原则，以对话、协商、协议的方式建立劳动关系。

2. 雇主、雇主代表组织与劳动者、劳动者代表组织，在国家主管部门的协助下建立进步、和谐与稳定的劳动关系。

3. 工会与国家主管部门共同参与协助建立进步、和谐与稳定的劳动关系；监督劳动法律法规的实施；保护劳动者的合法正当权益。

4. 越南工商会、越南合作社联合会及其他依法成立的代表并保护雇主合法权益的雇主代表组织，参与建立进步、和谐与稳定的劳动关系。

第 8 条　劳动关系严厉禁止的行为

1. 劳动歧视。

2. 虐待劳动者，强迫劳动。

3. 劳动场所性骚扰。

4. 以技艺学习、工作实习的名义牟利、剥削劳动力，或引诱、教唆、胁迫学徒和实习人员从事非法活动。

5. 使用未经培训或未取得国家职业技能证书的劳动者从事须经培训或取得国家职业技能证书的职业和工作。

6. 以引诱、教唆、虚假许诺、虚假宣传或其他手段欺诈劳动者，以贩卖人口、剥削劳动力、强迫劳动为目的招聘劳动者，利用就业服务、对外劳务输出活动实施非法行为。

7. 非法使用未成年工。

第二章　就业、招聘与劳动管理

第 9 条　就业与解决就业

1. 就业，系指从事法律未禁止的以劳动获取报酬的活动。

2. 国家、雇主和社会负责参与解决就业，保障具有劳动能力的人均享有就业机会。

第 10 条　劳动者的就业权

1. 自由选择职业，任意选择法律未禁止的雇主和地点从事工作。

2. 直接或通过就业服务组织与雇主联系，寻找符合意愿、能力及职业水平和身体健康状况的工作。

第 11 条　招聘

1. 雇主有权根据需求直接或通过就业服务组织、劳务派遣企业招聘劳动者。

2. 劳动者无须支付招聘费用。

第 12 条　雇主的劳动管理责任

1. 建立、更新、管理和使用书面或电子劳动管理名册，并应国家主管部门的要求出示。

2. 自用工之日起 30 日内申报劳动使用情况，定期向省级人民委员会劳动管理机关汇报劳动变更情况，并通报社会保险机关。

3. 政府规定本条细则。

第三章　劳 动 合 同

第一节　签订劳动合同

第 13 条　劳动合同

1. 劳动合同，系指劳动者与雇主就劳动关系中的有偿劳动、薪资、劳动条件、各方的权利和义务达成的协议。

双方协商使用其他名称，但内容为有偿劳动、薪资以及一方的管理、安排和监督的合同，视为劳动合同。

2. 接收劳动者入职工作前，雇主应与劳动者签订劳动合同。

第 14 条　劳动合同的形式

1. 劳动合同应以书面形式签订，并制成一式两份，劳动者与雇主各执一份，但本条第 2 款规定的情形除外。

根据电子交易法律的规定，以数据信息形式存在的电子介质签订的劳动合同，与书面劳动合同具有同等效力。

2. 双方可以口头方式签订期限 1 个月以内的劳动合同，但本法第 18 条第 2 款、第 145 条第 1 款第(1)项、第 162 条第 1 款规定的情形除外。

第 15 条　签订劳动合同的原则

1. 自愿、平等、诚信、合作与诚实。

2. 自由签订劳动合同，但不得违反法律规定、集体劳动合同和社会道德。

第 16 条　签订劳动合同时提供相关信息的义务

1. 雇主应如实向劳动者提供工作内容、工作地点、工作条件、工作时间、休息休假时间、劳动安全卫生、薪资和给付方式、社会保险、医疗保险、失业保险、保守商业秘密和技术秘密，以及劳动者要求的与签订劳动合同直接相关的其他信息。

2. 劳动者应如实向雇主提供姓名、出生日期、性别、居住地、学历、职业技能水平、身体健康证明，以及雇主要求的与签订劳动合同直接相关的其他信息。

第 17 条　雇主签订及履行劳动合同时严厉禁止的行为

1. 扣押劳动者随身证件、文凭和证书原件。

2. 要求劳动者提供金钱或其他财产担保履行劳动合同。

3. 强迫劳动者以履行劳动合同的方式偿还对雇主所负的债务。

第 18 条　签订劳动合同的权限

1. 劳动者直接签订劳动合同，但本条第 2 款规定的情形除外。

2. 对于季节性工作、12 个月以内的固定期限工作，年满 18 周岁以上的劳动者团体可委托团体内的一名劳动者代为签订劳动合同；在此情形下，劳动合同应以书面形式签订，其效力及于团体内的全体劳动者。

由受托劳动者签订的劳动合同，应附载明团体内所有劳动者姓名、出生日期、性别、居住地信息的名单和签名。

3. 下列为签订劳动合同的雇主一方人员：

(1)企业的法定代表人或其受托人；

(2)依法享有法人资格的机关或组织的负责人或其受托人；

(3)不具备法人资格的家庭户、合伙组织或其他组织的代表或其受托人；

(4)直接使用劳动者的自然人。

4. 下列为签订劳动合同的劳动者一方人员：

(1)年满 18 周岁以上的劳动者；

(2)年满 15 周岁未满 18 周岁，经其法定代表人书面同意的劳动者；

(3)未满 15 周岁的人员与其法定代表人；

(4)经团体其他劳动者合法委托签订劳动合同的劳动者。

5. 受托签订劳动合同的人员不得再委托他人签订劳动合同。

第 19 条　签订多份劳动合同

1. 劳动者可与多个雇主签订劳动合同，但应保障充分履行合同内容。

2. 劳动者同时与多个雇主签订劳动合同的，社会保险、医疗保险、失业保险的参保，适用社会保险、医疗保险、失业保险和劳动安全卫生的法律规定。

第 20 条　劳动合同的类型

1. 劳动合同的类型包括：

(1)无固定期限劳动合同，系指双方未在合同中明确约定合同期限和终止日期的合同；

(2)固定期限劳动合同，系指双方在合同中明确约定自合同生效之日起合同期限不超过 36 个月和终止日期的合同。

2. 本条第 1 款第(2)项规定的劳动合同期满后，劳动者仍继续工作的，按以下规定执行：

（1）双方应于劳动合同期满30日内签订新的劳动合同，逾期未签订新劳动合同的，双方的权利、义务和利益按签订的劳动合同执行；

（2）双方自劳动合同期满30日内未签订新劳动合同的，本条第1款第（2）项规定的劳动合同变更为无固定期限劳动合同；

（3）双方签订的新劳动合同为固定期限劳动合同的，仅能续签一次，合同到期后劳动者继续工作的，双方应签订无固定期限劳动合同，但受聘担任国资企业经理和本法第149条第1款、第151条第2款和第177条第4款规定的情形除外。

第21条　劳动合同的内容

1. 劳动合同应具备以下主要内容：

（1）雇主的名称和地址、签订劳动合同的雇主一方人员的姓名和职务；

（2）签订劳动合同的劳动者一方人员的姓名、年龄、性别、居住地、公民身份信息卡、居民身份证或护照号码；

（3）工作内容及工作地点；

（4）劳动合同期限；

（5）根据工作内容或职务确定的薪资标准、给付方式、给付期限、报酬、津贴补贴及其他补充内容；

（6）调职、调薪制度；

（7）工作时间、休息休假时间；

（8）劳动者的劳动防护装备；

（9）社会保险、医疗保险和失业保险；

（10）培训和提升职业技能。

2. 依法从事与商业秘密或技术秘密直接相关工作的劳动者，雇主有权与劳动者就保守商业秘密或技术秘密的内容、期限及权利、违约补偿签订书面协议。

3. 农业、林业、渔业及盐业劳动者，双方可根据工作种类协商减少劳动合同的部分主要内容，协商补充自然灾害、火灾、气候影响合同履行情形下的处理措施方面的内容。

4. 受聘担任国资企业经理的劳动者,劳动合同的内容由政府作出规定。

5. 劳动荣军与社会部部长规定本条第 1 款、第 2 款和第 3 款的细则。

第 22 条　劳动合同的附件

1. 劳动合同的附件是劳动合同的一部分,与劳动合同具有同等效力。

2. 劳动合同的附件详细规定或补充修订部分劳动合同的条款内容,但不得修改劳动合同期限。

劳动合同的附件对劳动合同部分条款的具体规定,导致对劳动合同的理解不一致的,按劳动合同的内容执行。

劳动合同的附件补充修订部分劳动合同条款的,应载明补充修订的条款内容及生效日期。

第 23 条　劳动合同的效力

劳动合同自双方签订之日起生效,但双方另有约定或法律另有规定的除外。

第 24 条　试用

1. 雇主与劳动者可在劳动合同中约定试用内容或就试用事项签订试用合同。

试用合同的主要内容,应包括试用时间和本法第 21 条第 1 款第(1)(2)(3)(5)(8)(9)项规定的内容。

2. 期限为 1 个月以内的劳动合同,不得约定试用条款。

第 25 条　试用期

试用期由双方根据工作性质和复杂程度协商确定,但对同一工作仅能约定一次试用并确保满足以下条件:

1.《企业法》《投入企业生产经营的国有资本管理使用法》规定

的企业管理人,试用期不得超过180日。

2. 要求高级以上专业技术职称的工作,试用期不得超过60日。

3. 要求中级专业技术职称的工作、技术工或业务员,试用期不得超过30日。

4. 其他工作的试用期不得超过6日。

第26条 试用期的薪资

试用期的薪资由双方协商确定,但不得低于该岗位薪资的85%。

第27条 结束试用期

1. 试用期结束时,雇主应通知劳动者试用结果。

经试用符合要求,且劳动合同中已约定试用条款的,雇主应继续履行劳动合同;只签订试用合同的,雇主应与劳动者签订劳动合同。

经试用不符合要求的,终止已签订的劳动合同或试用合同。

2. 试用期内双方均有权解除试用合同或已签订的劳动合同,无须提前通知或赔偿。

第二节 履行劳动合同

第28条 按照劳动合同开展工作

劳动合同约定的工作应由签订劳动合同的劳动者实施。工作地点按劳动合同执行,但双方另有约定的除外。

第29条 改派劳动者从事劳动合同以外的其他工作

1. 因突发自然灾害、火灾、危险疫病,必须采取措施防范劳动事故、职业病、水电故障或基于生产经营需要,雇主有权临时改派劳动者从事劳动合同以外的其他工作,但1年内累计不得超过60个工作日;劳动者书面同意的,1年内累计可超过60个工作日。

因生产经营需要临时改派劳动者从事劳动合同以外的其他工作的，由雇主在内部劳动规章制度中具体作出规定。

2. 根据本条第 1 款的规定临时改派劳动者从事劳动合同以外的其他工作的，雇主应至少提前 3 个工作日通知劳动者并明确临时改派期限，安排劳动者从事符合其健康状况和性别的工作。

3. 改派从事劳动合同以外的其他工作的劳动者，根据新的工作领取薪资。新工作的薪资低于原工作薪资的，可在 30 个工作日内领取原工作薪资。新工作的薪资不得低于原工作薪资的 85%，且不得低于法定最低工资。

4. 劳动者不同意临时从事 1 年内累计超过 60 个工作日的其他工作而停职的，雇主应按照本法第 99 条的规定给付停职薪资。

第 30 条　中止履行合同

1. 中止履行合同的情形包括：

(1) 劳动者履行军事义务或民兵自卫队义务的；

(2) 根据《刑事诉讼法》有关规定，劳动者被羁押或拘留的；

(3) 劳动者被依法送入教养院、强制戒瘾机构或强制教育机构的；

(4) 本法第 138 条规定的女性劳动者怀孕的；

(5) 劳动者担任国有独资一人有限责任公司管理人员的；

(6) 劳动者受托代表国家对企业的国有资产行使职权的；

(7) 劳动者受托代表企业对在其他企业的投资行使职权的；

(8) 双方协商一致的其他情形。

2. 中止履行合同期间，劳动者不能享受劳动合同中规定的薪资和权益，但双方另有约定或法律另有规定的除外。

第 31 条　中止履行劳动合同期满后续雇劳动者

自中止履行劳动合同期满之日起 15 日内，劳动者应至劳动场所报到，劳动合同未到期的，雇主应按劳动合同续雇劳动者，但双方另有约定或法律另有规定的除外。

第 32 条 非全日制用工

1. 非全日制用工,系指工作时间短于劳动法律的规定、集体劳动合同或内部劳动规章制度的按日、周或月计算的通常工作时间的用工形式。

2. 劳动者与雇主签订劳动合同时协商确定非全日制用工形式。

3. 非全日制用工的劳动者领取薪资;享有与全日制工作的劳动者同等的权利和义务;就业机会平等,不遭受歧视,享受劳动安全卫生保障。

第 33 条 补充修订劳动合同

1. 在履行劳动合同过程中,一方提出补充修订劳动合同的,应至少提前 3 个工作日将须补充修订的内容通知对方。

2. 双方达成一致的,应以签订合同附件或签订新劳动合同的方式补充修订劳动合同的内容。

3. 双方未达成一致的,应继续履行双方已签订的劳动合同。

第三节 终止劳动合同

第 34 条 终止劳动合同的情形

1. 劳动合同期满,但本法第 177 条第 4 款规定的情形除外。

2. 已完成劳动合同规定的工作内容。

3. 双方协商终止劳动合同。

4. 劳动者被判处徒刑但未缓刑执行,或不属于《刑事诉讼法》第 328 条第 5 款规定的依法释放的情形,或不属于被判处死刑或根据已生效的法院判决或决定禁止其从事劳动合同中的工作的情形。

5. 根据已生效的法院判决或决定或国家主管部门的决定,在越南工作的外籍劳动者被驱逐出境的。

6. 劳动者死亡或劳动者被法院宣告丧失民事行为能力、宣告失踪、宣告死亡。

7. 自然人雇主死亡或被法院宣告丧失民事行为能力、宣告失踪、宣告死亡的。非自然人雇主终止活动，或被省级人民委员会经营登记机关通报无法定代表人、无履行法定代表人权利和义务的委托代理人。

8. 给予劳动者解雇纪律处分。

9. 劳动者根据本法第35条的规定单方终止劳动合同。

10. 雇主根据本法第36条的规定单方终止劳动合同。

11. 雇主根据本法第42条和第43条的规定允许劳动者辞职。

12. 本法第156条规定的在越南工作的外籍劳动者的工作许可证失效的。

13. 劳动合同中约定试用期条款，但经试用不符合要求或一方解除试用合同。

第35条　劳动者单方终止劳动合同的权利

1. 劳动者有权单方终止劳动合同，但须提前通知雇主：

(1)无固定期限劳动合同，应至少提前45日通知；

(2)期限12个月以上、36个月以下的固定期限劳动合同，应至少提前30日通知；

(3)期限12个月以内的固定期限劳动合同，应至少提前3个工作日通知；

(4)部分特殊行业、特殊职业或特殊工作，提前通知的时间由政府规定。

2. 凡属下列情形之一的，劳动者有权单方终止劳动合同且无须提前通知：

(1)雇主未按照劳动合同安排工作内容、安置工作地点或工作条件未得到保障的，但本法第29条规定的情形除外；

(2)雇主未按时或足额给付薪资，但本法第97条第4款规定的情形除外；

(3)遭受雇主虐待或殴打，雇主实施言语或行为侮辱以及影响身体健康、尊严和名誉的行为，被强迫劳动的；

(4)在工作场所遭受性骚扰的；

(5)怀孕的女性劳动者根据本法第138条第1款的规定应休假的；

(6)已达到本法第169条规定的退休年龄的，但双方另有约定的除外；

(7)雇主未按本法第16条第1款的规定如实提供信息，影响劳动合同履行的。

第36条 雇主单方终止劳动合同的权利

1. 凡属下列情形之一的，雇主有权单方终止劳动合同：

(1)按照雇主拟定的工作完成度评价标准，劳动者经常未能完成劳动合同规定的工作。工作完成度评价标准由雇主拟定，设立基层职工代表组织的，应参考其意见。

(2)无固定期限劳动合同的劳动者因疾病、事故已连续治疗12个月，或期限12个月以上、36个月以下的固定期限劳动合同的劳动者已连续治疗6个月，或期限12个月以内的固定期限劳动合同的劳动者的治疗时间已超过1/2劳动合同期限，劳动能力尚未恢复的。

劳动者恢复健康的，雇主可以继续与劳动者签订劳动合同。

(3)因自然灾害、火灾、危险疫病、战争或按照国家主管部门的要求收缩生产经营，雇主已穷尽所有措施但仍须减少工作岗位的。

(4)劳动者未按本法第31条的规定至工作场所报到的。

(5)劳动者已达到本法第169条规定的退休年龄的，但双方另有约定的除外。

(6)劳动者无正当理由连续旷工5个工作日以上的。

(7)劳动者签订劳动合同时未按本法第16条第2款的规定如实提供信息，影响雇主招聘的。

2. 雇主根据本条第1款第(1)(2)(3)(5)(7)项的规定单方终止劳动合同的，应提前通知劳动者：

(1)无固定期限劳动合同，应至少提前45日通知；

(2)期限12个月以上、36个月以下的固定期限劳动合同，应至少提前30日通知；

(3)期限12个月以内的劳动合同和本条第1款第(2)项规定的情形,应至少提前3个工作日通知;

(4)部分特殊行业、特殊职业或特殊工作,提前通知的时间按政府的规定执行。

3. 雇主根据本条第1款第(4)(6)项的规定单方终止劳动合同的,无须提前通知劳动者。

第37条　雇主不得单方终止劳动合同的情形

1. 劳动者患病、遭遇事故或患职业病且正按照权威医疗机构的要求接受治疗或调养的,但本法第36条第1款第(2)项规定的情形除外。

2. 劳动者正在休年假、事假和其他经雇主同意的休假情形的。

3. 女性劳动者怀孕;正在休产假或哺育不满12个月婴儿的劳动者。

第38条　单方终止劳动合同的撤销

在提前通知期限届满前,任一方均有权撤销单方终止劳动合同,但应书面通知并取得对方同意。

第39条　违法单方终止劳动合同

违法单方终止劳动合同,系指不符合本法第35条、第36和第37条的规定终止劳动合同的情形。

第40条　劳动者违法单方终止劳动合同时的义务

1. 不能领取离职补贴。

2. 须按劳动合同赔偿雇主半个月的薪资,未提前通知的还须支付与劳动合同规定薪资相当的补偿金。

3. 须向雇主退还本法第62条规定的培训费用。

第41条　雇主违法单方终止劳动合同时的义务

1. 按照已签订的劳动合同接受劳动者复职;须给付劳动者未工作期间的薪资,并缴纳社会保险、医疗保险和失业保险,以及不低于劳动合同规定的2个月薪资的补偿金。

劳动者复职后应向雇主退还已领取的离职补贴、失业补贴。

劳动合同中的职位或岗位已无空缺,但劳动者仍希望继续工作的,双方应协商补充修订劳动合同。

违反本法第36条第2款关于提前通知期限规定的,应支付与未提前通知期间的薪资相当的补偿金。

2. 劳动者不愿继续工作的,雇主除须支付本条第1款规定的补偿外,还应按本法第46条的规定支付离职补贴,以终止劳动合同。

3. 雇主不愿接受劳动者复职且劳动者同意的,雇主除须支付本条第1款规定的补偿和本法第46条规定的离职补贴外,双方可就支付额外补偿进行协商,但不得低于劳动者2个月的薪资,以终止劳动合同。

第42条　雇主调整结构、革新技术或经济原因情形下的义务

1. 凡属下列情形之一的,视为调整结构或革新技术:

(1)调整组织结构或人员安排;

(2)调整与雇主生产经营行业相关的生产经营工艺、技术或机械设备;

(3)调整产品或产品结构。

2. 凡属下列情形之一的,视为经济原因:

(1)经济危机或经济衰退;

(2)执行国家的政策、法律的规定而进行经济重组或履行国际承诺。

3. 因调整结构或革新技术影响多名劳动者就业的,雇主应按本法第44条的规定制订并实施用工方案;有新工作岗位空缺的,应优先对现有劳动者进行再培训,以便继续用工。

4. 因经济原因使多名劳动者面临失业或离职风险的,雇主应按本法第44条的规定制订并实施用工方案。

5. 雇主无法解决就业而辞退劳动者的,应按本法第47条的规定支付失业补贴。

6. 劳动者为基层职工代表组织成员的，雇主根据本条辞退劳动者前应先听取基层职工代表组织的意见，并提前30日通知省级人民委员会和劳动者。

第43条　雇主分立、分拆、合并、归并；出售、出租、转换企业类型；转让企业或合作社的所有权、财产使用权时的义务

1. 雇主分立、分拆、合并、归并；出售、出租、转换企业类型；转让企业或合作社的所有权、财产使用权，影响多名劳动者就业的，应按本法第44条的规定拟制用工方案。

2. 当前雇主和后续雇主负责落实已通过的用工方案。

3. 被辞退的劳动者可按本法第47条的规定领取失业补贴。

第44条　用工方案

1. 用工方案应具备以下主要内容：

(1)继续聘用、再培训后继续聘用或转为非全日制用工的劳动者数量和名册；

(2)退休劳动者数量和名册；

(3)应终止劳动合同的劳动者数量和名册；

(4)雇主、劳动者和有关各方在落实用工方案中的权利和义务；

(5)保障用工方案落实的措施和经费来源。

2. 设立基层职工代表组织的，雇主拟制用工方案时应听取其意见。用工方案应自通过之日起15日内公示，以便劳动者知悉。

第45条　通知终止劳动合同

根据本法的规定终止劳动合同的，雇主应书面通知劳动者，但本法第34条第4款、第5款、第6款、第7款和第8款规定的情形除外。

非自然人雇主自通报终止活动时起终止劳动合同。

根据本法第34条第7款的规定，非自然人雇主被省级人民委员会经营登记机关通报无法定代表人、无履行法定代表人权利和义务的委托代理人的，自通报之日起终止劳动合同。

第46条 离职补贴

1. 根据本法第34条第1款、第2款、第3款、第4款、第6款、第7款、第9款和第10款的规定终止劳动合同的，雇主负责向正常工作满12个月以上的被辞退劳动者支付离职补贴，每工作满1年给付半个月薪资，但按社会保险法律的规定领取退休工资以及本法第36条第1款第(6)项规定的情形除外。

2. 计算离职补贴的工作时间，系指劳动者为雇主实际工作的时间总和扣减劳动者根据社会保险法律的规定参加失业保险的时间以及领取雇主给付的离职补贴或失业补贴的时间。

3. 计算离职补贴的薪资，系指劳动合同规定的劳动者被辞退前连续6个月的平均薪资。

4. 政府规定本条细则。

第47条 失业补贴

1. 雇主按本法第34条第11款的规定向正常工作连续满12个月以上的失业劳动者支付失业补贴，每工作满1年给付1个月薪资，但不得低于2个月薪资。

2. 计算失业补贴的工作时间，系指劳动者为雇主实际工作的时间总和扣减劳动者根据社会保险法律的规定参加失业保险的时间以及领取雇主给付的离职补贴或失业补贴的时间。

3. 计算失业补贴的薪资，系指劳动合同规定的劳动者被辞退前连续6个月的平均薪资。

4. 政府规定本条细则。

第48条 终止劳动合同时的责任

1. 自终止劳动合同之日起14个工作日内，双方负责彻底结清与各方权益相关的所有款项，下列情形可延长期限但不得超过30日：

(1)非自然人雇主终止活动；

(2)雇主调整结构、革新技术或经济原因；

(3)雇主分立、分拆、合并、归并；出售、出租、转换企业类型；转让企业或合作社的所有权、财产使用权；

(4)因自然灾害、火灾、战争或危险疫病。

2. 企业或合作社被终止活动、解散或破产的，应按集体劳动合同或劳动合同优先结清劳动者的薪资、社会保险、医疗保险、失业保险、离职补贴和其他权益。

3. 雇主承担以下责任：

(1)办理社会保险、失业保险缴费时间确认手续，并与其他由其保管的劳动者的证件原件一起交还劳动者。

(2)劳动者提出要求的，还应提供与劳动者工作经历相关的材料复印件。复印或送达材料的费用由雇主担负。

第四节　无效的劳动合同

第 49 条　无效的劳动合同

1. 劳动合同全部无效的情形：

(1)劳动合同的全部内容违反法律规定；

(2)签订劳动合同的人员越权或违反本法第 15 条第 1 款规定的原则；

(3)劳动合同的工作内容是法律所禁止的。

2. 劳动合同部分内容违反法律规定而无效的，不影响其他部分的效力。

第 50 条　宣告劳动合同无效的权限

人民法院有权宣告劳动合同无效。

第 51 条　无效劳动合同的处理

1. 劳动合同部分内容被宣告无效的，按以下规定处理：

(1)双方的权利、义务和利益根据当前适用的集体劳动合同解决;无集体劳动合同的,根据法律的规定处理。

(2)双方对被宣告无效的劳动合同部分进行补充修订,使其符合集体劳动合同或劳动法律的规定。

2. 劳动合同被宣告全部无效的,劳动者的权利、义务和利益,根据法律的规定解决;签订错误时,双方可重新签订劳动合同。

3. 政府规定本条细则。

第五节 劳务派遣

第52条 劳务派遣

1. 劳务派遣,系指劳动者与劳务派遣企业签订劳动合同,劳动者被派遣为其他雇主工作并接受该雇主安排,但仍继续与签订劳动合同的雇主维持劳动关系。

2. 劳务派遣活动系属附条件的经营行业,仅限于取得劳务派遣许可证的企业,且仅适用于部分特定工作。

第53条 劳务派遣的原则

1. 劳动者的劳务派遣期限不得超过12个月。

2. 凡属下列情形之一的,准予用工雇主使用劳务派遣用工:

(1)满足一定时间内突然增加的临时性用工需求;

(2)替代休产假、遭遇劳动事故、患职业病或履行公民义务的劳动者;

(3)专业技术水平要求较高的用工需求。

3. 凡属下列情形之一的,用工雇主不得使用劳务派遣用工:

(1)替代正在行使罢工权或解决劳动争议的劳动者;

(2)被派遣劳动者与劳务派遣企业未签订有关劳动事故或职业病赔偿责任的具体协议;

(3)替代因调整结构、革新技术、经济原因或分立、分拆、合并、归并被辞退的劳动者。

4. 用工雇主不得再派遣被派遣劳动者,不得使用未取得劳务派遣许可证的企业派出的劳动者。

第 54 条 劳务派遣企业

1. 劳务派遣企业应缴纳保证金并取得劳务派遣许可证。

2. 关于缴纳保证金,批准、重新批准、延期或收回劳务派遣许可证的条件、程序和手续以及准予劳务派遣的工种名录,由政府作出具体规定。

第 55 条 劳务派遣合同

1. 劳务派遣企业与用工雇主应签订书面劳务派遣合同,并制成一式两份,双方各执一份。

2. 劳务派遣合同应具备以下主要内容:

(1)需使用劳务派遣用工的工作地点、工作职务、工作具体内容以及对被派遣劳动者的具体要求;

(2)劳务派遣期限以及被派遣劳动者的起始工作时间;

(3)工作时间、休息休假时间、工作场所的劳动安全以及卫生条件;

(4)劳动事故或职业病的赔偿责任;

(5)各方对劳动者的义务。

3. 劳务派遣合同中关于劳动者权益的规定,不得低于劳务派遣企业与被派遣劳动者签订的劳动合同。

第 56 条 劳务派遣企业的权利和义务

除本法第 6 条规定的权利和义务外,劳务派遣企业的权利和义务还包括。

1. 确保派遣符合用工雇主提出的能力水平要求及与劳动者签订的劳动合同内容相符的劳动者。

2. 向劳动者告知劳务派遣合同的内容。

3. 告知用工雇主劳动者的简历及劳动者的要求。

4. 确保劳动者领取的薪资不低于用工雇主给付同等水平、同类工作或同等价值工作的劳动者的薪资。

5. 制作载明劳务派遣数量和用工雇主的名册,并定期向省级人民委员会劳动管理机关汇报。

6. 对因违反劳动纪律被送返的劳动者,进行劳动纪律处分。

第 57 条 用工雇主的权利和义务

1. 通知并指导被派遣劳动者知悉内部劳动规章制度和其他规章制度。

2. 不得在劳动条件方面歧视被派遣劳动者。

3. 按本法规定与被派遣劳动者就夜班或加班事项进行协商。

4. 在被派遣劳动者与劳务派遣企业的劳动合同尚未终止的情形下,与被派遣劳动者或劳务派遣企业协商,正式招聘被派遣劳动者。

5. 按照协议将不符合要求或违反劳动纪律的被派遣劳动者送返。

6. 向劳务派遣企业提供被派遣劳动者违反劳动纪律的证据,以便审核给予劳动纪律处分。

第 58 条 被派遣劳动者的权利和义务

除本法第 5 条规定的权利和义务外,被派遣劳动者具有以下权利和义务。

1. 按照与劳务派遣企业签订的劳动合同开展工作。

2. 遵守劳动纪律和内部劳动规章制度;服从用工雇主的合法管理、安排与监督。

3. 领取不低于用工雇主给付同等水平、同类工作或同等价值工作的劳动者的薪资。

4. 用工雇主违反劳务派遣合同的,向劳务派遣企业申诉。

5. 与劳务派遣企业协商终止劳动合同,以便与用工雇主签订劳动合同。

第四章 职业教育与提升职业技能

第 59 条 职业培训与提升职业技能

1. 劳动者自由选择职业培训，参加国家职业技能评估与认证，提升符合其就业需求和能力的职业技能。

2. 国家制定政策，鼓励具备条件的雇主通过以下方式向劳动者和其他社会劳动者提供职业培训，提升职业技能：

(1)在工作场所设立职业教育机构或开办职业培训班，培训、再培训、提升劳动者的职业技能；按照相关规定配合职业教育机构提供初级、中级和高级职业培训以及其他职业培训项目。

(2)组织职业技能考试；参加职业技能委员会；预测职业技能需求，拟定职业技能标准；组织职业技能评估与认证；提高劳动者的职业能力。

第 60 条 雇主关于培训、培养提升职业技能的责任

1. 拟定培养劳动者提升职业技能、提高职业技能的年度计划并提供经费；劳动者转岗前对其进行培训。

2. 每年向省级人民委员会劳动管理机关报告有关培训、培养提升职业技能的结果。

第 61 条 学习技艺与工作实习

1. 学习技艺，系指雇主招聘人员在工作场所开展职业培训，以便为其工作。学习时间根据《职业教育法》规定的不同等级水平的培训项目确定。

2. 工作实习，系指雇主招聘人员在工作场所进行实践训练，以便为其工作。实习时间不得超过 3 个月。

3. 雇主招聘人员学习技艺或实习，无须办理职业教育活动登记；不得收取学费；应按《职业教育法》的规定签订培训合同。

4. 学徒或实习人员应年满 14 周岁且身体健康状况符合学习技

艺或实习的要求。属于劳动荣军与社会部部长颁布的繁重、有害和危险工种或高强度、严重有毒有害和危险工种名录的学徒或实习人员应年满18周岁，但艺术和体育职业除外。

5. 学习技艺或实习期间，学徒或实习人员直接劳动或参与劳动的，雇主应按双方的约定支付劳动报酬。

6. 学习技艺或实习期满且符合本法规定的条件的，双方应签订劳动合同。

第62条　雇主与劳动者签订的职业培训合同与培训费用

1. 劳动者以雇主或雇主的合作方资助的经费在国内外接受提升职业技能的培训或再培训的，双方应签订职业培训合同。

职业培训合同应一式两份，双方各执一份。

2. 职业培训合同应具备以下主要内容：

(1)培训的职业；

(2)培训地点、培训时间和培训期间的劳动报酬；

(3)培训后的承诺工作期限；

(4)培训费用与退还责任；

(5)雇主的责任；

(6)劳动者的责任。

3. 培训费用，包括有正规单据的授课费、购买培训材料的费用、支付培训院校或培训班的费用、购买实操器械设备和物资的费用、其他资助经费，以及培训期内支付的劳动报酬和缴纳的社会保险、医疗保险、失业保险。劳动者被派往国外接受培训的，培训经费还包括培训期内往返路费和生活费。

第五章　在工作场所对话、集体协商与集体劳动合同

第一节　在工作场所对话

第63条　在工作场所组织对话

1. 在工作场所对话，系指雇主与劳动者或劳动者代表组织就各

方在工作场所的权益和关切的事项进行交流讨论，增进相互了解与合作，进而达成有利于各方的方案。

2. 下列情形，雇主应在工作场所组织对话：

（1）定期每年至少组织一次；

（2）一方或各方提出要求；

（3）发生本法第 36 条第 1 款第（1）项、第 42 条、第 44 条、第 93 条、第 104 条、第 118 条和第 128 条第 1 款规定的事件的。

3. 鼓励雇主、劳动者或劳动者代表组织在本条第 2 款规定的情形外组织对话。

4. 关于在工作场所组织对话、落实基层民主制度的事项，由政府作出具体规定。

第 64 条　在工作场所对话的内容

1. 本法第 63 条第 2 款第（3）项规定的强制性内容。

2. 除本条第 1 款规定的内容外，各方可选择以下一项或多项内容进行对话：

（1）雇主的生产经营情况；

（2）在工作场所履行劳动合同、集体劳动合同、内部劳动规章制度、规章制度以及其他承诺和协议的事项；

（3）工作条件；

（4）劳动者或劳动者代表组织对雇主的要求；

（5）雇主对劳动者或劳动者代表组织的要求；

（6）一方或各方关心的其他内容。

第二节　集 体 协 商

第 65 条　集体协商

集体协商，系指一方为一个或多个劳动者代表组织，另一方为一个或多个雇主或雇主代表组织，双方就确立劳动条件、调整各方关系以及建立进步、和谐与稳定的劳动关系事项而进行谈判协商。

第 66 条 集体协商的原则

集体协商基于自愿、合作、诚信、平等、公开及透明的原则进行。

第 67 条 集体协商的内容

各方选择以下一项或多项内容进行集体协商。

1. 薪资、补贴、调薪、奖金、工作餐和其他制度。

2. 工作量、工作时间、休息休假时间、加班和轮班休息。

3. 劳动者的就业保障。

4. 劳动安全卫生保障;执行内部劳动规章制度。

5. 劳动者代表组织的条件和活动工具;雇主与劳动者代表组织之间的关系。

6. 预防和解决劳动争议的机制与方式。

7. 保障性别平等,保护孕产妇,保障年休假;防范工作场所的暴力行为和性骚扰行为。

8. 一方或各方关心的其他内容。

第 68 条 企业基层职工代表组织集体协商的权力

1. 达到政府规定的最低成员比例要求的基层职工代表组织,有权要求集体协商。

2. 企业设立多个符合本条第 1 款规定的劳动者代表组织的,成员占比最高的劳动者代表组织有权要求集体协商。提出集体协商要求的劳动者代表组织同意的,其他劳动者代表组织可参与集体协商。

3. 企业设立多个劳动者代表组织,但均不符合本条第 1 款规定的,各劳动者代表组织有权自愿合并以达到集体协商的要求,但各组织的成员总数需达到本条第 1 款规定的最低成员比例要求。

4. 关于解决各方有关集体协商权的纠纷,由政府作出具体规定。

第 69 条 集体协商的代表

1. 每方参与集体协商的人数由各方协商确定。

2. 各方自行决定本方参与集体协商的人员构成。

劳动者一方为本法第 68 条第 2 款规定的有多个代表组织参与集体协商的,代表组织有权要求协商确定每个代表组织参与协商的代表人数。

劳动者一方为本法第 68 条第 3 款规定的有多个代表组织参与集体协商的,每个组织参与协商的代表人数由各组织协商确定。协商不成的,各组织根据其成员占比确定代表人数。

3. 参与集体协商的各方均有权邀请己方的上级组织派出代表参与协商,且对方不得拒绝。各方的集体协商代表人数不得超出本条第 1 款规定的数量,但对方同意的情形除外。

第 70 条　集体协商的程序

1. 本法第 68 条规定的有权提出集体协商的劳动者代表组织或雇主,要求集体协商的,另一方不得拒绝。

自收到集体协商要求和协商内容之日起 7 个工作日内,各方协商确定组织集体协商的地点和开始时间。

雇主负责安排时间、地点和必要条件,以便进行集体协商。

自收到集体协商要求之日起 30 日内应开始集体协商。

2. 自开始集体协商之日起 90 日内结束协商,但各方另有约定的除外。

劳动者作为代表参与集体协商会议的时间视为带薪工作时间,作为劳动者代表组织的代表参与集体协商会议的,参会时间不能计入本法第 176 条第 2 款规定的期间。

3. 集体协商过程中,应劳动者一方的要求,雇主负责自收到要求之日起 10 日内提供企业的生产经营情况及与协商内容直接相关的其他内容,为集体协商创造便利条件,但有关企业商业秘密或技术秘密的信息除外。

4. 基层职工代表组织有权就集体协商的内容、方式和结果组织劳动者讨论并征询其意见。

基层职工代表组织决定组织劳动者讨论并征询其意见的时间、

地点和方式,但不得影响企业的正常生产经营活动。

雇主不得干扰、阻碍或干涉基层职工代表组织组织劳动者讨论并征询其意见的过程。

5. 集体协商应制作会议记录,其中载明各方已达成共识的协商内容、意见分歧的内容。各方代表及记录人应在集体协商会议记录上签字。基层职工代表组织向全体劳动者公布集体协商的会议记录。

第 71 条 集体协商不成

1. 凡属下列情形之一的,视为集体协商不成:

(1)一方拒绝协商或未在本法第 70 条第 1 款规定的期限内进行协商;

(2)未在本法第 70 条第 2 款规定的期限内达成协议;

(3)在本法第 70 条第 2 款规定的期限届满前,各方共同确定并宣布集体协商未达成协议。

2. 协商不成的,各方根据本法的规定协商启动劳动争议解决程序。解决劳动争议期间,劳动者代表组织不得组织罢工。

第 72 条 行业集体协商与多企业集体协商

1. 行业集体协商与多企业集体协商的原则和内容,适用本法第 66 条和第 67 条的规定。

2. 行业集体协商与多企业集体协商的流程由各方协商决定,包括本法第 73 条规定的通过集体协商委员会进行的集体协商。

3. 行业集体协商的代表为行业工会组织和行业雇主代表组织。

多企业集体协商的代表,由各方基于自愿协商决定。

第 73 条 通过集体协商委员会进行的多企业集体协商

1. 在协商一致的基础上,多企业集体协商的各方可以要求企业主要住所地的省级人民委员会参与协商;企业主要住所地分属不同省或直辖市的,各方选择的省级人民委员会设立集体协商委员会进行集体协商。

2. 收到多企业集体协商的各方提交的申请后，省级人民委员会决定设立集体协商委员会进行集体协商。集体协商委员会的成员包括：

(1)各方指定的委员会主席，负责协调集体协商委员会的活动，协助各方进行集体协商；

(2)各方自行决定参加集体协商的代表，各方协商确定每方的代表人数；

(3)省级人民委员会的代表。

3. 集体协商委员会应各方的要求进行集体协商，各方达成多企业集体劳动合同时或按照各方的约定，自行终止活动。

4. 劳动荣军与社会部部长就集体协商委员会的职能、任务和活动作出具体规定。

第 74 条　省级人民委员会在集体协商中的责任

1. 对参与集体协商的各方开展协商技能培训。

2. 拟制并提供有关社会经济、劳动力市场或劳动关系的信息和材料，协助并推动集体协商。

3. 在集体协商中主动或应双方请求，协助各方达成协议；未提出请求的，仅在各方同意后主动提供协助。

4. 根据本法第 73 条的规定，应参与集体协商的企业请求，设立集体协商委员会。

第三节　集体劳动合同

第 75 条　集体劳动合同

1. 集体劳动合同，系指各方通过集体协商签订的书面合同。

集体劳动合同包括企业集体劳动合同、行业集体劳动合同、多企业集体劳动合同以及其他形式的集体劳动合同。

2. 集体劳动合同的内容不得违反法律的规定；鼓励制订比法律

的规定更有利于劳动者的协议。

第 76 条 征询意见与签订集体劳动合同

1. 签订企业集体劳动合同前,各方谈判的集体劳动合同草案应征询企业全体劳动者的意见。企业过半数劳动者表决赞成的,方可签订。

2. 行业集体劳动合同征询意见的对象,包括参与协商的企业劳动者代表组织的全体委员会成员。过半数征询意见对象表决赞成的,方可签订。

多企业集体劳动合同征询意见的对象,包括参与协商的企业全体劳动者或参与协商的企业劳动者代表组织的全体委员会成员。过半数征询意见对象表决赞成的企业,才能签订多企业集体劳动合同。

3. 集体劳动合同草案征询表决意见的时间、地点和方式由劳动者代表组织决定,但不得影响参与协商企业的正常生产经营活动。雇主不得干扰、阻碍或干涉劳动者代表组织征询合同草案表决意见的过程。

4. 集体劳动合同由参与协商的各方合法代表签订。

通过集体协商委员会进行的多企业集体劳动合同,由集体协商委员会主席和参与协商的各方合法代表签订。

5. 集体劳动合同应送交签订合同的各方并按本法第 77 条的规定报送省级人民委员会劳动管理机关。

行业集体劳动合同或多企业集体劳动合同,应送交每个签订合同的雇主和企业劳动者代表组织。

6. 签订集体劳动合同后,雇主应向其员工公布。

7. 政府规定本条细则。

第 77 条 报送集体劳动合同

自签订集体劳动合同之日起 10 日内,签订合同的雇主应向其主要住所地的省级人民委员会劳动管理机关报送一份集体劳动合同。

第 78 条　集体劳动合同的效力与有效期

1. 集体劳动合同的生效日期由各方约定并在合同中载明。各方未约定生效日期的,集体劳动合同自签订时起生效。

集体劳动合同生效后,各方应遵守并执行。

2. 企业集体劳动合同对雇主和企业全体劳动者发生效力。行业集体劳动合同和多企业集体劳动合同,对签订合同的所有雇主和企业劳动者发生效力。

3. 集体劳动合同的有效期为 1 年至 3 年。具体期限由各方约定并在合同中载明。各方有权就集体劳动合同的不同内容约定不同的期限。

第 79 条　在企业履行集体劳动合同

1. 雇主和劳动者,包括集体劳动合同生效后入职的劳动者,有义务充分履行生效的集体劳动合同。

2. 各方在集体劳动合同生效前签订的劳动合同中的权利、义务和利益低于集体劳动合同的相应规定的,应按集体劳动合同执行。雇主的规定不符合集体劳动合同的,应进行修订;未修订前,按集体劳动合同的相应内容执行。

3. 一方认为对方未完全履行或违反集体劳动合同的,有权要求其正确履行集体劳动合同且各方负责共同处理;无法处理的,每一方均有权要求依法解决集体劳动合同纠纷。

第 80 条　企业分立、分拆、合并、归并;企业出售、出租、转换企业类型;转让企业所有权或财产使用权情形下履行集体劳动合同

1. 企业分立、分拆、合并、归并;企业出售、出租、转换企业类型;转让企业所有权或财产使用权的,后续雇主和劳动者代表组织有权根据本法第 68 条的规定进行协商,并根据用工方案选择继续履行、补充修订原企业集体劳动合同或协商签订新的集体劳动合同。

2. 集体劳动合同因雇主终止活动而无效的,依法处理劳动者的权益。

第81条　企业集体劳动合同、行业集体劳动合同与多企业集体劳动合同的关系

1.企业集体劳动合同、多企业集体劳动合同、行业集体劳动合同关于劳动者的权利、义务和利益的规定不一致的,适用最有利于劳动者的规定。

2.尚无企业集体劳动合同、适用行业集体劳动合同或多企业集体劳动合同的企业,可以制订比行业集体劳动合同或多企业集体劳动合同更有利于劳动者的企业集体劳动合同。

3.鼓励未加入行业集体劳动合同或多企业集体劳动合同的企业,适用行业集体劳动合同或多企业集体劳动合同中更有利于劳动者的规定。

第82条　补充修订集体劳动合同

1.集体劳动合同仅在各方自愿的基础上以集体协商的方式补充修订。

补充修订集体劳动合同等同于协商、签订集体劳动合同。

2.因法律规定变更导致集体劳动合同不再符合法律规定的,各方应进行补充修订。补充修订集体劳动合同期间,劳动者依法行使其权利。

第83条　集体劳动合同到期

集体劳动合同到期前90日内,各方可协商延长集体劳动合同的期限或签订新的集体劳动合同。各方协商延长集体劳动合同期限的,应按本法第76条的规定征询意见。

集体劳动合同到期时各方仍在进行协商的,自集体劳动合同到期之日起90日内继续执行原集体劳动合同,但各方另有约定的除外。

第84条　扩大行业集体劳动合同或多企业集体劳动合同的适用范围

1.行业集体劳动合同或多企业集体劳动合同的适用范围达到

工业区、经济区、出口加工区或高技术区内同行业、同领域75%以上劳动者或75%以上企业的，雇主或劳动者代表组织可提请国家主管部门决定在工业区、经济区、出口加工区或高技术区内同行业、同领域的企业扩大适用部分或全部集体劳动合同的范围。

2. 政府规定本条第1款细则；对本条第1款规定的扩大集体劳动合同适用范围的程序、手续和权限作出规定。

第85条　行业集体劳动合同或多企业集体劳动合同的加入与退出

1. 经全体缔约雇主和企业劳动者代表组织同意的，企业可以加入行业集体劳动合同或多企业集体劳动合同，但本法第84条第1款规定的情形除外。

2. 行业集体劳动合同或多企业集体劳动合同的缔约企业，经全体缔约雇主和企业劳动者代表组织同意的，可以退出集体劳动合同，但企业生产经营活动存在特别困难的情形除外。

3. 政府规定本条细则。

第86条　无效的集体劳动合同

1. 集体劳动合同中一项或多项内容违反法律规定的，该部分内容无效。

2. 凡属下列情形之一的，集体劳动合同全部无效：

(1)集体劳动合同的全部内容违反法律规定的；

(2)签订人员不具有权限的；

(3)未正确遵守集体劳动合同的协商签订程序的。

第87条　宣告集体劳动合同无效的权限

人民法院有权宣告集体劳动合同无效。

第88条　无效集体劳动合同的处理

集体劳动合同被宣告无效的，被宣告全部或部分无效的相应内容规定的各方权利、义务和利益，根据法律的规定和劳动合同中的合法协议解决。

第89条　协商签订集体劳动合同的费用

协商、签订、补充修订、送达或公告集体劳动合同的所有费用，由雇主承担。

第六章　薪　　资

第90条　薪资

1. 薪资，系指雇主给付按照合同工作的劳动者的报酬，包括基本工资或职务工资、津贴补贴和其他补充款项。

2. 基本工资或职务工资不得低于法定最低工资。

3. 雇主应平等给付薪资，对从事同等工作的劳动者不得性别歧视。

第91条　法定最低工资

1. 法定最低工资，系指正常劳动条件下从事最简易工作的劳动者的最低工资，旨在保障劳动者及其家庭的最低生活水平并符合社会经济发展条件。

2. 法定最低工资按照区域确定，按月或小时计算。

3. 法定最低工资根据劳动者及其家庭的最低生活水平进行调整；法定最低工资与市场薪资、消费物价指数、经济增长率、劳动供求关系、就业与失业情况、劳动生产力和企业的财务能力密切相关。

4. 政府规定本条细则；政府根据国家薪资委员会的建议确定并公布法定最低工资。

第92条　国家薪资委员会

1. 国家薪资委员会，是指就法定最低工资和薪资政策向政府提供咨询意见的机构。

2. 政府总理决定成立国家薪资委员会，其成员包括劳动荣军与社会部、越南总工会、部分中央雇主代表组织及独立专家。

3. 政府规定国家薪资委员会的职能、任务、组织结构和活动。

第 93 条　拟定梯级薪资、薪资表及工作量标准

1. 雇主应拟定梯级薪资、薪资表和工作量标准,作为招聘和使用劳动者、约定并给付劳动合同中的基本工资或职务工资的依据。

2. 工作量标准应为确保多数劳动者无须延长正常工作时间就能实现的平均标准,正式颁行前应组织试行。

3. 设立基层职工代表组织的,雇主拟定梯级薪资、薪资表和工作量标准时应参考其意见。

梯级薪资、薪资表和工作量标准在施行前应在工作场所公示。

第 94 条　薪资给付原则

1. 雇主应直接、足额、按时向劳动者给付薪资。劳动者不能直接领取薪资的,雇主可向其合法委托的人员给付。

2. 雇主不得限制或干涉劳动者自由使用薪资的权利;不得强迫劳动者使用薪资购买雇主或雇主指定的其他单位的商品或服务。

第 95 条　给付薪资

1. 雇主根据约定的薪资、劳动生产力和工作质量向劳动者给付薪资。

2. 劳动合同载明并给付劳动者的薪资应为越南盾,在越南工作的外籍劳动者可以外币给付。

3. 雇主每次给付薪资应向劳动者提供薪资明细表,其中载明薪资、加班工资、夜班工资、扣减内容和数额(如有)。

第 96 条　薪资给付形式

1. 雇主与劳动者协商确定按照时间、产品或定额方式给付薪资。

2. 薪资应以现金给付或通过劳动者在银行开设的个人账户给付。

通过劳动者在银行开设的个人账户给付薪资的,雇主应担负开户和转账的相关费用。

3. 政府规定本条细则。

第 97 条　薪资给付期限

1. 对于领取时薪、日薪或周薪的劳动者,应在工作时、工作日或工作周后给付薪资或双方约定在 15 日内合并给付。

2. 对于领取月薪的劳动者,应每月或半月给付一次薪资。双方可协商定期给付薪资的日期。

3. 对于按产品或约定方式领取薪资的劳动者,双方约定给付期限;工作内容须数月才能完成的,每月可按当月完成的工作量预付相应薪资。

4. 因不可抗力且雇主穷尽措施仍不能按时给付薪资的,应在 30 日内给付;迟延给付超过 15 日以上的,雇主应额外支付至少相当于迟延给付薪资的劳动者的开户银行给付薪资时 1 月期利率的补偿金。

第 98 条　加班工资与夜班工资

1. 劳动者的加班工资应按其工作的薪资或实付薪资计算:

(1)正常工作日,不得低于 150%;

(2)每周休息日,不得低于 200%;

(3)节假日或带薪休假日,至少相当于不包括劳动者享受的节假日、带薪休假日薪资的 300%。

2. 夜间工作的劳动者,可以额外领取不低于其正常工作日薪资或实付薪资 30%的夜班工资。

3. 夜间加班的劳动者,除本条第 1 款和第 2 款规定的薪资外,还可额外领取相当于薪资或正常工作日白天薪资或每周休息日或节假日薪资 20%的夜间加班工资。

4. 政府规定本条细则。

第 99 条　停职薪资

停职劳动者领取薪资，按以下规定执行：

1. 因雇主过失停职的，应按劳动合同足额给付薪资。

2. 因劳动者过失停职的，该劳动者不得领取薪资；同单位其他劳动者停职的，双方约定不低于法定最低工资的停职薪资。

3. 因水电事故而非雇主或劳动者的过失，或因自然灾害、火灾、危险疫病、战争或应国家主管部门的要求搬迁或因经济原因停职的，双方可就停职薪资约定如下：

(1)停职不超过 14 个工作日的，停职薪资不得低于法定最低工资；

(2)停职超过 14 个工作日的，双方约定停职薪资，但应确保前 14 日的薪资不低于法定最低工资。

第 100 条　通过承包商给付薪资

1. 使用承包商或类似中介人员的，作为委托人的雇主应保存人员名单和地址并附加为其工作的劳动者名单，且确保其遵守法律关于给付薪资、劳动安全卫生的规定。

2. 承包商或类似中介人员不给付或不足额给付且不保障劳动者其他权利的，作为委托人的雇主应承担给付薪资和保障劳动者权利的责任。

在此情形下，作为委托人的雇主有权要求承包商或类似中介人员补偿或请求国家主管部门依法解决纠纷。

第 101 条　预支薪资

1. 劳动者根据双方约定的条件免息预支薪资。

2. 劳动者履行公民义务一周以上的，雇主应向劳动者预支其暂停工作期间的薪资，但不得超过劳动合同规定的 1 个月薪资，且劳动者应于事后退还预支款。

根据《义务兵役法》的规定，参军入伍的劳动者不得预支薪资。

3. 休年假的劳动者，可预支不低于其休假天数的薪资。

第102条 扣减薪资

1. 雇主只能根据本法第129条的规定扣减劳动者的薪资,用以赔偿雇主因劳动者损坏工具、设备或财产造成的损失。

2. 劳动者有权知晓其薪资扣减理由。

3. 每月扣减的数额不得超过缴纳强制性社会保险、医疗保险、失业保险、个人所得税后实付薪资的30%。

第103条 调薪、调级、上调津贴和补贴制度

调薪、调级、上调津贴和补贴制度及对劳动者的激励制度,在劳动合同、集体劳动合同或雇主拟定的内部劳动规章制度中约定。

第104条 奖金

1. 奖金,系指雇主根据生产经营业绩、劳动者的工作绩效,以金钱、财产或其他形式对劳动者的奖励。

2. 奖金规章制度由雇主制定并在工作场所公示,设立基层职工代表组织的,应先听取其意见。

第七章 工作时间与休息休假时间

第一节 工作时间

第105条 正常工作时间

1. 正常工作时间每天不得超过8小时,每周不得超过48小时。

2. 雇主有权规定每天或每周的工作时间并通知劳动者;采用每周工作时间的,每天正常工作时间不得超过10小时,每周不得超过48小时。

政府鼓励雇主采用每周工作40小时的工作制。

3. 雇主应按照国家技术规范和有关法律的规定,限制接触危险有害物质的时间。

第106条 夜间工作时间

夜间工作时间，系指晚间22时至翌日凌晨6时的时间。

第107条 加班

1. 加班时间，系指法律规定、集体劳动合同或内部劳动规章制度规定的正常工作时间以外的工作时间。

2. 完全符合下列要求的，雇主可安排劳动者加班：

(1)经劳动者同意。

(2)确保劳动者的加班时间不得超过其每天正常工作时间的50%；采用每周工作时间的，每天正常工作及加班时间累计不得超过12小时；每月加班时间累计不得超过40小时。

(3)确保劳动者每年加班时间不超过200小时，但本条第3款规定的情形除外。

3. 部分行业、职业、工作或下列情形，雇主安排劳动者加班的时间每年不得超过300小时：

(1)纺织品、服装、皮制品、鞋类、电力、电子产品制造与出口加工，农业、林业、盐业和水产加工；

(2)生产、供应电力、通信、石油冶炼和给排水；

(3)需要劳动力市场不能充分及时供应的高水平专业技术劳动者的工作；

(4)不能因原材料或产品的季节性、时间性，或因不可预测的客观因素，或因季节、自然灾害、火灾、战争、电力或原材料短缺或生产线技术事故而延误的紧急工作；

(5)政府规定的其他情形。

4. 雇主按照本条第3款的规定安排加班的，应向省级人民委员会劳动管理机关书面报备。

5. 政府规定本条细则。

第108条 特殊情况加班

下列情形，雇主有权要求劳动者随时加班，不受本法第107条规定的加班时间限制，且劳动者不得拒绝。

1. 根据法律的规定，执行保障国防安全任务的动员令。

2. 在防范自然灾害、火灾、战争、疫病、灾后救济过程中保护他人生命安全以及保护机关、组织或个人财产安全，但劳动安全卫生法律规定的危及劳动者生命安全、身体健康的情形除外。

第二节 休息休假时间

第 109 条 工作时间的休息

1. 本法第 105 条规定的每天工作 6 小时以上的劳动者，中间至少连续休息 30 分钟，夜间工作的劳动者中间至少连续休息 45 分钟。

劳动者轮班工作 6 小时以上的，休息时间计入工作时间。

2. 除本条第 1 款规定的休息时间外，雇主可以安排短暂休息时间，并在内部劳动规章制度中载明。

第 110 条 轮班休息

轮班工作的劳动者，轮班前至少休息 12 小时。

第 111 条 每周休息

1. 劳动者每周至少连续休息 24 小时。因工作周期无法每周休息的，雇主负责确保劳动者平均每月至少休息 4 日。

2. 雇主有权安排劳动者于周日或 1 周内的其他确定时间休息，并在内部劳动规章制度中载明。

3. 劳动者的每周休息时间与本法第 112 条第 1 款规定的节假日重合的，在下一工作日补休。

第 112 条 节假日

1. 下列节假日，劳动者享受带薪休假：

(1)元旦节：1 日(阳历 1 月 1 日)；

(2)春节：5 日；

(3)抗战胜利日:1 日(阳历 4 月 30 日);

(4)国际劳动节:1 日(阳历 5 月 1 日);

(5)国庆节:2 日(阳历 9 月 2 日及前一天或后一天);

(6)雄王祭祖日:1 日(阴历 3 月 10 日)。

2. 在越南工作的外籍劳动者,除享受本条第 1 款规定的节假日外,还可享受本国民族传统节日 1 日和国庆节 1 日的休假。

3. 每年,政府总理根据实际情况具体决定本条第 1 款第(2)项和第(5)项规定的休假日期。

第 113 条　年假

1. 为雇主工作满 12 个月的劳动者,可按劳动合同享受带薪休假:

(1)正常条件下工作的劳动者,享受 12 个工作日的带薪休假;

(2)未成年工、残疾劳动者以及从事繁重、有毒或危险工作的劳动者,享受 14 个工作日的带薪休假;

(3)从事高强度、严重有毒有害或危险工作的劳动者,享受 16 个工作日的带薪休假。

2. 为雇主工作不满 12 个月的劳动者,年假时间按工作月数的比例确定。

3. 劳动者因离职、失业而未休年假或未休完年假的,雇主应结算未休假时间的薪资。

4. 雇主负责在参考劳动者的意见后制订年假时间表,并提前通知劳动者。劳动者可与雇主协商分多次休年假或一次性休完最多 3 年的年假。

5. 休年假时未到薪资给付日期的,劳动者可根据本法第 101 条第 3 款的规定预支薪资。

6. 劳动者休年假时搭乘陆路、铁路或水路交通工具的往返时间超过 2 日的,从第 3 日起的路途时间不计入年休假,但每年休假仅可计算 1 次。

7. 政府规定本条细则。

第 114 条　依工龄增加年假时间

为同一雇主每工作满 5 年的,本法第 113 条第 1 款规定的年假时间增加 1 日。

第 115 条　事假与无薪假

1. 下列情形,劳动者可享受带薪事假,但应提前通知雇主:

(1)结婚:休假 3 日;

(2)亲生子女或养子女结婚:休假 1 日;

(3)亲生父母或养父母、配偶的亲生父母或养父母、配偶、亲生子女或养子女亡故:休假 3 日。

2. 劳动者的祖父母、外祖父母或亲兄弟姐妹亡故、父母或亲兄弟姐妹结婚,可享受 1 日无薪假且应通知雇主。

3. 除本条第 1 款和第 2 款的规定外,劳动者可就无薪假与雇主协商。

第三节　从事特殊工作人员的工作时间与休息休假时间

第 116 条　从事特殊工作人员的工作时间与休息休假时间

对于从事陆路、铁路、水路和航空运输、海上油气勘探与开采、海上作业、艺术、辐射和核能应用、高频波应用、电子信息技术、先进科学技术研究、工业设计、潜水或坑道内工作,从事季节性生产、按单加工工作,从事全天候 24 小时待命的工作及政府规定的其他特殊工作,各部委管理机关根据本法第 109 条的规定,与劳动荣军、社会部协商一致后具体规定从业人员的工作时间和休息休假时间。

第八章　劳动纪律与物质责任

第一节　劳动纪律

第 117 条　劳动纪律

劳动纪律,系指由法律规定或雇主在内部劳动规章制度中作出的关于遵守时间、技术和生产经营管理的规定。

第 118 条　内部劳动规章制度

1. 雇主应制定内部劳动规章制度,雇用 10 名以上劳动者的应制定书面内部劳动规章制度。

2. 内部劳动规章制度不得违反劳动法律及其他相关法律的规定。内部劳动规章制度应具备以下主要内容:

(1)工作时间和休息休假时间;

(2)工作场所的秩序;

(3)劳动安全卫生;

(4)工作场所性骚扰行为的预防和处置程序与手续;

(5)保护雇主的财产、商业秘密、技术秘密和知识产权;

(6)临时改派劳动者从事劳动合同以外的其他工作的情形;

(7)劳动者的劳动纪律违纪行为及处分方式;

(8)物质责任;

(9)有权进行劳动纪律处分的人员。

3. 设立企业基层职工代表组织的,雇主在颁行或补充修订内部劳动规章制度前应参考其意见。

4. 内部劳动规章制度应通知劳动者,并将主要内容在工作场所的必要地点展示。

5. 政府规定本条细则。

第 119 条　内部劳动规章制度登记

1. 雇用 10 名以上劳动者的雇主,应向企业经营登记所在地的省级人民委员会劳动管理机关登记内部劳动规章制度。

2. 雇主应在内部劳动规章制度颁行之日起 10 日内提交登记材料。

3. 省级人民委员会劳动管理机关自收到内部劳动规章制度登记材料之日起 7 个工作日内,经审查其内容违法的,应通知并指导雇主补充修订后重新登记。

4. 雇主在多地设有分支机构、生产经营单位和场所的,应向分支机构、生产经营单位和场所所在地的省级人民委员会劳动管理机关分别报送已经登记的内部劳动规章制度。

5. 省级人民委员会劳动管理机关根据具体条件,可授权县级人民委员会劳动管理机关按本条规定办理内部劳动规章制度登记。

第 120 条　内部劳动规章制度登记材料

1. 内部劳动规章制度登记申请表。

2. 内部劳动规章制度文本。

3. 设立企业基层职工代表组织的,应提交基层职工代表组织的意见书。

4. 雇主制定的有关劳动纪律和物质责任的相关文件(如有)。

第 121 条　内部劳动规章制度的效力

内部劳动规章制度自本法第 119 条规定的国家主管部门收到完整登记材料之日起 15 日后生效。

雇用 10 名以下劳动者的雇主制定的书面内部劳动规章制度,其效力由雇主在内部劳动规章制度中决定。

第 122 条　劳动纪律处分的原则、程序和手续

1. 劳动纪律处分,按以下规定执行:

(1)雇主能够证明劳动者的过错。

(2)应有受纪律处分劳动者所属的企业基层职工代表组织的参与。

(3)劳动者应在场并有权自行辩护、委托律师或劳动者代表组织为其辩护;未满 15 周岁的,应有其法定代表人参与。

(4)劳动纪律处分应以书面记录。

2. 不得对一项违纪行为给予多项劳动纪律处分。

3. 劳动者同时具有多个违纪行为的,仅对其最严重的违纪行为给予最严厉的处分。

4. 以下期间,不得对劳动者进行劳动纪律处分:

(1)劳动者休病假或疗养假、经雇主同意的事假的。

(2)劳动者被临时拘留或拘留的。

(3)劳动者正在等待主管部门就本法第125条第1款和第2款规定的违纪行为进行核实和作出结论的。

(4)女性劳动者怀孕;劳动者休产假或哺育不满12个月婴儿的。

5. 不得对在精神疾病或其他丧失认知能力或行为控制能力的疾病病发期间违反劳动纪律的劳动者给予劳动纪律处分。

6. 政府规定劳动纪律处分的程序和手续。

第123条　劳动纪律的处分时效

1. 劳动纪律的处分时效为自违纪行为发生之日起6个月;直接涉及雇主的财务、财产以及泄露技术秘密或商业秘密的违纪行为,处分时效为12个月。

2. 本法第122条第4款规定的时间届满,劳动纪律的处分时效期满或不足60日的,可延长处分时效,但不得超过前述时间届满之日起60日。

3. 雇主应在本条第1款和第2款规定的期限内作出劳动纪律处分决定。

第124条　劳动纪律处分的形式

1. 训斥。

2. 延期调薪不超过6个月。

3. 解除职务。

4. 解雇。

第125条　解雇纪律处分的适用

1. 劳动者在工作场所实施盗窃、挪用公款、赌博、故意伤害或吸毒的行为。

2. 劳动者泄露雇主商业秘密或技术秘密、侵犯雇主知识产权,或对雇主财产和利益造成严重损害或特别严重损害风险,或在内部劳动规章制度规定的工作场所实施性骚扰行为。

3. 受延期调薪或解除职务处分的劳动者在处分期内再犯的。再犯的情形系指劳动者再次实施受纪律处分且未按本法第 126 条的规定解除的行为。

4. 劳动者无正当理由旷工，自旷工之日起 30 日内累计旷工 5 日或 365 日内累计旷工 20 日的。

有正当理由的情形，包括自然灾害、火灾、劳动者本人或其亲属经权威医疗机构确诊患病以及内部劳动规章制度规定的其他情形。

第 126 条　解除处分与缩短处分期限

1. 自受纪律处分之日起，训斥处分满 3 个月、延期调薪处分满 6 个月或解除职务处分满 3 年的劳动者未继续违反劳动纪律的，当然解除处分。

2. 受延期调薪处分的劳动者，处分期限过半后确有改正进步的，雇主可考虑缩短其处分期限。

第 127 条　劳动纪律处分时的严禁行为

1. 侵犯劳动者的身体健康、名誉、生命安全、荣誉或尊严。

2. 以罚款或扣减薪资的方式替代劳动纪律处分。

3. 对未违反内部劳动规章制度或劳动合同、劳动法律规定的行为给予劳动纪律处分。

第 128 条　暂停工作

1. 劳动者的违纪行为情节复杂，雇主认为其继续工作将对违纪调查造成困难的，有权暂停劳动者的工作。劳动者为企业基层职工代表组织成员的，雇主暂停劳动者的工作前应参考其意见。

2. 劳动者暂停工作的期限不得超过 15 日，特殊情形不得超过 90 日。暂停工作期间，劳动者可预支暂停工作前 50%的薪资。

暂停工作期满的，雇主应接受劳动者复工。

3. 劳动者受劳动纪律处分的，无须退还预支的薪资。

4. 劳动者未受劳动纪律处分的，雇主应足额给付暂停工作期间的薪资。

第二节 物质责任

第 129 条 损害赔偿

1. 劳动者损坏雇主的工具、设备或造成雇主财产损失的其他行为，应根据法律的规定或内部劳动规章制度进行赔偿。

劳动者因疏忽大意造成的损害低于政府规定的劳动者工作地 10 个月法定最低工资的，劳动者应以不超过其 3 个月的薪资进行赔偿，并按照本法第 102 条第 3 款的规定逐月从其薪资中扣除。

越南的法定最低工资是分地区的，分为 4 个地区。

2. 劳动者遗失雇主的工具、设备或雇主交付的其他财产，或超额消耗生产物资的，应按内部劳动规章制度的规定或市价赔偿部分或全部损失；已签订责任合同的，应按责任合同赔偿；因自然灾害、火灾、危险疫病、战争或不可预测的客观事件，穷尽必要措施和能力仍无法克服的，无须赔偿。

第 130 条 损害赔偿的处理

1. 损害赔偿额应根据劳动者的过错、实际损害程度、劳动者本人及其家庭的实际情况和劳动者的资产情况决定。

2. 处理损害赔偿的程序、手续和时效，由政府作出规定。

第 131 条 劳动纪律处分与物质责任的申诉

受劳动纪律处分、暂停工作或按照物质责任制度应进行赔偿的劳动者，认为对其处分不当的，有权根据法律的规定向雇主或主管部门申诉或要求按法定程序解决劳动争议。

政府规定本条细则。

第九章 劳动安全卫生

第132条 遵守劳动安全卫生法律

雇主、劳动者及与劳动、生产经营相关的机关、组织和个人，应遵守劳动安全卫生法律的规定。

第133条 劳动安全卫生方案

1. 政府决定国家劳动安全卫生方案。

2. 省级人民委员会提请同级人民议会决定地方劳动安全卫生方案，并列入社会经济发展规划。

第134条 保障工作场所的劳动安全卫生

1. 雇主负责充分采取各项措施，保障工作场所的劳动安全卫生。

2. 劳动者负责执行劳动安全卫生法律的规定以及内部劳动规章制度、程序和要求；遵守法律规定，掌握有关工作场所劳动安全卫生保障措施的知识和技能。

第十章 关于女性劳动者和保障性别平等的特殊规定

第135条 国家政策

1. 保障男女性劳动者的平等权利，落实保障性别平等和预防工作场所性骚扰的各项措施。

2. 鼓励雇主为男女性劳动者长期就业创造便利条件，广泛采用灵活时间表、非全日制、居家办公的工作制度。

3. 采取措施，为女性劳动者创造就业机会，改善劳动条件，提升职业技能，提供医疗保健，提高精神和物质福利，帮助女性劳动者有效发挥职业能力，实现劳动生活与家庭生活和谐融洽。

4. 根据税务法律的规定，制定对雇用大量女性劳动者的雇主的减税政策。

5. 国家制订计划和措施,在女性劳动者较多的地区开办托儿所和幼儿园。开展多种形式的培训,使女性劳动者获得与其身体、生理特点和母亲角色相适应的额外职业技能。

6. 政府规定本条细则。

第 136 条　雇主的责任

1. 在招聘、工作安排与分配、培训、工作时间、休息休假时间、薪资及其他制度中保障落实并促进性别平等的措施。

2. 当决定有关女性劳动者权益的问题时,应参考女性劳动者或其代表人的意见。

3. 确保在工作场配备足够的符合要求的浴室和卫生间。

4. 协助建设托儿所或幼儿园,或承担劳动者部分托儿或幼儿费用。

第 137 条　保护孕产期女性劳动者

1. 下列情形,雇主不得安排女性劳动者上夜班、加班或远距离出差:

(1)怀孕 7 个月以上,或在高原、偏远地区、边境地区或岛上工作怀孕 6 个月以上的;

(2)正在哺育不满 12 个月婴儿的,但劳动者同意的情形除外。

2. 从事繁重、有毒有害或危险工作,或高强度、严重有毒有害或危险工作,或所从事职业和工作对生育造成不利影响的女性劳动者怀孕并通知雇主后,雇主应将其调整至较轻松、安全的工作岗位或每天减少 1 小时工作时间,但不得扣减其薪资、减损其权益,直至其哺育的婴儿满 12 个月。

3. 雇主不得以结婚、怀孕、休产假或哺育不满 12 个月婴儿为由解雇女性劳动者或单方终止劳动合同,但自然人雇主死亡、被法院宣告丧失民事行为能力、被宣告失踪或宣告死亡、非自然人雇主终止活动或被省级人民委员会经营登记机关通报无法定代表人或无履行法定代表人权利和义务的委托代理人的情形除外。

在女性劳动者怀孕或哺育不满 12 个月婴儿期间劳动合同到期的,应优先与其签订新的劳动合同。

4. 经期女性劳动者每个工作日享受 30 分钟休息时间,哺育不满 12 个月婴儿的女性劳动者享受 60 分钟休息时间。休息时间仍按劳动合同领取全薪。

第 138 条　怀孕女性劳动者单方终止或中止履行合同的权利

1. 经权威医疗机构认定,怀孕女性劳动者继续工作将对胎儿造成不利影响的,其有权单方终止或中止履行合同。

女性劳动者单方终止或中止履行合同的,应通知雇主并出示权威医疗机构认定其继续工作将对胎儿造成不利影响的证明。

2. 中止履行合同的,中止时间由劳动者与雇主协商,但不得低于权威医疗机构指定的时间。权威医疗机构未指定时间的,由劳动者与雇主协商确定。

第 139 条　产假

1. 女性劳动者享有 6 个月的产前产后休假,产前休假时间不得超过 2 个月。

生育两个以上婴儿的女性劳动者,自第二个婴儿起每个婴儿延长 1 个月产假。

2. 女性劳动者在产假期间享受《社会保险法》规定的产假制度。

3. 本条第 1 款规定的产假期满后,女性劳动者可与雇主协商享受无薪休假。

4. 本条第 1 款规定的产假期满前,已享受 4 个月以上产假的女性劳动者可提前通知雇主,出示权威医疗机构认定其提前返岗工作不影响身体健康的证明,并经雇主同意后返岗工作。在此情形下,除雇主给付的工作日薪资外,女性劳动者仍可继续领取《社会保险法》规定的生育补贴。

5. 男职工妻子生育、收养未满 6 个月的子女、女职工代孕,依照《社会保险法》的规定享受产假。

第140条 休产假劳动者的就业保障

保障按本法第139条第1款、第3款和第5款的规定休产假的劳动者,休完产假后返回原工作岗位,不得扣减劳动者的薪资和权益。原工作岗位无空缺的,雇主应安排其从事薪资不低于休产假前的其他工作。

第141条 照顾患病子女、怀孕和实施避孕措施期间的补贴

劳动者照顾7岁以下患病子女、产检、流产、引产、堕胎、病理性流产、采取节育避孕措施休假期间,领取《社会保险法》规定的补贴。

第142条 对生育造成不利影响的职业和工作

1. 劳动荣军与社会部部长颁布对生育造成不利影响的职业和工作名录。

2. 雇主应完整提供有关工作危害和要求的信息以供劳动者选择,安排劳动者从事本条第1款规定的工作时应保障其劳动安全卫生条件。

第十一章 有关未成年工及其他劳动者的特殊规定

第一节 未成年工

第143条 未成年工

1. 未成年工,系指未满18周岁的劳动者。

2. 年满15周岁、未满18周岁的人员,不得从事本法第147条规定的工作或在本法第147条规定的场所工作。

3. 年满13周岁、未满15周岁的人员,仅可从事劳动荣军与社会部部长颁布的工种名录内的轻体力工作。

4. 未满13周岁的人员,仅可从事本法第145条第3款规定的工作。

第 144 条　雇用未成年工的原则

1. 未成年工仅可从事符合其身体健康的工作，以保障其体力、智力的发展。

2. 雇主雇用未成年工时，负责在劳动过程中对其劳动、身体健康和学习方面给予照顾。

3. 雇用未成年劳工的，应征得其父母或监护人的同意；单独建档立册，完整记录其姓名、出生日期、从事的工作和定期体检结果，并应国家主管部门的要求出示。

4. 雇主应创造机会让未成年工参加文化学习、职业教育以及提升职业技能培训。

第 145 条　雇用未满 15 周岁的未成年人

1. 雇用未满 15 周岁的未成年人时，雇主应遵守以下规定：

(1) 应与未满 15 周岁的未成年人及其法定代表人签订书面劳动合同；

(2) 安排的工作时间不得影响未满 15 周岁的未成年人的学习时间；

(3) 应持有权威医疗机构出具的未满 15 周岁的未成年人的身体健康状况适合工作的证明，并至少每 6 个月组织一次定期体检；

(4) 保障符合其年龄的工作条件和劳动安全卫生。

2. 雇主只能雇用年满 13 周岁、未满 15 周岁的未成年人从事本法第 143 条第 3 款规定的轻体力工作。

3. 雇主不得雇用未满 13 周岁的未成年人，但艺术和体育工作除外；不得影响未满 13 周岁的未成年人的体力、智力发展，并经省级人民委员会劳动管理机关同意。

4. 劳动荣军与社会部部长对本条细则作出规定。

第 146 条　未成年工的工作时间

1. 未满 15 周岁的未成年工的工作时间每天不得超过 4 小时，每周不得超过 20 小时；不得安排其加班或夜间工作。

2. 年满 15 周岁、未满 18 周岁的未成年工的工作时间每天不得超过 8 小时，每周不得超过 40 小时。劳动荣军与社会部部长颁布的工种名录内的部分职业和工作，可安排年满 15 周岁、未满 18 周岁的未成年人加班或夜间工作。

第 147 条　禁止雇用年满 15 周岁、未满 18 周岁的未成年人的工作和场所

1. 禁止雇用年满 15 周岁、未满 18 周岁的未成年人从事以下工作：

(1) 搬运或搬抬超过体力的重物；

(2) 生产经营酒精、白酒、啤酒、烟草、神经兴奋剂和其他麻醉品；

(3) 生产、使用或运输化学品、气体及爆炸物；

(4) 机械设备维修与保养；

(5) 拆除建筑工程；

(6) 烧熔、吹制、铸造、轧制、冲压或焊接金属；

(7) 海上潜水、近海捕捞；

(8) 对未成年人的体力、智力发展有害的其他工作。

2. 下列场所禁止雇用年满 15 周岁、未满 18 周岁的未成年人：

(1) 水下、地下、洞穴或坑道内；

(2) 建筑工地；

(3) 屠宰场；

(4) 赌场、酒吧、舞厅、卡拉 OK 厅、酒店、旅馆、洗浴中心、按摩中心及经营彩票或电子游戏的场所；

(5) 对未成年人的体力、智力发展有害的其他场所。

3. 劳动荣军与社会部部长拟定本条第 1 款第 (8) 项和第 2 款第 (5) 项规定的工作和场所名录。

第二节 高龄劳动者

第148条 高龄劳动者

1. 高龄劳动者,系指已达到本法第169条第2款规定的年龄后继续工作的劳动者。

2. 高龄劳动者有权与雇主协商缩短每日工作时间或采用非全日制用工制度。

3. 国家鼓励雇用身体健康状况符合工作要求的高龄劳动者,保障其就业权和人力资源的有效利用。

第149条 雇用高龄劳动者

1. 雇用高龄劳动者时,双方可协商多次签订固定期限劳动合同。

2. 领取《社会保险法》规定的退休工资的高龄劳动者,根据新的劳动合同工作的,除享受养老制度权益外,还可享受法律和劳动合同规定的薪资和其他权益。

3. 不得安排高龄劳动者从事危害其身体健康的繁重、有毒有害,或高危、高强度、严重有毒有害或危险的工作,但安全有保障的情形除外。

4. 雇主负责关心照顾工作场所的高龄劳动者的身体健康。

第三节 在国外工作的越南籍劳动者、在越南的外国组织或个人的劳动者及在越南工作的外籍劳动者

第150条 在国外工作的越南籍劳动者与在越南的外国组织或个人的劳动者

1. 国家鼓励企业、机关、组织或个人为输出越南劳动力开拓和扩大海外劳动力市场。

在国外工作的越南籍劳动者必须遵守越南和所在国的法律，但越南加入的国际条约另有约定的除外。

2. 在越南的外国组织、工业区、经济区、出口加工区、高技术区工作或为在越南的外国公民工作的越南公民，必须遵守越南的法律，并受法律保护。

3. 为在越南的外国组织或个人工作的越南籍劳动者的招聘与管理，由政府作出具体规定。

第 151 条　外籍劳动者在越南工作的条件

1. 在越南工作的外籍劳动者，系指具有外国国籍且符合以下条件的人员：

(1)年满 18 周岁并具备完全民事行为能力。

(2)掌握专业技术、手艺或工作经验；健康状况符合卫生部部长的规定。

(3)不属于越南或国外的法律规定的正在服刑、刑期未满或正被追诉的人员。

(4)持有越南国家主管部门签发的工作许可证，但本法第 154 条规定的情形除外。

2. 在越南工作的外籍劳动者签订的劳动合同期限不得超出工作许可证的期限。雇用外籍劳动者的，双方可协商多次签订固定期限劳动合同。

3. 在越南工作的外籍劳动者必须遵守越南的劳动法律规定并受越南法律保护，但越南加入的国际条约另有约定的除外。

第 152 条　雇用外籍劳动者在越南工作的条件

1. 企业、机关、组织、个人或承包商只能雇用外籍劳动者担任越南籍劳动者不符合生产经营需求的管理岗位、专家或技术工作。

2. 企业、机关、组织或个人雇用外籍劳动者到越南工作前，应提交劳动使用需求说明并经国家主管部门的书面审批。

3. 承包商雇用外籍劳动者到越南工作前，应申报需使用外籍劳动者的工作岗位、专业技术、工作经验和雇用时间,并经国家主管部门的书面审批。

第 153 条　雇主和外籍劳动者的责任

1. 应国家主管部门要求,外籍劳动者应出示工作许可证。

2. 在越南工作的外籍劳动者未取得工作许可证的,将被强制出境或根据越南有关外国人入境、出境、过境与居住的法律规定驱逐出境。

3. 依法处罚雇用未取得工作许可证的外籍劳动者的雇主。

第 154 条　在越南工作的外籍劳动者豁免工作许可证的情形

1. 符合政府规定的出资价值的有限责任公司的所有人或有限合伙人。

2. 符合政府规定的出资价值的股份公司的董事会主席或董事会成员。

3. 国际组织或外国非政府组织在越南的代表、项目负责人或活动主要责任人。

4. 入境期限 3 个月以内开展业务推介活动。

5. 入境期限 3 个月以内处理越南的专家或外籍专家无法处理的、影响或危及生产经营的事故或复杂技术问题。

6. 根据越南《律师法》的规定取得律师执业许可证的外籍律师。

7. 越南加入的国际条约规定的情形。

8. 与越南公民结婚并在越南居住的外国人。

9. 政府规定的其他情形。

第 155 条　工作许可证的期限

工作许可证的最长期限为两年,仅可申请延期一次且最长延期两年。

第 156 条　工作许可证无效的情形

1. 工作许可证到期。

2. 劳动合同终止。

3. 劳动合同内容与工作许可证不符。

4. 从事的工作与工作许可证内容不符。

5. 工作许可证申请依据的合同到期或终止。

6. 外方书面通知停止派遣外籍劳动者到越南工作。

7. 雇用外籍劳动者的越南企业、组织、合作方或在越南的外国组织终止活动。

8. 工作许可证被吊销。

第 157 条　签发、重新签发、延期、吊销工作许可证和工作许可证豁免证明

关于向在越南工作的外籍劳动者签发、重新签发、延期、吊销工作许可证和工作许可证豁免证明的条件、程序和手续，由政府作出具体规定。

第四节　残疾劳动者

第 158 条　国家关于残疾劳动者的政策

国家保障残疾劳动者的就业权和自主就业的权利；对按照有关残疾人的法律规定创造就业机会并接收残疾劳动者的雇主制定激励和优惠政策。

第 159 条　雇用残疾劳动者

1. 雇主应保障残疾劳动者的劳动条件、劳动工具、劳动安全卫生并组织定期体检。

2. 雇主在决定涉及残疾劳动者权益的问题前应参考其意见。

第 160 条　雇用残疾劳动者时的严禁行为

1. 安排劳动能力衰退 51%以上的轻度残疾、严重残疾或特别严重残疾的劳动者加班或夜间工作，但残疾劳动者同意的除外。

2. 雇主完整提供有关工作信息后，未经残疾劳动者同意安排其从事劳动荣军与社会部部长颁布的工种名录内的繁重、有毒有害或危险工作。

第五节　家　政　工

第161条　家政工

1. 家政工，系指长期为一个或多个家庭从事家政工作的劳动者。

家政工作包括做饭、做家务、护理、照顾老人、当司机、栽培植物及为家庭户从事的与商业活动无关的其他工作。

2. 政府规定本条细则。

第162条　家政工劳动合同

1. 雇主应与家政工签订书面劳动合同。

2. 家政工劳动合同的期限由双方协商确定。任何一方均有权随时终止劳动合同，但应至少提前15日通知对方。

3. 双方在劳动合同中约定薪资给付方式和期限、每日工作时间和住宿。

第163条　雇主的义务

1. 充分履行劳动合同条款。

2. 依法给付社会保险和医疗保险费用，由家政工主动参保社会保险和医疗保险。

3. 尊重家政工的名誉和尊严。

4. 有约定的，应为家政工安排食宿。

5. 为家政工参加文化学习或职业教育创造机会。

6. 家政工被辞退返回居住地的，应支付其车船路费，但家政工提前终止劳动合同的情形除外。

第164条　家政工的义务

1. 充分履行劳动合同条款。

2. 损坏或遗失雇主财产的,应按约定或依法赔偿。

3. 及时告知雇主可能危害雇主本人及其家人身体健康、生命和财产安全的危险。

4. 就雇主的虐待、性骚扰、强迫劳动或其他违法行为向主管部门申诉。

第165条　雇主的严禁行为

1. 虐待、性骚扰、强迫劳动或对家政工使用暴力。

2. 未按劳动合同给家政工安排工作。

3. 扣留家政工的随身证件。

第六节　其他劳动者

第166条　艺术、体育、航海、航空运输领域的劳动者

艺术、体育、航海、航空领域的劳动者,不适用政府作出的有关培训、提升职业技能、劳动合同、薪资和奖金、工作时间和休息休假时间、劳动安全卫生的相应制度。

第167条　居家办公劳动者

劳动者可与雇主协商居家办公。

第十二章　社会保险、医疗保险与失业保险

第168条　参加社会保险、医疗保险与失业保险

1. 雇主或劳动者应参加强制社会保险、医疗保险和失业保险,劳动者根据社会保险、医疗保险和失业保险法律的规定享受各项福利。

鼓励雇主或劳动者参加其他形式的劳动者保险。

2. 休假劳动者享受社会保险福利期间,雇主无须给付劳动者薪资,但双方另有约定的除外。

3. 对不属于强制社会保险、医疗保险和失业保险参保对象的劳动者,雇主负责按社会保险、医疗保险和失业保险法律的规定,额外给付与为劳动者缴纳强制社会保险、医疗保险和失业保险相当的金额。

第 169 条　退休年龄

1. 按照《社会保险法》的规定缴足社会保险的劳动者退休时可领取退休工资。

2. 正常劳动条件下劳动者的退休年龄,依法调整为男性劳动者自 2028 年起年满 62 岁退休、女性劳动者自 2035 年起年满 60 岁退休。

自 2021 年起,正常劳动条件下的退休年龄为男性劳动者年满 60 岁 3 个月、女性劳动者年满 55 岁 4 个月;此后,男性劳动者每年延后 3 个月、女性劳动者每年延后 4 个月。

3. 劳动能力衰退;从事特别繁重、严重有毒有害或危险工作;从事繁重、有毒有害或危险工作;在社会经济特别困难地区工作的劳动者可提前退休,但退休年龄不得小于本条第 2 款的规定 5 岁,法律另有规定的除外。

4. 专业技术水平高的劳动者和部分特殊情形可延迟退休,但退休年龄不得小于本条第 2 款的规定 5 岁,法律另有规定的除外。

5. 政府规定本条细则。

第十三章　基层职工代表组织

第 170 条　成立或加入基层职工代表组织的权利

1. 劳动者有权根据《工会法》的规定,成立或加入工会。

2. 企业劳动者有权根据本法第 172 条、第 173 条和第 174 条的规定,成立或加入企业的劳动者组织。

3. 本条第1款和第2款规定的劳动者代表组织，在代表保护劳动关系中劳动者的正当合法权益方面具有平等的权利和义务。

第171条　越南工会组织体系内的基层工会

1. 越南工会组织体系内的基层工会设立于各机关、组织、单位和企业。

2. 基层工会的成立、解散、组织和运作，适用《工会法》的规定。

第172条　成立或加入企业的劳动者组织

1. 企业的劳动者组织经国家主管部门核准登记后成立并合法开展活动。

企业的劳动者组织应在遵守宪法、法律、章程，自愿、自治、民主与公开透明的基础上组织并开展活动。

2. 企业的劳动者组织违反本法第174条第1款第(2)项规定的宗旨和目的，或在分立、分拆、合并、归并、解散或企业解散、破产的情形下终止活动的，依法注销登记。

3. 企业的劳动者组织加入越南工会的，适用《工会法》的规定。

4. 企业的劳动者组织的登记材料、登记程序和手续；核准登记或注销登记的权限和手续；企业的劳动者组织财务和资产的国家管理；企业的劳动者组织分立、分拆、合并、归并、解散和结社权，由政府作出具体规定。

第173条　企业的劳动者组织理事会及其成员

1. 企业的劳动者组织登记时，应达到政府规定的企业劳动者成员的最低人数要求。

2. 理事会由企业的劳动者组织成员选举产生。理事会成员应为在企业工作的越南劳动者，且不属于被追诉、在服刑或因国家安全罪、侵害人身自由权罪、侵害公民的民主自由权罪及《刑法》规定的侵犯所有权的犯罪刑期未满的人员。

第174条 企业的劳动者组织的章程

1. 企业的劳动者组织的章程应具有以下主要内容：

(1)组织名称、地址和标志(如有)。

(2)保护本组织成员在企业劳动关系中的合法正当权益的宗旨、目的和活动范围；与雇主共同解决涉及雇主和劳动者权利、义务和利益的问题；建立进步、和谐和稳定的劳动关系。

(3)加入或退出企业的劳动者组织的条件和手续。

企业的劳动者组织不得同时既有普通劳动者成员，又有直接参与决定有关劳动条件、招聘、劳动纪律、终止劳动合同或改派劳动者从事其他工作的劳动者成员。

(4)组织机构、任期和代表。

(5)组织活动原则。

(6)通过组织决定的规则。

应由多数成员表决通过的内容包括通过、补充修订组织章程；选举、罢免负责人和理事会成员；分立、分拆、合并、归并、更名、解散、结社；加入越南工会。

(7)会费、财务经费来源及其管理使用。

企业的劳动者组织的经费收支情况应有据可查、妥善保管并定期每年向组织成员公开。

(8)组织成员的建议及处理。

2. 政府规定本条细则。

第175条 雇主对成立或加入基层劳动者组织的严禁行为

1. 以成立或加入劳动者组织为由，歧视基层职工代表组织的劳动者或理事会成员：

(1)以加入、不加入或退出基层职工代表组织作为招聘、签订或延长劳动合同的条件；

(2)解雇、纪律处分、单方终止劳动合同、不续签或延长劳动合同、改派劳动者从事其他工作；

(3)在薪资、工作时间、劳动关系中的其他权利和义务方面歧视；

(4)阻碍或干扰基层职工代表组织的活动。

2. 干涉、操纵基层职工代表组织的成立、选举、工作规划和组织开展各项活动的过程,包括经费支持或其他经济措施,旨在削弱基层职工代表组织履行代表职能,或歧视不同的基层职工代表组织。

第 176 条　基层职工代表组织理事会成员的权利

1. 基层职工代表组织的理事会成员享有以下权利:

(1)履行基层职工代表组织职责的过程中,在工作场所与劳动者接洽。行使该项权利时不得影响雇主的正常活动。

(2)与雇主接洽以履行基层职工代表组织的代表职责。

(3)根据本条第 2 款和第 3 款的规定,在工作时间开展基层职工代表组织的工作且领取薪资。

(4)在劳动关系和履行代表职责过程中依法享受其他保障。

2. 政府根据基层职工代表组织的成员人数,规定雇主准予理事会全体成员履行职责的最短期限。

3. 基层职工代表组织与雇主协商增加本条第 2 款规定的最短期限及基层职工代表组织理事会成员根据实际情况使用工作时间的方式。

第 177 条　雇主对基层职工代表组织的义务

1. 不得阻碍或干扰劳动者依法成立或加入基层职工代表组织的活动。

2. 承认并尊重依法成立的基层职工代表组织的各项权利。

3. 单方终止基层职工代表组织理事会成员的劳动合同、改派其从事其他工作或给予解雇纪律处分的,应与基层职工代表组织理事会签订书面协议。协商不一致的,双方应通报省级人民委员会劳动管理机关。自通报之日起 30 日后,雇主才有权作出决定。对雇主作出的决定有异议的,劳动者或基层职工代表组织理事会有权请求按法定程序和手续解决劳动争议。

4. 基层职工代表组织理事会成员的劳动合同在任期内到期的,

应延长劳动合同期限至任期结束。

5. 法律规定的其他义务。

第 178 条　劳动关系中基层职工代表组织的权利与义务

1. 根据本法的规定与雇主进行集体协商。

2. 根据本法的规定在工作场所对话。

3. 制定和监督执行阶梯薪资、薪资表、工作量、薪资给付制度、奖金制度、内部劳动规章制度、涉及本组织成员劳动者权益的其他制度时，接受咨询。

4. 经劳动者委托，代表劳动者处理个人劳动争议和申诉。

5. 根据本法的规定组织和领导罢工。

6. 接受在越南合法登记的机关或组织提供的关于理解劳动法律法规、成立劳动者代表组织的程序和手续、核准登记后在劳动关系中履行代表职责方面的技术援助。

7. 享受雇主提供的办公场所、相关信息及开展活动的必要条件保障。

8. 法律规定的其他权利和义务。

第十四章　解决劳动争议

第一节　解决劳动争议的一般规定

第 179 条　劳动争议

1. 劳动争议，系指各方在确立、履行或终止劳动关系过程中产生的权利、义务和利益纠纷，劳动者代表组织间的纠纷，以及与劳动关系直接相关的关系中产生的纠纷。劳动争议包括以下类型：

(1)劳动者与雇主之间、劳动者与劳务输出企业或组织之间、被派遣劳动者与用工雇主之间产生的个人劳动争议；

(2)一个或多个基层职工代表组织与雇主、一个或多个雇主代表组织之间关于权利或权益的集体劳动争议。

2. 关于权利的集体劳动争议，系指一个或多个基层职工代表组织与雇主、一个或多个雇主代表组织之间产生的以下纠纷：

(1)对集体劳动合同、内部劳动规章制度、其他合法制度和协议的理解与适用存在分歧。

(2)对理解和适用劳动法律的规定存在分歧。

(3)雇主以成立或加入劳动者代表组织为由歧视劳动者或劳动者代表组织理事会成员；干涉或操纵劳动者代表组织；违反善意协商义务。

3. 关于利益的集体劳动争议包括：

(1)集体协商过程中产生的劳动争议；

(2)一方拒绝协商或未在法定期限内进行协商。

第 180 条　解决劳动争议的原则

1. 在劳动争议解决过程中尊重各方的协商自主权。

2. 注重在尊重双方的权利和利益、社会公共利益、不违反法律规定的基础上以调解或仲裁方式解决争议。

3. 公开、透明、客观、及时、快捷与合法。

4. 保障各方代表参与劳动争议解决。

5. 依当事人申请或主管部门、组织或个人请求，经各方当事人同意后，解决劳动争议的主管机关、组织或个人处理劳动争议。

第 181 条　解决劳动争决中组织或机关的责任

1. 国家劳动管理机关负责配合劳动者代表组织或雇主代表组织在解决劳动争议中给予指导和协助。

2. 劳动荣军与社会部组织劳动调解员和劳动仲裁员培训，提高其解决劳动争议的专业能力。

3. 人民委员会劳动管理机关根据请求，牵头受理解决劳动争议的申请并在解决劳动争议中分类、指导和协助各方。

受理解决劳动争议申请的机关，在 5 个工作日内将强制先行调解的申请移送劳动调解员，申请劳动仲裁的，移送劳动仲裁委员会或指导其诉至法院。

第 182 条 解决劳动争议中双方的权利与义务

1. 各方在解决劳动争议中享有以下权利：

(1)直接或委托代理人参与解决劳动争议；

(2)撤回或变更请求；

(3)有理由认为解决劳动争议的人员不公正或不客观的，有权要求更换。

2. 各方在解决劳动争议中应履行以下义务：

(1)及时完整地提供证明己方请求的材料和证据；

(2)执行达成的协议、劳动仲裁庭的决定、生效的法院判决或决定。

第 183 条 解决劳动争议主管机关、组织或个人的权利

解决劳动争议的主管机关、组织或个人在职权范围内，有权要求各方当事人、有关机关、组织或个人提供材料、证据、鉴定意见，传唤证人和有关人员。

第 184 条 劳动调解员

1. 劳动调解员，系指省级人民委员会主席任命的解决劳动争议、职业培训合同纠纷、协助发展劳动关系的人员。

2. 任命劳动调解员的标准、程序和手续、福利、工作条件、劳动调解员的管理，以及派遣劳动调解员的权限、程序和手续，由政府作出具体规定。

第 185 条 劳动仲裁委员会

1. 省级人民委员会主席决定成立劳动仲裁委员会，任命劳动仲裁委员会主席、秘书和其他劳动仲裁员。劳动仲裁委员会的任期为5 年。

2. 劳动仲裁委员会的劳动仲裁员数额由省级人民委员会主席决定，但不得低于 15 人，包括各方提名的相同数量的劳动仲裁员：

(1)省级人民委员会劳动管理机关至少提名 5 人，其中仲裁委

员会主席由领导担任,秘书由省级人民委员会劳动管理机关的公职人员担任;

(2)省级工会至少提名5人;

(3)省内雇主代表组织统一提名至少5人。

3. 劳动仲裁员的标准和工作制度,规定如下:

(1)劳动仲裁员,系指熟悉法律法规、具有劳动关系领域的经验、有信誉和正义感的人员。

(2)根据本条第2款的规定提名劳动仲裁员时,省级人民委员会劳动管理机关、省级工会、雇主代表组织可以提名本组织机构的人员,或提名完全符合劳动仲裁员标准的其他人员。

(3)劳动仲裁委员会秘书履行委员会的日常职责。劳动仲裁员专职或兼职从事工作。

4. 收到本法第189条、第193条和第197条规定的解决劳动争议的请求时,劳动仲裁委员会决定成立劳动仲裁庭以解决争议:

(1)争议各方在劳动仲裁员名单中各自选择1名劳动仲裁员;

(2)各方根据本款第(1)项的规定选出的劳动仲裁员共同选择1名其他劳动仲裁员担任首席仲裁员;

(3)各方共同选择1名劳动仲裁员的,劳动仲裁庭由该名仲裁员1人组成。

5. 劳动仲裁庭按照少数服从多数的集体原则进行表决,但本条第4款第(3)项规定的情形除外。

6. 劳动仲裁员和劳动仲裁委员会的任免标准、条件、程序和手续、福利和工作条件;劳动仲裁委员会的组织与活动;本条规定的劳动仲裁庭的成立与运作,由政府作出具体规定。

第186条　劳动争议解决期间禁止的单方行为

由主管机关、组织或个人解决的劳动争议处于本法规定的期限的,任何一方当事人均不得采取对抗另一方当事人的单方面行动。

第二节 解决个人劳动争议的权限与程序

第 187 条 解决个人劳动争议的权限

解决个人劳动争议的主管机关、组织或个人包括：

1. 劳动调解员。

2. 劳动仲裁委员会。

3. 人民法院。

第 188 条 解决个人劳动争议的程序与手续

1. 个人劳动争议必须先经劳动调解员调解，才能申请劳动仲裁委员会仲裁或诉至法院，但以下劳动争议无须先行调解：

(1)受解雇劳动纪律处分或被单方终止劳动合同。

(2)终止劳动合同时的损害赔偿和补贴。

(3)家政工与雇主之间的劳动争议。

(4)关于社会保险；医疗保险；失业保险法律规定的社会保险、医疗保险和失业保险以及劳动安全卫生法律规定的劳动事故保险或职业病保险。

(5)劳动者与劳务输出企业或组织之间的损害赔偿。

(6)被派遣劳动者与用工雇主之间的劳动争议。

2. 劳动调解员自收到当事人或本法第 181 条第 3 款规定的机关提出的调解请求之日起 5 个工作日内，应结束调解程序。

3. 调解时双方当事人应在场。各方当事人可以委托他人参加调解。

4. 劳动调解员负责指导和协助各方协商解决纠纷。

各方协商一致的，劳动调解员应制作调解书并由当事人与劳动调解员签字。

各方协商不成的，劳动调解员应提出调解方案供各方参考。各方接受调解方案的，劳动调解员应制作调解书，并由各方当事人与劳动调解员签字。

各方不接受调解方案或一方当事人经两次传唤仍未到场且无正当理由的，劳动调解员应制作调解不成的文书。并由到场的当事人与劳动调解员签字。

5. 调解书或调解不成的文书副本，应在制作之日起 1 个工作日内送达争议各方。

6. 一方当事人不执行调解书的，另一方有权申请劳动仲裁委员会仲裁或诉至法院。

7. 本条第 1 款规定的非强制调解手续或劳动调解员未在本条第 2 款规定的调解期限内进行调解，或本条第 4 款规定的调解不成的情形，争议各方有权选择以下方式解决劳动争议：

（1）请求劳动仲裁委员会根据本法第 189 条的规定仲裁；

（2）诉至法院。

第 189 条　劳动仲裁委员会解决个人劳动争议

1. 本法第 188 条第 7 款规定的情形，争议各方协商一致后有权请求劳动仲裁委员会仲裁。已请求劳动仲裁的，不得同时诉至法院，但本条第 4 款规定的情形除外。

2. 自收到本条第 1 款规定的仲裁请求之日起 7 个工作日内设立劳动仲裁庭。

3. 劳动仲裁庭自成立之日起 30 日内应作出仲裁决定并送达争议各方。

4. 未在本条第 2 款规定的期限内成立劳动仲裁庭，或劳动仲裁庭未在本条第 3 款规定的期限内作出仲裁决定的，争议各方有权诉至法院。

5. 一方当事人不执行劳动仲裁庭的仲裁决定的，各方有权诉至法院。

第 190 条　请求解决个人劳动争议的时效

1. 请求劳动调解员调解个人劳动争议的时效为 6 个月，自当事人发现其合法权益遭受侵害之日起算。

2. 请求劳动仲裁委员会解决个人劳动争议的时效为 9 个月，自当事人发现其合法权益遭受侵害之日起算。

3. 诉请法院裁决个人劳动争议的时效为 1 年，自当事人发现其合法权益遭受侵害之日起算。

4. 申请人能够证明因不可抗力、客观阻碍或其他法定事由不能在本条规定的期限内提出请求的，因不可抗力、客观阻碍或其他法定事由延误的时间不计入请求解决个人劳动争议的期限。

第三节　解决关于权利的集体劳动争议的权限与程序

第 191 条　解决关于权利的集体劳动争议的权限

1. 解决关于权利的集体劳动争议的主管机关、组织或个人包括：

(1) 劳动调解员；

(2) 劳动仲裁委员会；

(3) 人民法院。

2. 关于权利的集体劳动争议必须先经劳动调解员调解，才能申请劳动仲裁委员会仲裁或诉至法院。

第 192 条　解决关于权利的集体劳动争议的程序和手续

1. 解决关于权利的集体劳动争议的程序和手续，适用本法第 188 条第 2 款、第 3 款、第 4 款、第 5 款和第 6 款的规定。

对本法第 179 条第 2 款第(2)项、第(3)项规定的纠纷，经确认存在违法行为的，劳动调解员应记录在案并将文件材料移送主管部门依法审查和处理。

2. 调解不成或劳动调解员未在本法第 188 条第 2 款规定的调解期限内调解的，争议各方有权选择以下方式解决争议：

(1) 请求劳动仲裁委员会根据本法第 193 条的规定仲裁；

(2) 诉至法院。

第193条 劳动仲裁委员会解决关于权利的集体劳动争议

1. 调解不成或劳动调解员未在本法第188条第2款规定的调解期限内调解或一方当事人不执行调解书的,争议各方有权协商一致后请求劳动仲裁委员会仲裁。

2. 自收到本条第1款规定的仲裁请求之日起7个工作日内设立劳动仲裁庭。

3. 劳动仲裁庭自成立之日起30日内,应根据劳动法律的规定、集体劳动合同、已登记的内部劳动规章及其他合法制度或协议,作出仲裁决定并送达争议各方。

对本法第179条第2款第(2)项、第(3)项规定的纠纷,经确认存在违法行为的,劳动仲裁庭不作出仲裁决定而应记录在案,并将文件材料移送主管部门依法审查和处理。

4. 争议各方根据本条的规定请求劳动仲裁委员会仲裁的,仲裁期间不得同时诉至法院。

5. 未在本条第2款规定的期限内成立劳动仲裁庭,或劳动仲裁庭未在本条第3款规定的期限内作出仲裁决定的,争议各方有权诉至法院。

6. 一方当事人不执行劳动仲裁庭的仲裁决定的,争议各方有权诉至法院。

第194条 请求解决关于权利的集体劳动争议的时效

1. 请求劳动调解员调解关于权利的集体劳动争议的时效为6个月,自当事人发现其合法权利遭受侵害之日起算。

2. 请求劳动仲裁委员会仲裁关于权利的集体劳动争议的时效为9个月,自当事人发现其合法权利遭受侵害之日起算。

3. 诉请法院裁决关于权利的集体劳动争议的时效为1年,自当事人发现其合法权利遭受侵害之日起算。

第四节　解决关于利益的集体劳动争议的权限与程序

第195条　解决关于利益的集体劳动争议的权限

1.解决关于利益的集体劳动争议的主管部门或个人包括：

(1)劳动调解员；

(2)劳动仲裁委员会。

2.关于利益的集体劳动争议必须先经劳动调解员调解，才能请求劳动仲裁委员会仲裁或举行罢工。

第196条　解决关于利益的集体劳动争议的程序和手续

1.解决关于利益的集体劳动争议的程序和手续，适用本法第188条第2款、第3款、第4款和第5款的规定。

2.调解成功后制作的调解书应包括各方协商一致的全部内容及争议各方和劳动调解员的签名。调解书与企业集体劳动合同具有同等法律效力。

3.调解不成或劳动调解员未在本法第188条第2款规定的调解期限内调解或一方当事人不执行调解书的，争议各方有权选以下方式解决争议：

(1)请求劳动仲裁委员会根据本法第197条的规定仲裁；

(2)劳动者代表组织有权根据本法第200条、第201条和第202条的规定组织罢工。

第197条　劳动仲裁委员会解决关于利益的集体劳动争议

1.调解不成或劳动调解员未在本法第188条第2款规定的调解期限内调解或一方当事人不执行调解书的，争议各方有权协商一致后请求劳动仲裁委员会仲裁。

2.自收到本条第1款规定的仲裁请求之日起7个工作日内设立劳动仲裁庭。

3. 劳动仲裁庭自成立之日起30日内,应根据劳动法律的规定、集体劳动合同、已登记的内部劳动规章及其他合法制度或协议,作出仲裁决定并送达争议各方。

4. 争议各方选择按照本条的规定请求劳动仲裁委员会仲裁的,仲裁期间劳动者代表组织不得举行罢工。

未在本条第2款规定的期限内成立劳动仲裁庭或劳动仲裁庭未在本条第3款规定的期限内作出仲裁决定,或雇主一方当事人不执行劳动仲裁庭的仲裁决定的,劳动者代表组织一方当事人有权根据本法第200条、第201条和第202条规定的手续举行罢工。

第五节 罢 工

第198条 罢工

罢工,系指在劳动争议解决过程中为达诉求而进行的一种临时的、自愿的和有组织的停工。罢工应由有权要求集体协商且是争议一方当事人的劳动者代表进行组织和领导。

第199条 劳动者享有罢工权的情形

凡属下列情形,作为关于利益的集体劳动争议一方当事人的劳动者代表组织有权根据本法第200条、第201条和第202条规定的手续举行罢工。

1. 调解不成或劳动调解员未在本法第188条第2款规定的调解期限内进行调解。

2. 未成立劳动仲裁庭或劳动仲裁庭未作出仲裁决定,或雇主一方当事人不执行劳动仲裁庭的仲裁决定。

第200条 罢工的程序

1. 根据本法第201条的规定听取罢工意见。

2. 根据本法第202条的规定作出罢工决定并通报。

3. 举行罢工。

第 201 条　罢工调查

1. 本法第 198 条规定的有权组织和领导罢工的劳动者代表组织在举行罢工前，负责对参与协商的全体劳动者或劳动者代表组织理事会成员进行调查。

2. 调查内容包括：

(1)是否同意罢工；

(2)劳动者代表组织关于本法第 202 条第 2 款第(2)项、第(3)项、第(4)项规定的内容拟定的方案。

3. 调查直接以投票、签名或其他方式进行。

4. 调查时间、地点和方式，由劳动者代表组织决定并应提前至少 1 日通知雇主，且不得影响雇主的正常生产经营活动。雇主不得干扰、阻碍或干涉劳动者代表组织的调查。

第 202 条　罢工决定与通报罢工开始时间

1. 根据本法第 201 条第 2 款的规定，过半数被调查对象同意罢工的，劳动者代表组织应作出书面罢工决定。

2. 罢工决定应具备以下内容：

(1)调查结果；

(2)罢工开始时间和罢工地点；

(3)罢工范围；

(4)劳动者的诉求；

(5)组织和领导罢工的劳动者代表组织负责人的姓名和地址。

3. 组织和领导罢工的劳动者代表组织应在开始罢工前至少 5 个工作日，将罢工决定送达雇主、县级人民委员会和省级人民委员会劳动管理机关。

4. 罢工开始时间届至，雇主仍不接受解决劳动者请求的，劳动者代表组织可以组织和领导罢工。

第 203 条　罢工前与罢工期间各方的权利

1. 继续协商解决集体劳动争议，或共同请求劳动调解员或劳动仲裁委员会解决劳动争议。

2. 本法第 198 条规定的有权组织和领导罢工的劳动者代表组织,享有以下各项权利:

(1)罢工前撤回罢工决定,罢工期间结束罢工;

(2)请求法院宣告罢工合法。

3. 雇主享有以下各项权利:

(1)接受全部或部分请求,并书面通知正在组织和领导罢工的劳动者代表组织;

(2)罢工期间因不足以维持正常运营或保护资产安全的,临时关闭工作场所;

(3)请求法院宣告罢工非法。

第 204 条　非法罢工的情形

1. 不属于本法第 199 条规定的有权罢工的情形。

2. 不是由有权组织和领导罢工的劳动者代表组织组织的罢工。

3. 违反本法规定的举行罢工的程序和手续。

4. 主管机关、组织或个人正在依法解决集体劳动争议。

5. 属于本法第 209 条规定的不得罢工而举行罢工的情形。

6. 本法第 210 条规定的主管部门作出推迟或停止罢工的决定。

第 205 条　通报临时关闭工作场所的决定

雇主在临时关闭工作场所之前,应至少提前 3 个工作日在工作场所张贴临时关闭工作场所的决定,并通报下列机关或组织。

1. 正在组织和领导罢工的劳动者代表组织。

2. 将关闭的工作场所所在地的省级人民委员会。

3. 将关闭的工作场所所在地的县级人民委员会。

第 206 条　禁止临时关闭工作场所的情形

1. 罢工决定载明的罢工开始时间前 12 小时。

2. 劳动者已停止罢工。

第207条　罢工期间劳动者的薪资与其他合法权利

1. 未参与罢工但因罢工而停职的劳动者,根据本法第99条第2款的规定享受停职工资和劳动法律规定的其他权利。

2. 参与罢工的劳动者不得享受薪资和法律规定的其他权利,但双方另有约定的除外。

第208条　罢工前、罢工期间与罢工后的禁止行为

1. 妨碍劳动者行使罢工权,或煽动、教唆、胁迫劳动者罢工;阻碍未罢工的劳动者工作。

2. 使用暴力;损毁雇主的机械设备或资产。

3. 妨害公共安全秩序。

4. 以准备或参与罢工为由,终止与劳动者、罢工领导者的劳动合同或给予劳动纪律处分,或改派其从事其他工作或到其他地点工作。

5. 打击报复参与罢工的劳动者或罢工领导者。

6. 利用罢工实施非法行为。

第209条　不得罢工的工作场所

1. 罢工可能威胁国防、安全、公共秩序、他人身体健康的用工地点。

2. 本条第1款规定的不得罢工的工作场所名录及劳动争议解决,由政府作出规定。

第210条　推迟或停止罢工的决定

1. 罢工可能会严重损害国民经济或公共利益,威胁国防、安全、公共秩序、他人身体健康的,省级人民委员会主席应作出推迟或停止罢工的决定。

2. 推迟或停止罢工及处理劳动者权利,由政府作出具体规定。

第211条　对程序或手续不符的罢工的处理

自收到罢工违反本法第200条、第201条和第202条规定的通报之日起12小时内,县级人民委员会主席应主持并指导劳动管理机关配合同级工会、直接相关的机关或组织与雇主、基层职工代表组织理事会的代表会谈,听取各方意见,协助各方寻求解决措施,恢复正常生产经营活动。

发现违法行为的,应记录在案并进行处理或建议主管部门依法处理实施违法行为的个人或组织。

对于劳动争议的内容,应根据纠纷类型,指导并协助各方按照本法的规定解决劳动争议。

第十五章　国家劳动管理

第212条　国家劳动管理的内容

1. 颁布并组织实施劳动法律规范文件。

2. 监测、统计并提供有关劳动力供求及其波动信息;决定劳动者的薪资政策;决定关于人力资源、全社会劳动力自愿配置与利用、职业教育以及发展职业技能的政策、规划和计划;拟定国家职业技能标准、各级职业教育的越南国家标准。编制要求劳动者受过职业教育或取得国家职业技能证书的职业名录。

3. 组织开展劳动科学研究;统计并提供有关劳动、劳动力市场、劳动者生活水平、薪资与收入的信息;在劳动数量、质量和波动方面进行管理。

4. 建立有助于发展进步、和谐稳定的劳动关系的机制与制度;推动无劳动关系劳动者适用本法;登记并管理企业的劳动者组织。

5. 检查、监察并处理违法行为,解决与劳动相关的申诉和诉讼;依法解决劳动争议。

6. 开展劳动领域的国际合作。

第213条　国家劳动管理的权限

1. 政府在全国范围内统一实施国家劳动管理。

2. 劳动荣军与社会部就国家劳动管理工作对政府负责。

3. 各部、部级机关在职权范围内负责落实并配合劳动荣军与社会部实施国家劳动管理。

4. 各级人民委员会在辖区内实施国家劳动管理。

第十六章 劳动监察与劳动违法行为处理

第 214 条 劳动监察的内容

1. 监察劳动法律规定的执行。

2. 调查劳动事故和违反劳动安全卫生的行为。

3. 参与指导适用有关劳动条件、劳动安全卫生的标准和技术规范。

4. 依法解决劳动相关的申诉和控告。

5. 按权限和主管部门的建议处理劳动违法行为。

第 215 条 专业劳动监察

1. 专业劳动监察的权限由《监察法》规定。

2. 劳动安全卫生监察由《劳动安全卫生法》规定。

第 216 条 劳动监察员的权利

劳动监察员有权根据监察决定对监察对象和监察范围内的地点进行监察和调查。

工作场所中劳动者的安全、生命、健康、名誉和尊严受到威胁的紧急情形下,根据主管人员的决定进行突击监察,无须提前通知。

第 217 条 处理违法行为

1. 对违反本法规定的行为,视违法性质和情节轻重,将受到纪律处分、行政处罚或被追究刑事责任,造成损害的应依法赔偿。

2. 法院宣告罢工非法的,参与罢工的劳动者应立即停止罢工并返回工作岗位;对拒不停止罢工或拒不返回工作岗位的,视情节轻重给予劳动纪律处分。

被法院宣告为非法罢工且对雇主造成损害的，组织和领导罢工的劳动者代表组织应依法赔偿。

3. 利用罢工扰乱公共安全秩序，损坏雇主的机械设备或资产；阻碍劳动者行使罢工权，煽动、教唆、胁迫劳动者罢工；打击报复参与罢工的劳动者或罢工领导者的人员，视情节轻重，将受到行政处罚或被追究刑事责任，造成损害的应依法赔偿。

第十七章 施行条款

第218条 雇用劳动者人数少于10人的减免手续

雇用劳动者人数少于10人的雇主执行本法的规定，可按照政府的规定减免部分手续。

第219条 补充修订劳动相关法律的若干条款

1. 补充修订经律字第84/2015/QH13号和律字第35/2018/QH14号补充修订的律字第58/2014/QH13号《社会保险法》若干条款：

（1）补充修订第54条如下：

第54条 领取退休工资的条件

1. 除本条第3款规定的情形外，本法第2条第1款第（1）项、第（2）项、第（3）项、第（4）项、第（8）项、第（9）项、第（10）项规定的劳动者，退休时缴纳社会保险20年以上的，可领取退休工资：

（1）达到《劳动法》第169条第2款规定的退休年龄；

（2）2021年1月1日前，达到《劳动法》第169条第3款规定的退休年龄，且从事劳动荣军与社会部颁布的繁重、有毒有害或危险，或高强度、严重有毒有害或危险工种名录内的工作满15年，或在社会经济条件特别困难的地区，包括在地区补贴系数0.7以上的地方工作满15年；

（3）退休时年龄小于《劳动法》第169条第2款规定的退休年龄10岁以内，且在坑道内从事煤矿开采工作满15年；

(4)执行工作任务期间因职业风险事故感染艾滋病毒。

2. 本法第2条第1款第(5)项、第(6)项规定的劳动者,退休时缴纳社会保险20年以上的,可领取退休工资:

(1)退休时年龄小于《劳动法》第169条第2款规定的退休年龄5岁以内,但《越南人民军军官法》《人民公安法》《机要法》《专业军人和国防职工法》另有规定的除外;

(2)2021年1月1日前,年龄达到《劳动法》第169条第3款规定的退休年龄5岁以内,且从事劳动荣军与社会部颁布的繁重、有毒有害或危险,或高强度、严重有毒有害或危险工种名录内的工作满15年,或在社会经济条件特别困难的地区,包括在地区补贴系数0.7以上的地方工作满15年;

(3)执行工作任务期间因职业风险事故感染艾滋病毒。

3. 担任乡级干部或公职人员的女性劳动者,或乡、坊、镇非全职工作人员退休时已缴纳社会保险15年至20年且达到《劳动法》第169条第2款规定的退休年龄的,可领取退休工资。

4. 特殊情形下领取退休工资的年龄条件,由政府作出规定。

(2)补充修订第55条如下:

第55条　劳动能力衰退时领取退休工资的条件

1. 本法第2条第1款第(1)项、第(2)项、第(3)项、第(4)项、第(8)项、第(9)项、第(10)项规定的劳动者,退休时缴纳社会保险20年以上的,可领取低于本法第54条第1款第(1)项、第(2)项、第(3)项规定的退休工资:

(1)劳动能力衰退61%至81%,年龄小于《劳动法》第169条第2款规定的退休年龄5岁以内;

(2)劳动能力衰退81%以上,年龄小于《劳动法》第169条第2款规定的退休年龄10岁以内;

(3)从事劳动荣军与社会部颁布的高强度、严重有毒有害或危险工种名录内的工作满15年以上,且劳动能力衰退61%以上的劳动者。

2. 本法第2条第1款第(5)项、第(6)项规定的劳动者，退休时缴纳社会保险20年以上且劳动能力衰退61%以上的，可领取低于本法第54条第2款第(1)项、第(2)项规定的退休工资：

(1)退休时年龄小于《劳动法》第169条第2款规定的退休年龄10岁以内；

(2)从事劳动荣军与社会部颁布的高强度、严重有毒有害或危险工种名录内的工作满15年以上。

(3)补充修订第73条如下：

1. 符合以下条件的劳动者可领取退休工资：

(1)达到《劳动法》第169条第2款规定的退休年龄；

(2)缴纳社会保险20年以上。

2. 补充修订律字第92/2015/QH13号《民事诉讼法》第32条：

(1)修订第1款的条款名，在第1款后补充第1a、1b、1c款。

第32条　法院管辖范围内的劳动争议与劳动相关纠纷

1. 劳动者与雇主之间的个人劳动争议应先经劳动调解员调解，调解成功但争议各方不执行或不正确执行调解书，或调解不成，或劳动调解员未在法定调解期限内进行调解，但下列非强制要求先行调解的劳动争议除外：

(1)受解雇劳动纪律处分或被单方终止劳动合同；

(2)终止劳动合同时的损害赔偿或补贴；

(3)家政工与雇主之间的劳动争议；

(4)社会保险、医疗保险、失业保险法律规定的社会保险、医疗保险和失业保险，以及劳动安全卫生法律规定的劳动事故保险或职业病保险；

(5)劳动者与劳务输出企业或组织之间的损害赔偿；

(6)被派遣劳动者与用工雇主之间的劳动争议。

1a. 对于个人劳动争议，双方当事人选择请求劳动仲裁委员会仲裁，但未在法定期限内设立劳动仲裁庭或作出仲裁，或一方当事人不执行仲裁庭的仲裁决定的，有权诉至法院。

1b. 关于权利的集体劳动争议，经劳动调解员依法调解不成或劳动调解员未在法定调解期限内进行调解，或一方当事人不执行调解书的，有权诉至法院。

1c. 关于权利的集体劳动争议，双方协商选择请求劳动仲裁委员会仲裁，但未在法定期限内设立劳动仲裁庭或作出仲裁，或一方当事人不执行仲裁庭的仲裁决定的，有权诉至法院。

(2)删除第32条第2款。

第220条　施行效力

1. 本法自2021年1月1日生效施行。

律字第10/2012/QH13号《劳动法》自本法生效时起废止。

2. 自本法生效施行之日起，内容不违反本法规定或给予劳动者优于本法规定的权利和条件的劳动合同、集体劳动合同及合法协议继续有效，但双方协商进行补充修订以适用本法的情形除外。

3. 关于干部、公职人员、越南人民军、公安部门或社会组织内的人员、合作社社员、无劳动关系劳动者的劳动制度，由其他法律文件作出规定，但可视情况适用本法的部分规定。

本法由越南社会主义共和国第十四届国会第八次会议于2019年11月20日审议通过。

越南国会主席

阮氏金银

企业法

律字第 59/2020/QH14 号

国会根据《越南社会主义共和国宪法》颁行本法。

第一章　总　　则

第 1 条　适用范围

本法就企业的设立、组织管理、重组、解散及相关活动作出规定，包括有限责任公司、股份公司、合伙公司和私营企业；就集团公司作出规定。

第 2 条　适用对象

1. 企业。

2. 与企业设立、组织管理、重组、解散及相关活动有关的机关、组织和个人。

第 3 条　《企业法》与其他法律的适用

其他法律就企业的设立、组织管理、重组、解散及其他活动有特殊规定的，适用该法。

第 4 条　术语解释

1. 复印件，系指自原件复印或经主管机关、组织认证或与正本比对的文件。

2. 外国人，系指持有外国国籍证件的人员。

3. 股东,系指至少持有股份公司一份股权的组织或个人。

4. 创始股东,系指至少持有股份公司一股普通股份并在创始股东名册上签名的股东。

5. 股息,系指分配给每一股的现金或其他财产净利润。

6. 公司,包括有限责任公司、股份公司和合伙公司。

7. 有限责任公司,包括一人有限责任公司和多人有限责任公司。

8. 企业登记国家信息网,系指用于企业办理网上登记、公布或查询企业登记信息的电子信息门户网站。

9. 企业登记国家数据库,系指全国的企业登记数据的集合。

10. 企业,系指以盈利为目的,具有独立名称、资产和交易场所,依法设立或登记设立的组织。

11. 国有企业,包括本法第 88 条规定的国家持有 50%以上注册资本或有表决权股份的企业。

12. 越南企业,系指根据越南的法律设立或登记设立且主要住所地在越南的企业。

13. 联系地址,系指组织的主要办公场所登记地址;自然人的永久住所地或工作地或其在企业登记为联系地址的其他地址。

14. 出资份额或股份的市场价格,系指前一日的市场交易价格、买卖双方协商的价格或由价格评估组织认定的价格。

15. 企业登记证,系指营业登记机关授予企业的记载企业登记信息的纸质或电子文书。

16. 个人的合法证件,系指公民身份信息卡、居民身份证、护照及其他合法的个人身份证明。

17. 组织的合法证照,系指设立决定、企业登记证及其他类似材料。

18. 出资,系指投入资产作为公司注册资本,包括出资设立公司或公司设立后的增资。

19. 企业登记国家信息系统,包括企业登记国家信息网、企业登记国家数据库、相关数据库及系统技术基础设施。

20. 有效文件，系指具备本法规定的证件且证件内容依法、完整填报的文件。

21. 经营，系指以盈利为目的，连续在市场上开展的投资、产品生产到销售或提供服务过程中的一个、多个或全部环节。

22. 亲属，系指配偶、亲生父母、养父母、岳父母、亲生子女、养子女、女婿、儿媳、亲兄弟姐妹、姻亲兄弟姐妹。

23. 关联人，系指下列情形中与企业有直接或间接关系的组织或个人：

(1)母公司、母公司管理人和法定代表人、有权任命母公司管理人的人员；

(2)子公司、子公司管理人和法定代表人；

(3)能够以持有、操纵股份或出资份额或通过公司决定支配企业活动的人员、组织或人员团体、组织团体；

(4)企业管理人、法定代表人或监事；

(5)公司管理人、法定代表人、监事、公司控股股东或成员的配偶、亲生父母、养父母、岳父母、亲生子女、养子女、女婿、儿媳、亲兄弟姐妹、姻亲兄弟姐妹；

(6)本款第(1)项、第(2)项、第(3)项规定的公司或组织的委托代理人；

(7)内部具有本款第(1)项、第(2)项、第(3)项、第(4)项、第(5)项、第(6)项规定的足以支配公司决定的个人、公司或组织的企业。

24. 企业管理人，系指公司管理人和私营企业管理人，包括私营企业主、普通合伙人、股东会主席、股东会成员、公司主席、董事会主席、董事会成员、经理或总经理、公司章程规定的担任管理职务的其他人员。

25. 企业创始人，系指设立或出资设立企业的组织或个人。

26. 外国投资商，系指《投资法》规定的组织或个人。

27. 出资份额，系指有限责任公司成员、合伙公司合伙人实缴或认缴的资产总值。出资比例系指有限责任公司成员、合伙公司合伙人的出资份额与公司注册资本的比例。

28. 公益产品或服务，系指国家或地方社会经济生活、居民社区所必须的，为保障公共利益或国防安全必须由国家保障，市场机制下提供的成本难以收回的产品或服务。

29. 公司成员，系指持有有限责任公司或合伙公司部分或全部注册资本的组织或个人。

30. 合伙公司合伙人，包括普通合伙人和有限合伙人。

31. 企业重组，系指企业的分立、分拆、合并、归并或转换。

32. 外国组织，系指根据外国的法律在外国设立的组织。

33. 表决权资本，系指持有人有权就股东会或股东大会权限内的问题行使表决权的出资份额或股份。

34. 注册资本，系指有限责任公司、合伙公司设立时其成员、所有人实缴或认缴的资产总值；股份公司设立时认购或发行的股份票面总值。

第 5 条　国家对企业和企业所有人的保障

1. 国家承认本法规定的各类企业的长期存在与发展；保障各类企业在法律面前一律平等，不区分企业所有形式和经济成分；承认企业经营活动的合法盈利。

2. 国家承认并保护企业和企业所有人的资产、投资、收益的所有权及其他合法权益。

3. 不以行政措施没收或国有化企业和企业所有人的合法资产与资本。

必要情形下国家征收或征用企业资产的，应根据资产收购或征用法律的规定赔付。赔付应保障企业的利益，不区别对待不同企业类型。

第6条　企业内部的政治组织、社会政治组织和基层劳动者代表组织

1. 企业内部的政治组织、社会政治组织和基层劳动者代表组织,根据宪法、法律和组织章程开展活动。

2. 企业有义务尊重且不得阻碍或干扰企业内部的政治组织、社会政治组织和基层劳动者代表组织的成立;不得阻碍或干扰劳动者参加前述组织的活动。

第7条　企业的权利

1. 自由经营法律未禁止的行业。

2. 自主经营并选择经营组织形式;主动选择经营行业、经营地域和经营形式;主动调整企业规模和经营行业。

3. 选择融资、资本分配与使用形式和方式。

4. 自由拓展市场,并和客户订立合同。

5. 进出口。

6. 根据劳动法律的规定招聘、聘用和使用劳动者。

7. 主动运用科学技术,提高经营效率和竞争力;根据知识产权法律的规定享受知识产权保护。

8. 占有、使用和处置企业资产。

9. 拒绝机关、组织或个人提供资源的非法要求。

10. 依法申诉、参与诉讼。

11. 法律规定的其他权利。

第8条　企业的义务

1. 从事附条件的投资经营行业、外国投资商从事法定附条件的市场准入行业的,应满足经营条件并确保在经营活动过程中始终具备经营条件。

2. 及时、充分履行企业登记、企业变更登记、企业设立与运营信息公开、报告及本法规定的其他义务。

3. 对企业登记文件中的申报信息和报告的真实性和准确性负

责;发现申报信息或报告内容不准确、不完整的,应及时补充修订。

4. 组织会计工作、纳税,履行法律规定的其他财务义务。

5. 依法保障劳动者的合法正当权益;不得歧视企业劳动者、侵犯劳动者的名誉和尊严;不得虐待、强迫劳动或非法使用未成年工;协助劳动者参加培训,提升职业技能水平并创造便利条件;依法履行为劳动者缴纳社会保险、失业保险、医疗保险和其他保险的政策和制度。

6. 法律规定的其他义务。

第 9 条　提供公益产品或服务的企业的权利与义务

1. 本法第 7 条、第 8 条和其他有关条款规定的权利和义务。

2. 根据竞标法规定的价格核算并补偿经费,或根据国家主管部门的规定收取服务使用费。

3. 保障相应产品或服务的供应期限,以便企业收回投资并获取合理利润。

4. 根据国家主管部门规定的价格或费用,按时足质足量提供承诺的产品和服务。

5. 保障向客户提供公平和便利的条件。

6. 就产品或服务的数量、质量、供应条件和价格、费用承担法律责任,并对客户负责。

第 10 条　社会企业的标准、权利与义务

1. 社会企业应符合以下标准:

(1)根据本法登记设立的企业;

(2)活动目标为解决社会和环境问题,实现公共利益;

(3)每年使用 51%以上的企业税后利润进行再投资,以实现登记的目标。

2. 除本法规定的企业的权利与义务外,社会企业还具有以下权利和义务:

(1)在依法授予许可证、证书和相关证件工作中为社会企业所有人、管理人创造便利并提供协助；

(2)向越南国内外的个人、企业、非政府组织和其他组织融资、接收资助，弥补企业的管理和运营支出；

(3)运营过程中始终具备本条第1款第(2)项、第(3)项规定的目标和条件；

(4)不得将筹集的资助用于弥补管理和运营支出、解决企业登记的社会和环境问题以外的其他目的；

(5)享受优惠和扶持的，应每年定期向主管部门汇报企业的运营情况。

3. 社会企业终止履行社会和环境目标或不再根据本条第1款第(2)项、第(3)项的规定使用企业利润进行再投资的，应向主管部门通报。

4. 国家制定鼓励、扶持和促进社会企业发展的政策。

5. 政府规定本条细则。

第11条 企业的文档保管制度

1. 根据企业类型，企业应保管以下文档：

(1)公司章程；公司内部管理规章；成员登记名册或股东登记名册。

(2)工业产权证书；产品、商品和服务质量登记认证；其他许可证和证书。

(3)确认公司资产所有权的材料和文件。

(4)股东会、股东大会或董事会的表决票、检票记录和会议记录；企业的决定。

(5)招股说明书或证券上市说明书。

(6)监事会报告、监察机关的结论、审计组织的结论。

(7)会计账簿、会计凭证和年度财务报表。

2. 企业应在主要住所地或公司章程规定的其他地点保管本条第1款规定的文档；保管期限根据法律的规定执行。

第12条 企业的法定代表人

1. 企业法定代表人,系指代表企业行使和履行企业交易产生的权利和义务,代表企业以原告、被告或相关权利义务人的身份参与仲裁和诉讼,以及法律规定的其他权利和义务的自然人。

2. 有限责任公司和股份公司可以有一名或多名法定代表人。公司章程载明企业法定代表人的数量、管理职称及其权利和义务。公司有多名法定代表人的,公司章程应载明每名法定代表人的权利和义务。公司章程对每名法定代表人的权利和义务分割规定不明确的,每名法定代表人均对第三方完全代表企业;所有法定代表人根据民事法律和其他相关法律的规定对企业造成的损害承担连带责任。

3. 企业应确保始终至少有一名居住在越南的法定代表人。仅有一名居住在越南的法定代表人的,该名法定代表人出境时应书面委托居住在越南的其他人行使和履行法定代表人的权利和义务。在此情形下,法定代表人仍须对委托行使和履行的权利和义务承担责任。

4. 本条第3款规定的委托期限届满,企业法定代表人仍未返回越南且无其他委托的,按以下规定执行:

(1)受托人继续行使和履行私营企业法定代表人的权利和义务,直至企业法定代表人返回企业工作;

(2)受托人继续行使和履行有限责任公司、股份公司、合伙公司法定代表人的权利和义务,直至公司法定代表人返回公司工作或公司所有人、股东会或董事会决定委任他人担任法定代表人。

5. 除本条第6款规定的情形外,企业仅有一名法定代表人,该名法定代表人离境超过30日且未委托他人行使和履行企业法定代表人的权利和义务,或法定代表人死亡、失踪、被追诉、被拘留、服刑、在强制戒瘾机构或强制教育机构接受行政处罚、变为限制民事行为能力人或丧失民事行为能力、存在认知和行为控制困难、被法院禁止担任职务、禁止执业或禁止从事特定工作的,公司所有人、股东会或董事会委任他人担任公司法定代表人。

6. 对于两人有限责任公司，担任公司法定代表人的自然人成员死亡、失踪、被追诉、被拘留、服刑、在强制戒瘾机构或强制教育机构接受行政处罚、逃匿、变为限制民事行为能力人或丧失民事行为能力、存在认知和行为控制困难、被法院禁止担任职务、禁止执业或禁止从事特定工作的，公司其他成员当然成为公司法定代表人，直至股东会就公司法定代表人作出新的决定。

7. 法院和其他诉讼机关有权依法指定法定代表人参加诉讼。

第 13 条　企业法定代表人的职责

1. 企业法定代表人具有以下职责：

(1) 忠实、审慎、最优化地行使和履行企业交付的权利和义务，保障企业的合法利益。

(2) 忠于企业的利益；不得滥用职权，不得利用企业的信息、秘密、商机和其他资产谋取私利或服务于其他组织和个人的利益。

(3) 依法及时、充分、准确地向企业汇报本人及关联人所有或持股的企业相关情况。

2. 对违反本条第 1 款规定的职责给企业造成的损失，企业法定代表人承担个人责任。

第 14 条　公司非自然人所有人、成员或股东的委托代理人

1. 公司非自然人所有人、成员或股东的委托代理人，应为受公司所有人、成员或股东书面委托行使和履行本法规定的权利和义务的自然人。

2. 公司章程无其他规定的，按以下规定委托代理人：

(1) 持有多人有限责任公司 35% 以上注册资本的非自然人成员，可授权最多 3 名委托代理人；

(2) 持有股份公司 10% 以上普通股的非自然人股东，可授权最多 3 名委托代理人。

3. 公司非自然人所有人、成员或股东授权多名委托代理人的，应明确每名委托代理人代表的出资份额或股数。公司所有人、成员或股东未确定每名委托代理人代表的出资份额或股数的，所有委托代理人均代表同等出资份额或股数。

4. 委托书应向公司通报，自公司收到通报之日起生效。委托书应具备以下主要内容：

（1）公司名称、企业代码，公司所有人、成员或股东的主要住所地；

（2）委托代理人数量，每名委托代理人代表的持股比例或出资份额比例；

（3）每名委托代理人的姓名、联系地址、国籍和个人合法证件；

（4）每名委托代理人的委托期限，其中载明代理起始日期；

（5）公司所有人、成员或股东的法定代表人与委托代理人的姓名和签名。

5. 委托代理人应符合以下标准和条件：

（1）不属于本法第 17 条第 2 款规定的对象；

（2）本法第 88 条第 1 款第（2）项规定的国有企业的成员或股东不得委托公司管理人和有权任命公司管理人的亲属担任其他公司的代理人；

（3）公司章程规定的其他标准和条件。

第 15 条　公司非自然人所有人、成员或股东委托代理人的职责

1. 委托代理人以公司所有人、成员或股东的名义，根据本法的规定行使和履行所有人、成员或股东在股东会、股东大会的权利和义务。公司所有人、成员或股东对委托代理人行使和履行公司所有人、成员或股东在股东会、股东大会的权利和义务的限制，不得对抗第三方。

2. 委托代理人有责任充分参与股东会、股东大会会议；忠诚、审慎、最优地行使和履行各项权利和义务，维护所有人、成员或股东的合法利益。

3. 委托代理人就本条规定的职责对所有人、成员或股东负责。

授权的所有人、成员和股东就通过委托代理人行使和履行权利和义务产生的相关责任,对第三方负责。

第16条 严厉禁止的行为

1. 违反本法的规定授予或拒绝授予企业登记证,要求企业创始人补充提交其他文件;延误、干扰、阻碍或敲诈企业创始人和企业经营活动。

2. 阻碍企业所有人、成员或股东行使和履行本法和公司章程规定的权利和义务。

3. 以企业形式开展经营活动但未办理登记,或被吊销企业登记证后或被暂停经营活动期间继续开展经营活动。

4. 未真实、准确申报企业登记文件和企业登记内容变更登记的材料内容。

5. 虚假申报注册资本,未按登记缴足注册资本;故意虚报出资资产价值。

6. 从事禁止投资经营的行业;经营外国投资商未经准入的行业;不符合法定经营条件或在运营过程中未确保符合经营条件,而从事附条件的投资经营行业。

7. 诈骗、洗钱或资助恐怖活动。

第二章 设立企业

第17条 设立、出资、收购股份、收购出资份额与管理企业的权利

1. 组织或个人有权根据本法的规定在越南设立并管理企业,但本条第2款规定的情形除外。

2. 下列组织或个人无权在越南设立并管理企业:

(1)使用国有资产设立企业专为本单位营利的国家机关、人民武装力量单位。

(2)《干部公职法》《公务员法》规定的干部、公职人员和公务员。

(3)越南人民军机关单位的军官、士官、文职、国防员工;越南人民公安机关单位的警官、文职士官、警务人员,但受托管理企业的国有出资份额或管理国有企业的除外。

(4)本法第 88 条第 1 款第(1)项规定的国有企业的业务管理干部和领导干部,但受托管理其他企业的国有出资份额的除外。

(5)未成年人;限制民事行为能力人;无民事行为能力人;存在认知和行为控制困难的人员;非法人组织。

(6)被追诉、被拘留、服刑、在强制戒瘾机构或强制教育机构接受行政处罚的人员,或被法院禁止担任职务、禁止执业或禁止从事特定工作的人员;《破产法》《反贪污腐败法》规定的其他情形。

应营业登记机关的要求,企业创始人应向营业登记机关提交司法记录。

(7)根据《刑法》的规定,被禁止从事特定领域经营活动的商业法人组织。

3. 组织或个人有权根据本法的规定向股份公司、有限责任公司和合伙公司出资、收购股份、收购出资份额,但下列情形除外:

(1)使用国有资产向企业出资专为本机关单位营利的国家机关、人民武装力量单位;

(2)《干部公职法》《公务员法》《反贪污腐败法》规定不得向企业出资的对象。

4. 本条第 2 款第(1)项和第 3 款第(1)项规定的专为本单位营利,系指基于以下目的使用自经营活动、出资、收购股份、收购出资份额获取的收益:

(1)以各种形式分配给本条第 2 款第(2)项、第(3)项规定的部分或全部人员;

(2)违反关于国家财政预算法律的规定,补充列入机关单位的活动预算;

(3)设立或补充列入为机关单位利益服务的基金。

第 18 条 企业登记前的合同

1. 企业创始人在企业登记前和登记过程中,可签订服务于企业设立和运营的合同。

2. 取得企业登记证的企业应继续行使和履行本条第 1 款规定的合同所产生的权利和义务,各方应根据《民法》的规定移转合同的权利和义务,但合同另有约定的除外。

3. 企业未取得企业登记证的,本条第 1 款规定的合同签订人承担履行合同的责任;参与发起设立企业的其他人,共同对履行合同承担连带责任。

第 19 条 私营企业的登记文件

1. 企业登记申请书。

2. 私营企业主的个人合法证件复印件。

第 20 条 合伙公司的登记文件

1. 企业登记申请书。

2. 公司章程。

3. 普通合伙人名册。

4. 普通合伙人的个人合法证件复印件。

5.《投资法》规定的外国投资商需提交投资登记证复印件。

第 21 条 有限责任公司的登记文件

1. 企业登记申请书。

2. 公司章程。

3. 公司成员名册。

4. 以下材料的复印件:

(1)自然人成员、法定代表人的合法证件。

(2)非自然人成员的合法证照、委托代理人的委托书;非自然人成员委托代理人的个人合法证件。

外国非自然人成员的合法证照复印件应取得领事认证。

(3)《投资法》规定的外国投资商需提交投资登记证。

第22条 股份公司的登记文件

1. 企业登记申请书。

2. 公司章程。

3. 创始股东名册;外国投资商股东名册。

4. 下列文件的复印件:

(1)创始股东、外国投资商自然人股东、法定代表人的个人合法证件。

(2)非自然人股东的合法证照、委托代理人的委托书;创始股东和外国投资商非自然人股东的委托代理人的个人合法证件。

外国投资商组织的合法证照复印件应取得领事认证。

(3)《投资法》规定的外国投资商需提交投资登记证。

第23条 企业登记申请书的内容

1. 企业名称。

2. 企业主要住所地;电话号码;传真号码、电子邮箱(如有)。

3. 经营行业。

4. 注册资本;私营企业主的资本。

5. 股份公司的股份类型、各类股份的票面面额、各类股份的额定股数。

6. 税务登记信息。

7. 预估的劳动者数量。

8. 私营企业主、合伙公司普通合伙人的姓名、签名、联系地址、国籍、个人合法证件信息。

9. 有限责任公司、股份公司法定代表人的姓名、签名、联系地址、国籍、个人合法证件信息。

第24条 公司章程

1. 公司章程包括企业登记时的章程和运营过程中补充修订的

章程。

2. 公司章程应具备以下主要内容：

(1)公司名称、主要住所地；分支机构、代表处(如有)名称和地址。

(2)经营行业。

(3)注册资本；股份公司的总股数、股份类型和各类股份的面值。

(4)合伙公司普通合伙人、有限责任公司所有人和成员以及股份公司创始股东的姓名、联系地址、国籍。有限责任公司成员、合伙公司每名合伙人的出资份额和出资价值。股份公司创始股东持有的股数、股份类型和每类股份的面值。

(5)有限责任公司成员、合伙公司普通合伙人、股份公司股东的权利与义务。

(6)组织管理结构。

(7)企业法定代表人的数量、管理职称、权利和义务；公司具有多名法定代表人的，每名法定代表人的权利和义务分割。

(8)通过公司决定的程序；解决内部纠纷的原则。

(9)确定管理人和监事薪资、酬劳、奖金的依据和方法。

(10)有限责任公司成员或股份公司股东有权要求公司回购出资份额、股份的情形。

(11)税后利润分配与弥补经营亏损原则。

(12)公司解散的情形、解散程序和资产清算手续。

(13)补充修订公司章程的程序。

3. 企业登记时的公司章程应具有下列人员的姓名和签名：

(1)合伙公司的普通合伙人；

(2)一人有限责任公司的自然人所有人和非自然人所有人的法定代表人；

(3)多人有限责任公司的自然人成员和非自然人成员的法定代表人或委托代理人；

(4)股份公司的自然人创始股东、非自然人创始股东的法定代表人或委托代理人。

4. 补充修订的公司章程应具有下列人员的姓名和签名:

(1)合伙公司的股东会主席;

(2)一人有限责任公司的所有人及其法定代表人或委托代理人;

(3)多人有限责任公司和股份公司的法定代表人。

第25条 有限责任公司与合伙公司成员名册、股份公司创始股东与外国投资商股东名册

有限责任公司与合伙公司成员名册、股份公司创始股东与外国投资商股东名册,应具备以下主要内容。

1. 有限责任公司与合伙公司自然人成员、股份公司自然人创始股东与外国投资商自然人股东的姓名、签名、国籍和联系地址。

2. 有限责任公司与合伙公司非自然人成员、股份公司非自然人创始股东与外国投资商非自然人股东的名称、企业代码和主要住所地。

3. 有限责任公司非自然人成员、股份公司非自然人创始股东与外国投资商非自然人股东的法定代表人或委托代理人的姓名、签名、国籍和联系地址。

4. 有限责任公司和合伙公司成员的出资份额、出资价值、出资比例、资产类型、资产数量、每类出资资产价值、出资期限;股份公司创始股东与外国投资商股东持有的股数、股份类型、持股比例、资产类型、资产数量、每类出资资产价值、出资期限。

第26条 企业登记的程序与手续

1. 企业创始人或受托人以下列方式向营业登记机关办理企业登记:

(1)直接在营业登记机关办理企业登记;

(2)通过邮政业务办理企业登记;

(3)网络办理企业登记。

2. 网络办理企业登记,系指企业创始人向企业登记国家信息网提交企业登记文件。通过网络提交的企业登记文件包括本法规定的各类信息的电子版。通过网络提交的企业登记文件与纸质版企业登记文件具有同等法律效力。

3. 组织或个人有权选择使用电子交易法律规定的电子签名,或使用营业登记账户办理企业登记。

4. 营业登记账户,系指企业登记国家信息系统为办理网上企业登记的个人开通的账户。取得营业登记账户的个人,就登记和使用营业登记账户办理网上企业登记事项承担法律责任。

5. 营业登记机关应自收到文件之日起3个工作日内审查企业登记文件的有效性并授予企业登记证;材料无效的,营业登记机关应书面通知需补充修订的内容。拒绝授予企业登记证的,应书面通知并说明理由。

6. 企业登记文件、程序、手续和衔接,由政府作出具体规定。

第27条　授予企业登记证

1. 具备以下条件的企业可取得企业登记证:

(1)登记经营行业不属于禁止投资的行业;

(2)名称符合本法第37条、第38条、第39条和第41条的规定;

(3)具备有效的企业登记文件;

(4)依法足额缴纳企业登记费用。

2. 企业登记证遗失或损毁的,企业可申请重新授予企业登记证并依法缴费。

第28条　企业登记证的内容

1. 企业名称和企业代码。

2. 企业主要住所地。

3. 有限责任公司与股份有限公司法定代表人、合伙公司合伙人以及私营企业主的姓名、联系地址、国籍、个人合法证件号。有限责任公司自然人成员的姓名、联系地址、国籍、个人合法证件号；有限责任公司非自然人成员的名称、企业代码和主要住所地。

4. 公司注册资本，私营企业的资本。

第 29 条 企业代码

1. 企业代码，系指企业设立时由企业登记国家信息系统生成并记录在企业登记证上的序列号。每个企业仅有唯一的企业代码，且不得再次提供给其他企业使用。

2. 企业代码用以履行税务义务、办理行政手续及其他权利和义务。

第 30 条 企业登记证内容变更登记

1. 企业变更本法第 28 条规定的企业登记证内容的，应向营业登记机关申请变更登记。

2. 企业负责在企业登记证内容变更之日起 10 日内办理变更登记。

3. 企业营业登记机关自收到申请材料之日起 3 个工作日内审查材料的有效性并授予新的企业登记证；材料无效的，营业登记机关应向企业书面通报需补充修订的内容。拒绝授予新的企业登记证的，应书面通知企业并说明理由。

4. 根据法院的判决或仲裁裁决办理企业登记证内容变更登记的，按以下程序和手续办理：

(1) 企业登记证内部变更登记申请人，自法院判决、决定或仲裁裁决生效之日起 15 日内向主管营业登记机关提交申请。附生效的法院判决、决定或仲裁裁决复印件。

(2) 营业登记机关自收到本款第(1)项规定的申请之日起 3 个工作日内进行审查，并根据生效的法院判决、决定或仲裁裁决内容授予新的企业登记证；材料无效的，营业登记机关应向申请人书面通报需补充修订的内容。拒绝授予新的企业登记证的，应书面通知申请人并说明理由。

5. 企业登记证内容变更登记的材料、程序和手续，由政府作出具体规定。

第 31 条　企业登记内容变更通报

1. 企业变更以下内容的，应通报营业登记机关：

(1)经营行业；

(2)股份公司创始股东、外国投资商股东，但上市公司除外；

(3)企业登记文件中的其他内容。

2. 企业负责在企业登记证内容变更之日起 10 日内办理变更登记。

3. 股份公司股东名册中登记的外国投资商股东变更的，应在变更之日起 10 日内书面通报公司主要住所地的营业登记机关。通报应具备以下内容：

(1)企业名称、企业代码和主要住所地。

(2)外国投资商股东转让股份的：应载明外国投资商非自然人股东的名称、主要住所地；外国投资商自然人股东的姓名、国籍、联系地址；现持有股数、股份类型和持股比例；转让股数和股份类型。

(3)外国投资商股东受让股份的：应载明非自然人股东的名称、主要住所地；自然人股东的姓名、国籍和联系地址；受让股数和股份类型；现持有股数、股份类型和相应持股比例。

(4)公司法定代表人的姓名和签名。

4. 营业登记机关自收到通报之日起 3 个工作日内审查有效性，并办理企业登记内容变更登记；材料无效的，营业登记机关应向企业书面通报需补充修订的内容。拒绝按企业登记变更通报内容补充修订信息的，应书面通知企业并说明理由。

5. 根据法院判决或仲裁裁决，通报企业登记内容变更的，按以下程序和手续办理：

(1)申请变更企业登记内容的组织或个人，自法院判决、决定或仲裁裁决生效之日起 10 日内向主管营业登记机关通报变更登记内容。附生效的法院判决、决定或仲裁裁决复印件。

(2)营业登记机关自收到通报之日起3个工作日内进行审查并根据生效的法院判决、决定或仲裁裁决内容办理企业登记内容变更;材料无效的,营业登记机关应向申请人书面通报需补充修订的内容。拒绝根据企业登记变更通报内容补充修订信息的,应书面通知申请人并说明理由。

第32条 公布企业登记内容

1. 企业取得企业登记证后,应在企业登记国家信息网公示并依法缴费。公开内容包括企业登记证内容和以下信息:

(1)经营行业;

(2)股份公司创始股东名册、外国投资商股东名册(如有)。

2. 企业变更登记内容的,应在企业登记国家信息网公示相应变更内容。

3. 本条第1款和第2款规定的企业信息公告期限为自公开之日起30日。

第33条 提供企业登记内容相关信息

1. 组织或个人有权申请国家营业登记管理机关、营业登记机关提供企业登记国家信息系统存储的有关企业登记的信息并依法缴费。

2. 国家营业登记管理机关、营业登记机关有义务及时、完整提供本条第1款规定的信息。

3. 政府规定本条细则。

第34条 出资资产

1. 出资资产,系指越南盾、可兑换外币、黄金、土地使用权、知识产权、工艺、技术秘密以及其他可以越南盾估价的资产。

2. 仅本条第1款规定的资产的合法所有权人或享有使用权的组织和个人,才有权依法使用该资产出资。

第35条 转让出资资产所有权

1. 有限责任公司成员和合伙公司合伙人、股份公司股东,应按以下规定向公司转让出资资产所有权：

(1)对已登记所有权的资产或土地使用权,出资人应依法办理资产所有权或土地使用权转让手续,转让无须缴费；

(2)对未登记所有权的资产,应以资产交割记录的方式出资,但通过账户出资的情形除外。

2. 出资资产交割记录应具备以下主要内容：

(1)公司名称和主要住所地。

(2)自然人出资人的姓名、联系地址、个人合法证件号,非自然人出资人的合法证照号。

(3)出资资产类型和资产数量;出资资产总值及其占公司注册资本的比例。

(4)交割日期;出资人及其委托代理人、公司法定代表人的签名。

3. 出资资产的合法所有权转让给公司时,视为已完成出资清算。

4. 私营企业主投入经营活动的资产无须办理所有权转让手续。

5. 外国投资商买卖、转让股份和出资份额;收取股息;向国外转移利润的清算,都必须通过外汇管理法律规定的账户实施,但以资产和其他非现金形式进行清算的情形除外。

第36条 出资资产估价

1. 非越南盾、可兑换外币、黄金出资资产,应取得公司创始成员、创始股东或价格评估组织估价并折算为越南盾。

2. 设立企业时的出资资产,应由创始成员、创始股东协商估价或由价格评估组织估价。由价格评估组织估价的,出资资产的价值应取得过半数创始成员或创始股东的同意。

价格评估组织的估价高于出资时实际价值的,创始成员或创始股东连带补足差额;同时,对故意提高估价造成的损失承担连带责任。

3. 运营过程中的出资资产,由有限责任公司和合伙公司的所有人、股东会、股份公司的董事会与出资人协商估价，或由价格评估组织估价。由价格评估组织估价的，出资资产的价值应取得所有人、股东会或董事会的承认。

价格评估组织的估价高于出资时实际价值的，出资人、有限责任公司和合伙公司的所有人、股东会成员、股份公司董事会成员连带补足差额；同时，对故意提高估价造成的损失承担连带责任。

第 37 条　企业名称

1. 企业的越南文名称依次由以下两个部分构成：

(1)企业类型；

(2)独立名称。

2. 有限责任公司的企业类型书写为“有限责任公司”或“TNHH 公司”；股份公司书写为“股份公司”或“CP 公司”；合伙公司书写为“合伙公司”或“HD 公司”；私营企业书写为“私营企业”、“DNTN”或“TN 企业”。

3. 独立名称以越南文中的字母、F、J、Z、W、数字和符号书写。

4. 名称应在企业的主要住所地、分支机构、代表处或营业场所展示。名称应印制或书写在企业的交易文件、文档和企业发行的印刷物中。

5. 根据本条以及本法第 38 条、第 39 条、第 41 条的规定，营业登记机关有权拒绝承认企业预登记的名称。

第 38 条　企业命名的禁止行为

1. 使用与本法第 41 条规定的已登记名称相同或容易混淆的名称。

2. 使用国家机关、人民武装力量单位、政治组织、社会政治组织、职业社会政治组织、社会组织、社会职业组织的名称作为企业的全部或部分独立名称，但该机关、单位或组织同意的情形除外。

3. 使用违背历史传统、文化、道德和民族风尚的词语或符号。

第39条 企业外语名称与缩写名称

1. 企业外语名称，系指将越南文名称翻译为拉丁语系的名称。翻译为外语名称时，企业的独立名称可保持不变或意译为相应外语。

2. 企业具有外语名称的，外语名称应使用小于越南文名称的字体印制或书写在企业的主要住所地、分支机构、代表处或营业场所，或在企业的交易文件、文档和企业发行的印刷物中。

3. 企业的缩写名称，缩写自企业的越南文名称或外语名称。

第40条 分支机构、代表处或营业场所的名称

1. 分支机构、代表处或营业场所的名称，应以越南文中的字母、F、J、Z、W、数字与符号书写。

2. 分支机构、代表处或营业场所的名称中，分支机构应带有"分支"字样，代表处应带有"代表处"字样，营业场所应带有"营业场所"字样。

3. 分支机构、代表处或营业场所的名称，应书写或在企业分支机构、代表处或营业场所展示。应使用小于企业越南文名称的字体印制或书写在分支机构、代表处的交易文件、文档和发行的印刷物中。

第41条 重复名称与容易混淆的名称

1. 重复名称，系指企业申请登记的越南文名称与已登记企业的越南文名称在书写上完全相同。

2. 凡属下列情形之一的，视为与已登记企业的名称混淆：

(1)企业申请登记的越南文名称与已登记企业的名称读音相同；

(2)企业申请登记的名称缩写与已登记企业的名称缩写相同；

(3)企业申请登记的外语名称与已登记企业的外语名称相同；

(4)企业申请登记的独立名称与已登记的同类企业的独立名称，仅连写或企业独立名称后的自然数、序号或越南文字母表中的字母及 F、J、Z、W 字母不同；

(5)企业申请登记的名称与已登记的同类企业的独立名称，仅“&”或“.”、“,”、“+”、“-”、“_”符号不同；

(6)企业申请登记的名称与已登记的同类企业的独立名称，仅企业独立名称连写或其前后的“新”字不同；

(7)企业申请登记的名称与已登记的同类企业的独立名称，仅“北部”“南部”“中部”“西部”“东部”词组不同；

(8)企业的独立名称与已登记企业的独立名称重复。

3. 本条第 2 款第(4)项、第(5)项、第(6)项、第(7)项、第(8)项规定的情形，不适用于已登记公司的子公司。

第 42 条　企业的主要住所地

越南境内企业的主要住所地，系指企业的联系地址，以行政单位辖区进行确定；具有电话号码、传真号码和电子邮箱(如有)。

第 43 条　企业印章

1. 印章包括印章刻印机构制作的印章或电子交易法律规定的数字签名形式的电子印章。

2. 企业有权决定本企业、分支机构、代表处和企业其他单位印章的类型、数量、形式和内容。

3. 根据公司章程或企业、分支机构、代表处的规章或持有企业印章的其他单位的规定，管理和保管印章。企业在交易活动中依法使用印章。

第 44 条　企业的分支机构、代表处或营业场所

1. 分支机构，系指隶属于企业，履行包括委托代理职能在内的全部或部分企业职能的单位。分支机构的经营行业应与企业相同。

2. 代表处，系指隶属于企业，为企业利益并维护该利益而履行委托代理职能的单位。代表处不履行企业的经营职能。

3. 营业场所，系指企业具体开展经营活动的地点。

第 45 条 企业分支机构或代表处登记与营业场所通报

1. 企业有权在国内外设立分支机构或代表处。企业可在某一行政辖区内设立一个或多个分支机构或代表处。

2. 在国内设立分支机构或代表处的企业,应向设立分支机构或代表处所在地的营业登记机关提交登记文件。材料内容包括:

(1)设立分支机构或代表处的通知。

(2)企业关于设立分支机构或代表处的决定和会议记录复印件;分支机构或代表处负责人的个人合法证件复印件。

3. 营业登记机关自收到申请之日起 3 个工作日内审查登记文件的有效性,授予分支机构或代表处登记证;材料无效的,运营登记机关应书面通知企业需补充修订的内容。拒绝授予登记证的,应书面通知企业并说明理由。

4. 企业负责自分支机构或代表处登记证内容变更之日起 10 日内办理变更登记。

5. 企业自确定营业场所之日起 10 日内向营业登记机关通报营业场所。

6. 政府规定本条细则。

第三章 有限责任公司

第一节 多人有限责任公司

第 46 条 多人有限责任公司

1. 多人有限责任公司,系指由 2 名至 50 名自然人或非自然人成员构成的企业。成员在出资范围内对企业的债务和其他财产义务承担责任,但本法第 47 条第 4 款规定的情形除外。公司成员的出资份额只能按本法第 51 条、第 52 条和第 53 条的规定转让。

2. 多人有限责任公司自取得企业登记证之日起具有法人资格。

3. 多人有限责任公司不得发行股份,但转换为股份公司的除外。

4. 多人有限责任公司可根据本法和其相关法律的规定发行债券;发行私募债券应遵守本法第 128 条和第 129 条的规定。

第 47 条 出资设立公司与授予出资证明

1. 多人有限责任公司设立登记时的注册资本,系指公司成员认缴并记录在公司章程中的出资总值。

2. 成员应自取得企业登记证之日起 90 日内,按设立登记时承诺的资产类型足额出资,不计算出资资产运输、进口的时间以及办理资产所有权转让手续的时间。在此期间,成员享有与其认缴出资比例相当的权利和义务。其他过半数成员同意的,可以不同于承诺的资产类型出资。

3. 本条第 2 款规定的期限届满,仍有成员未出资或未足额出资的,按以下规定执行:

(1)未出资的成员不再属于公司成员;

(2)未足额出资的成员享有与其出资份额相当的权利;

(3)根据股东会的决议或决定,出售未缴出资份额。

4. 成员未出资或未足额出资的,公司应自本条第 2 款规定的足额出资期限届满之日起 30 日内办理注册资本、成员实缴出资比例变更登记。公司办理注册资本、成员出资比例变更登记前,未出资或未足额出资的成员应以认缴出资比例对公司的财务义务承担相应责任。

5. 除本条第 2 款规定的情形外,出资人自完成出资份额缴付以及本法第 48 条第 2 款第(2)项、第(3)项、第(5)项规定的出资人信息完整记录于公司成员登记册时起成为公司成员。出资人缴足出资份额时,公司应向成员授予与其实缴出资份额相当的出资证明。

6. 出资证明应具备以下主要内容:

(1)企业名称、企业代码、主要住所地。

(2)公司注册资本。

(3)自然人成员的姓名、联系地址、国籍、个人合法证件号;非自然人成员的名称、企业代码或合法证照号、主要住所地。

(4)成员的出资份额、出资比例。

(5)出资证明编号与授予日期。

(6)公司法定代表人的姓名和签名。

7. 出资证明遗失或损毁的,公司应根据公司章程规定的程序和手续向成员重新授予出资证明。

第 48 条　成员登记册

1. 公司取得企业登记证后应建立成员登记册。成员登记册可以制成纸质版或记录公司成员出资份额信息的电子数据集合。

2. 成员登记册应具备以下主要内容:

(1)企业名称、企业代码、主要住所地。

(2)自然人成员的姓名、国籍、联系地址、个人合法证件号;非自然人成员的名称、企业代码或合法证照号、主要住所地。

(3)每名成员的出资份额、实缴出资比例、出资日期、出资资产类型、每类资产的数量和价值。

(4)自然人成员或非自然人成员法定代表人的签名。

(5)每名成员的出资证明编号和授予日期。

3. 公司应有关成员的要求,根据公司章程及时更新成员登记册。

4. 成员登记册保管于公司主要住所地。

第 49 条　公司成员的权利

1. 公司成员享有以下各项权利:

(1)参加股东会会议,讨论、提议、表决股东会权限内的问题;

(2)享有与出资份额相当的表决票数,但本法第 47 条第 2 款规定的情形除外;

(3)参与分配公司足额纳税和依法完成其他财务义务后与其出资份额相当的利润;

(4)公司解散或申请破产时,参与分配与其出资份额相当的公司剩余资产;

(5)公司增加注册资本时优先增资；

(6)根据法律和公司章程的规定，以部分或全部转让、赠与及其他方式处分本人的出资份额；

(7)根据本法第72条的规定，以本人或公司的名义对股东会主席、经理或总经理、法定代表人和其他管理人提起民事诉讼；

(8)本法和公司章程规定的其他权利。

2. 除本条第1款规定的权利外，持有10%以上或公司章程规定的其他更低比例的公司注册资本或本条第3款规定的情形下的成员或成员团体，享有以下权利：

(1)要求召集股东会会议解决股东会权限内的问题；

(2)检查、审查、查询登记簿和追查交易、会计账册、年度财务报表；

(3)检查、审查、查询和复制公司的成员登记册、股东会会议记录、股东会决议或决定及公司的其他文件材料；

(4)公司股东会会议程序、手续、条件、决议或决定内容不符合本法和公司章程规定的，自股东会会议结束之日起90日内请求法院撤销股东会决议或决定。

3. 一名公司成员持有90%以上注册资本且公司章程未就本条第2款的规定作出其他更低比例规定的，其余成员团体当然享有本条第2款规定的各项权利。

第50条　公司成员的义务

1. 按时足额出资并在出资范围内对公司的债务和其他财产义务承担责任，但本法第47条第2款和第4款规定的情形除外。

2. 不得以任何形式抽回出资，但本法第51条、第52条、第53条和第68条规定的情形除外。

3. 遵守公司章程的规定。

4. 执行股东会的决议或决定。

5. 对以公司名义实施的下列行为承担个人责任：

(1)违法行为；

(2)非为公司利益开展经营活动或其他交易并给他人造成损害的行为;

(3)公司面临财务危机前提前清偿未到期债务。

6. 本法规定的其他义务。

第51条 回购出资份额

1. 公司成员不同意股东会关于下列事项的决议或决定的,有权要求公司回购其出资份额:

(1)补充修订与公司成员或股东会的权利、义务相关的公司章程内容;

(2)公司重组;

(3)公司章程规定的其他情形。

2. 自公司股东会通过本条第1款规定的决议或决定之日起15日内,以书面形式要求公司回购其出资份额。

3. 公司自收到本条第1款规定的成员的要求之日起15日内,应以市价或公司章程规定的原则确定的价格回购该成员的出资份额,但双方就价格达成一致的情形除外。公司足额结算回购出资份额后仍能足额清偿债务和其他财务义务的,才能进行结算。

4. 公司不能按本条第3款规定的回购要求结算出资份额的,成员有权向公司其他成员或非公司成员自由转让其出资份额。

第52条 转让出资份额

1. 除本法第51条第4款、第53条第6款和第7款规定的情形外,多人有限责任公司的成员有权按以下规定向他人转让其部分或全部出资份额:

(1)在同等条件下,以其他成员在公司的出资份额比例向其出售出资份额;

(2)自出售之日起30日内,公司其他成员未收购或未全部收购的,以本款第(1)项规定的其他成员的同等条件向非公司成员转让出资份额。

2. 本法第48条第2款第(2)项、第(3)项、第(5)项规定的受让人信息完整记录于成员登记册前,转让出资份额的成员仍具有与其出资份额相当的权利和义务。

3. 转让或变更成员出资份额,导致仅剩一名公司成员的,公司应按一人有限责任公司的类型组织管理,并自完成转让之日起15日内办理企业登记内容变更登记。

第53条　特殊情形下出资份额的处理

1. 公司自然人成员死亡,其遗嘱继承人或法定继承人成为公司成员。

2. 公司自然人成员被法院宣告失踪的,该成员的权利和义务由民事法律规定的资产管理人实施。

3. 公司成员变为限制民事行为能力人或无民事行为能力人、存在认知和行为自控困难的,该成员的权利和义务由其代理人实施。

4. 凡属下列情形之一的,公司成员的出资份额由公司按本法第51条和第52条的规定回购或转让:

(1)继承人不愿成为公司成员;

(2)公司股东会不接受本条第6款规定的受赠人成为公司成员;

(3)公司非自然人成员解散或破产。

5. 公司自然人成员死亡,无继承人或其继承人拒绝接受继承或被剥夺继承权的,其出资份额按民事法律的规定处置。

6. 公司成员向他人赠与部分或全部出资份额的,受赠人按以下规定成为公司成员:

(1)受赠人属于《民法》规定的法定继承人的,其当然成为公司成员;

(2)受赠人不属于本款第(1)项规定对象的,公司董事会批准后才能成为公司成员。

7. 公司成员以出资份额偿还债务的,债权人有权以下列两种形式之一使用出资份额:

(1)公司股东会批准后成为公司成员;

(2)根据本法第52条的规定出售或转让出资份额。

8.公司自然人成员被拘留、服刑、在强制戒瘾机构或强制教育机构接受行政处罚的,委托他人行使和履行其在公司的部分或全部权利和义务。

9.自然人成员被法院禁止执业、禁止从事特定工作或非自然人成员属于被法院禁止在其业务范围内从事特定领域的经营活动的商业法人的,该成员不得在公司或根据法院的决定暂停或终止相关经营行业的公司从事被禁止的职业和工作。

第54条　公司的组织管理结构

1.多人有限责任公司设立股东会、股东会主席、经理或总经理。

2.多人有限责任公司属于本法第88条第1款第(2)项规定的国有企业或本法第88条第1款规定的国有企业子公司的,应设立监事会;其他情形由公司决定。

3.公司应至少有一名法定代表人担任股东会主席、经理或总经理职务。公司章程未作规定的,股东会主席为公司法定代表人。

第55条　股东会

1.股东会是公司的最高决策机构,其成员包括公司全部自然人成员和非自然人成员的委托代理人。公司章程规定股东会会期,每年应至少召开一次会议。

2.公司股东会具有以下权利和义务:

(1)决定公司的年度发展战略和经营计划。

(2)决定增加或减少注册资本,决定融资的日期和方式;决定发行债券。

(3)决定公司的投资发展项目以及市场发展、市场营销和技术转让方案。

(4)通过相当于公司最近公布的财务报表中资产总值50%以上价值的资产或公司章程规定的其他更低价值或比例的借贷合同、资产出售合同以及公司章程规定的其他合同。

(5)选举或罢免董事会主席;决定选举或罢免经理或总经理、财务总监、监事和公司章程规定的其他管理人,或与其签订或终止劳动合同。

(6)决定股东会主席、经理或总经理、财务总监和公司章程规定的其他管理人的薪资、酬劳、奖金和其他福利。

(7)通过年度财务报表、利润分配与使用方案或弥补亏损方案。

(8)决定公司的组织管理结构。

(9)决定设立子公司、分支机构或代表处。

(10)补充修订公司章程。

(11)决定公司重组。

(12)决定解散或申请破产。

(13)本法和公司章程规定的其他权利和义务。

第56条　股东会主席

1. 股东会选举一名成员担任股东会主席。股东会主席可兼任公司经理或总经理。

2. 公司股东会主席具有以下权利和义务:

(1)准备股东会活动计划;

(2)准备股东会会议或征询意见的议程、内容和材料;

(3)召集和主持股东会会议或组织征询意见;

(4)监督或组织监督股东会决议或决定的实施;

(5)代表股东会签订股东会决议或决定;

(6)本法和公司章程规定的其他权利和义务。

3. 股东会主席的任期由公司章程规定,每一任期不得超过5年,可连选连任且不受连任次数的限制。

4. 股东会主席缺席或不能行使和履行其权利和义务的,应书面委托一名公司成员行使和履行公司章程规定的股东会主席的权利和义务。未委托或股东会主席死亡、失踪、被拘留、服刑、在强制戒瘾机构或强制教育机构接受行政处罚、逃匿、变为限制民事行为能力人或无民事行为能力人、存在认知和行为自控困难、被法院禁止担任职务、禁止执业或禁止从事特定工作的，由一名股东会成员召集其他成员以多数同意原则选举一名成员临时担任股东会主席，直至股东会作出新的决定。

第 57 条　召集股东会会议

1. 应股东会主席、本法第 49 条第 2 款和第 3 款规定的成员或成员团体的请求，召集股东会会议。股东会主席自收到成员或成员团体的请求之日起 15 日内未召集股东会会议的，提出请求的成员或成员团体可召集股东会会议。召集和举行股东会会议的合理开支将由公司返还。

2. 股东会主席或会议召集人准备会议议程和材料，召集并主持股东会会议。成员有权以书面形式申请补充会议议程内容。申请应具备以下主要内容：

(1) 自然人成员的姓名、联系地址、国籍、个人合法证件号；非自然人成员的名称、企业代码或合法证照号、主要住所地；提出申请的成员或其委托代理人的姓名和签名。

(2) 出资比例、出资证明编号和授予日期。

(3) 申请补充的内容。

(4) 申请理由。

3. 申请满足本条第 2 款规定的内容且在股东会会议召开前至少 1 个工作日送达公司主要住所地的，股东会主席或会议召集人应认可并补充列入股东会会议议程；股东会会议召开前提交的申请，多数参会成员同意的可予以批准。

4. 股东会会议参会通知可以纸质邀请函、电话、传真、电子邮箱或公司章程规定的其他方式直接送达股东会成员。参会通知应载明会议时间、地点和议程。

5. 股东会会议议程和材料应在会前送达公司成员。有关决定补充修订公司章程、通过公司发展战略以及通过年度财务报表、公司重组或解散的会议材料，应在会议召开前至少 7 个工作日送达公司成员。送达其他材料的期限由公司章程作出规定。

6. 公司章程未作出规定的，按本条第 1 款的规定召集股东会会议的请求应以书面形式作出，并载明以下主要内容：

（1）自然人成员的姓名、联系地址、国籍、个人合法证件号；非自然人成员的名称、企业代码或合法证照号、主要住所地；提出请求的每名成员的出资比例、出资证明编号和授予日期。

（2）请求召集股东会会议的理由和需要解决的问题。

（3）拟定的会议议程。

（4）提出请求的每名成员或其委托代理人的姓名和签名。

7. 召集股东会会议的请求不符合本条第 6 款规定的，股东会主席应自收到请求之日起 7 个工作日内书面通知成员和成员团体不召集股东会会议。其他情形，股东会主席应自收到请求之日起 15 日内召集股东会会议。

8. 股东会主席未按本条第 7 款的规定召集股东会会议的，应对公司和公司相关成员造成的损失承担个人责任。

第 58 条　举行股东会会议的条件和程序

1. 参会成员持有 65%以上公司注册资本的，可举行股东会会议；具体比例由公司章程作出规定。

2. 首次召集的股东会会议不满足本条第 1 款规定的条件且公司章程未作其他规定的，按以下规定执行：

（1）自首次会议拟定召开之日起 15 日内送达第二次会议参会邀请。参会成员持有 50%以上公司注册资本的，可举行第二次股东会会议。

（2）第二次会议不满足本款第（1）项规定的条件的，自第二次会议拟定召开之日起 10 日内送达参会邀请。第三次召集的股东会会议的条件不受参会成员数量和参会成员持有注册资本的比例限制。

3. 公司成员及其委托代理人应出席股东会会议并表决。举行股东会会议的程序和表决形式，由公司章程作出规定。

4. 满足本条规定的股东会会议未在拟定会期内完成会议议程的，可延长会期，但不得超过会议召开之日起 30 日。

第59条 股东会决议或决定

1. 股东会以会上表决、问卷调查或公司章程规定的其他方式通过权限内的决议或决定。

2. 公司章程未作其他规定的,有关下列问题的决议或决定应在会上表决:

(1)补充修订公司章程内容。

(2)决定公司发展方针。

(3)选举、罢免或解聘股东会主席;任免或解聘经理或总经理。

(4)通过年度财务报表。

(5)公司重组或解散。

3. 公司章程未规定其他比例的,以下列方式通过股东会决议或决定:

(1)经持有所有参会成员65%以上出资总额的参会成员同意,但本款第(2)项规定的情形除外;

(2)出售公司最近财务报表中资产总值50%以上价值的资产或公司章程规定的更低价值或比例的公司资产、补充修订公司章程、公司重组、公司解散的决议或决定,应取得持有所有参会成员75%以上出资总额的参会成员同意。

4. 凡属下列情形之一的,视为成员参与会议并表决:

(1)直接参会并在会上表决;

(2)委托他人参会并在会上表决;

(3)以视频会议的形式参会并表决,或以电子投票或其他电子形式表决;

(4)通过信件、传真或电子邮件向会议送达表决票。

5. 取得持有65%以上公司注册资本的成员同意的,可以问卷调查的方式通过股东会决议或决定;具体比例由公司章程作出规定。

第60条 股东会会议记录

1. 股东会会议应制作会议记录,可以录音或其他电子形式记录和保存。

2. 应在会议结束前通过股东会会议记录。会议记录应具备以下主要内容：

(1)会议时间和地点；会议目的和议程。

(2)参会成员或其委托代理人的姓名、出资比例、出资证明编号和授予日期；未参会成员或其委托代理人的姓名、出资比例、出资证明编号和授予日期。

(3)会上讨论和表决的问题；参会成员对每个问题的意见概述。

(4)有效表决票数与无效表决票数；对每个问题表决的同意票数、不同意票数与无意见票数。

(5)通过的决议与相应表决票比例。

(6)不同意通过会议记录的参会成员的姓名和意见内容(如有)。

(7)记录人与主持人的姓名与签名，但本条第 3 款规定的情形除外。

3. 会议主持人或记录人拒绝在会议记录上签名的情形，取得参会并同意通过会议记录的其他所有股东会成员签名，且内容符合本条第 2 款第(1)项、第(2)项、第(3)项、第(4)项、第(5)项、第(6)项规定的，会议记录有效。会议记录载明主持人或记录人拒绝在会议记录上签名。在会议记录上签名的人员对股东会会议记录的真实性和准确性承担连带责任。根据本法、公司章程和有关法律的规定，主持人或记录人对因拒绝在会议记录上签名给企业造成的损失承担个人责任。

第 61 条　以问卷调查方式通过股东会决议或决定的手续

公司章程未作其他规定的，以问卷调查方式通过股东会决议或决定的权限和程序，按以下规定执行。

1. 股东会主席决定以问卷调查方式通过权限内的决议或决定。

2. 股东会主席负责组织起草并送达关于表决内容、决议或决定草案的报告、说明及问卷调查表。

3. 问卷调查表应具备以下主要内容：

(1)企业名称、企业代码、主要住所地；

(2)股东会成员的姓名、联系地址、国籍、个人合法证件号、出资比例；

(3)问卷调查的问题,以赞成、不赞成、无意见排序的相应答复意见；

(4)向公司交回问卷调查的最后期限；

(5)股东会主席的姓名和签名。

4. 内容完整、具有股东会成员签名且在规定期限内交回公司的问卷调查表有效。股东会主席组织检票、拟定报告并自问卷调查交回公司期限截止之日起7个工作日内,向股东会成员通报检票结果、通过的决议或决定。检票结果报告与股东会会议记录具有同等效力,应具备以下主要内容：

(1)问卷调查的目的和内容。

(2)交回有效问卷调查表的成员姓名、出资比例、出资证明编号和授予日期;未交回问卷调查表或交回无效问卷调查表的成员姓名、出资比例、出资证明编号和授予日期。

(3)问卷调查和表决的问题;成员对每个问题的意见简述(如有)。

(4)有效、无效、未收到的问卷调查表数量;对每个表决问题的赞同、不赞同、无意见问卷调查表数量。

(5)通过的决议或决定及相应表决票比例。

(6)检票人与股东会主席的姓名与签名。检票人与股东会主席对检票结果报告的真实性、准确性与完整性承担连带责任。

第62条　股东会决议或决定的效力

1. 公司章程未作其他规定的,股东会决议或决定自通过之日或该决议或决定载明的生效之日起生效。

2. 以100%公司注册资本比例通过的股东会决议或决定合法有效,包括通过该决议或决定的程序和手续不符合规定的情形。

3. 成员或成员团体请求法院或仲裁庭撤销已通过的决议或决定的,在法院或仲裁庭作出具有法律效力的撤销决定前,该决议或决定仍具有本条第 1 款规定的执行效力，但根据主管部门的决定采取临时紧急措施的情形除外。

第 63 条　经理或总经理

1. 经理或总经理，系指管理公司日常经营活动，就行使和履行其权利和义务对股东会负责的人员。

2. 公司经理或总经理具有以下权利和义务：

(1)组织落实股东会决议或决定；

(2)决定公司日常经营活动相关的问题；

(3)组织落实公司的经营计划和投资方案；

(4)颁行公司内部管理规章制度，但公司章程另有规定的除外；

(5)任免或解聘公司的管理人员，但属于股东会任免权限的除外；

(6)以公司名义订立合同，但属于股东会主席权限的除外；

(7)对公司组织结构方案提出建议；

(8)向股东会提交年度财务报表；

(9)对公司利润分配和使用方案或弥补经营亏损方案提出建议；

(10)招聘员工；

(11)公司章程、股东会决议或决定、劳动合同规定的其他权利和义务。

第 64 条　经理或总经理的标准和条件

1. 不属于本法第 17 条第 2 款规定的对象。

2. 具备公司运营管理经验、专业能力和公司章程规定的其他条件。

3. 本法第 88 条第 1 款第(2)项规定的国有企业、本法第 88 条第 1 款规定的国有企业子公司的经理或总经理，应满足本条第 1 款和第 2 款规定的标准和条件，且不属于公司或母公司的管理人、监事的亲属，不属于公司和母公司的企业投资代理人、国有投资代理人。

第 65 条 监事会与监事

1. 监事会由 1 名至 5 名监事组成。监事的任期不得超过 5 年，可以连选连任且不受连任次数限制。监事会仅有 1 名监事的，该监事同时担任监事会主席且应满足监事会主席的标准。

2. 监事会主席和监事应满足本法第 168 条第 2 款和第 169 条规定的标准和条件。

3. 监事会、监事的权利和义务、职责、撤职、解聘和工作制度，适用本法第 106 条、第 170 条、第 171 条、第 172 条、第 173 条和第 174 条的相应规定。

4. 政府规定本条细则。

第 66 条 股东会主席、经理或总经理及其他管理人的薪资、酬劳、奖金和其他福利

1. 公司根据经营绩效，给付股东会主席、经理或总经理及其他管理人薪资、酬劳、奖金和其他福利。

2. 股东会主席、经理或总经理及其他管理人的薪资、酬劳、奖金和其他福利，根据企业所得税法和相关法律的规定计入公司营业支出，且应在公司年度财务报表中单列名录显示。

第 67 条 须经股东会批准的合同或交易

1. 公司与下列对象之间的合同或交易，应取得股东会批准：

(1)股东会成员及其委托代理人、经理或总经理、公司法定代表人；

(2)本款第(1)项规定人员的关联人；

(3)母公司管理人、有权任命母公司管理人的人员；

(4)本款第(3)项规定人员的关联人。

2. 以公司名义订立合同或交易的人员，应就合同或交易相关的对象、利益向股东会成员和监事通报，并附合同草案或预计进行的交易的主要内容。公司章程未作其他规定的，股东会应自收到通报之日起 15 日内决定批准或不批准合同或交易，并按本法第 59 条第

3 款的规定执行。涉及合同或交易的股东会成员不得参与表决。

3. 缔约时不符合本条第 1 款和第 2 款规定的合同或交易,根据法院的决定宣告无效并依法处理。合同或交易的缔约人、涉及成员及其参与合同或交易的关联人,应赔偿履行合同或交易给公司造成的损失并返还所获利益。

第 68 条　增加或减少注册资本

1. 公司可在下列情形增加注册资本:

(1)增加成员的出资;

(2)接受新成员的出资。

2. 增加成员的出资的,根据成员的出资份额占公司注册资本的比例分配增加的出资。成员可按本法第 52 条的规定向他人转让其出资权。如有成员未增加出资或仅增加部分出资,成员无其他约定的,剩余未出资额根据其他成员的出资份额占公司注册资本的比例进行分配。

3. 公司可在下列情形减少注册资本:

(1)公司自登记设立之日起连续运营两年以上,且保证向成员返还出资后足以清偿债务和其他财产义务的,可根据成员出资份额占公司注册资本的比例向成员返还部分出资;

(2)公司根据本法第 51 条的规定回购成员的出资份额;

(3)公司成员未按本法第 47 条的规定按时缴足注册资本。

4. 除本条第 3 款第(3)项规定的情形,公司自增加或减少注册资本并完成缴付之日起 10 日内应向营业登记机关书面通报。通报应具备以下主要内容:

(1)公司名称、主要住所地、企业代码;

(2)注册资本,增加或减少的出资额;

(3)增加或减少注册资本的日期和形式;

(4)企业法定代表人的姓名和签名。

5. 本条第 4 款规定的通报应附有股东会决议或决定、会议记录;根据本条第 3 款第(1)项、第(2)项的规定减少注册资本的,应增加最近的财务报表。

6. 营业登记机关自收到通报之日起3个工作日内，更新公司增加或减少注册资本的信息。

第69条　分配利润的条件

公司依法履行纳税义务和其他财务义务且保证分配利润后能够足额清偿到期债务和其他财务义务的，才能向成员分配利润。

第70条　收回已返还的出资份额或已分配的利润

违反本法第68条第3款的规定减少注册资本返还出资份额，或违反本法第69条的规定向成员分配利润的，公司成员应返还已收取的钱款或其他财产并对公司债务和其他财务义务承担与未返还钱款或财产相当的连带责任，直至足额返还已收取的钱款或其他财产。

第71条　股东会主席、经理或总经理及其他管理人、法定代表人和监事的职责

1. 股东会主席、经理或总经理及其他管理人、法定代表人和监事具有以下职责：

(1)忠实、审慎、最优化地行使、履行权利和义务，保障公司合法利益的最大化。

(2)忠于公司的利益；不得滥用地位、职务，不得利用公司的信息、秘密、商机和其他资产谋取私利或为其他组织和个人的利益服务。

(3)及时、完整、准确地向公司通报其本人所有、出资或持股的企业，以及其关联人所有、共同或单独控股的企业情况。

(4)本法和公司章程规定的其他职责。

2. 公司不能足额清偿到期债务的，公司经理或总经理不得加薪或发放奖金。

3. 本条第1款第(3)项规定的通报应以书面形式作出并具备以下内容：

(1)其所有、持有出资份额或持股的企业名称、企业代码、主要住所地;其所有、持有出资份额或持股的比例与日期。

(2)其关联人所有、共同或单独控股的企业名称、企业代码、主要住所地。

4. 本条第3款规定的通报应自产生或变更之日起5个工作日内作出。公司应汇总并更新本条第3款规定的对象名册及其与公司之间的合同或交易。该名册应保管于公司主要住所地。公司成员、管理人或监事及其委托代理人有权根据公司章程规定的程序和手续,在工作时间查看、摘录、复印本条第3款规定的部分或全部信息。

第72条　起诉公司管理人

1. 凡属下列情形之一的,公司成员以本人或公司名义,对违反公司管理人权利、义务和职责的股东会主席、经理或总经理、法定代表人及其他管理人提起民事诉讼:

(1)违反本法第71条的规定;

(2)不履行、不充分履行、不及时履行或违反法律、公司章程、股东会决议或决定关于其权利和义务的规定;

(3)法律和公司章程规定的其他情形。

2. 诉讼程序和手续适用民事诉讼法的规定。

3. 成员以公司名义提起诉讼的诉讼费计入公司支出,但被驳回起诉的情形除外。

第73条　信息公开

本法第88条第1款第(2)项规定的多人有限责任公司,按本法第109条第1款第(1)项、第(3)项、第(5)项、第(7)项和第110条的规定公开信息。

第二节　一人有限责任公司

第74条　一人有限责任公司

1. 一人有限责任公司,系指由一个组织或个人所有(以下简称公司所有人)的企业。公司所有人在其出资范围内对公司的债务和其他财产义务承担责任。

2. 一人有限责任公司自取得企业登记证之日起具有法人资格。

3. 一人有限责任公司不得发行股份,但转换成股份公司的情形除外。

4. 一人有限责任公司可根据本法和其他法律的规定发行债券;根据本法第128条和第129条的规定发行私募债券。

第75条　出资设立公司

1. 一人有限责任公司登记时的注册资本,系指其所有人认缴并载入公司章程的资产总值。

2. 公司所有人应自取得企业登记证之日起90日内,按企业登记时认缴的资产类型足额出资,不包括出资资产运输或进口、办理资产所有权转让手续的时间。在此期间,公司所有人享有与其认缴出资份额相当的权利和义务。

3. 本条第2款规定的期限内未缴足注册资本的,公司所有人应自足额出资期限截止之日起30日内,以实际出资价值办理公司注册资本变更登记。在此情形下,公司所有人对本款规定的公司注册资本变更登记截止前产生的财务义务,承担与其认缴出资相当的责任。

4. 公司所有人应以其全部资产对公司的财务义务及因未出资、未足额出资、未按时缴付本条规定的注册资本造成的损失承担责任。

第76条　公司所有人的权利

1. 公司非自然人所有人享有以下权利:

(1)决定公司章程内容或补充修订公司章程。

(2)决定公司发展战略和年度经营计划。

(3)决定公司的组织管理结构,任免或解聘公司管理人或监事。

(4)决定公司的投资发展项目。

(5)决定市场发展、市场营销与技术方案。

(6)通过公司最近财务报表中公司资产总值50%以上或公司章程规定的更低价值或比例的借贷合同、资产出售合同、公司章程规定的其他合同。

(7)通过公司年度财务报表。

(8)决定增加公司注册资本;向其他组织或个人转让部分或全部注册资本;决定发行债券。

(9)决定设立子公司或向其他公司出资。

(10)组织监管和评估公司的经营活动。

(11)决定公司完成税务和其他财务义务后的利润使用。

(12)决定公司重组、解散和申请破产。

(13)公司解散或破产清算后,收回公司的全部资产。

(14)本法和公司章程规定的其他权利。

2. 公司个人所有人享有本条第1款第(1)项、第(8)项、第(10)项、第(11)项、第(12)项、第(13)项、第(14)项规定的权利;决定公司的投资、经营和内部管理,但公司章程另有规定的除外。

第77条　公司所有人的义务

1. 按时足额出资。

2. 遵守公司章程。

3. 应明确区分公司所有人的资产与公司资产。公司自然人所有人应区分本人及其家庭的支出与公司主席、经理或总经理的支出。

4. 在公司与公司所有人之间的买卖、借贷、租赁、承租和其他交易中,遵守合同法的有关规定和相关法律的其他规定。

5. 公司所有人只能通过向其他组织或个人转让部分或全部注册资本的方式抽回出资;通过其他任何形式抽回实缴的部分或全部公司注册资本的,公司所有人与有关组织或个人应对公司的债务和其他财产义务承担连带责任。

6. 公司未足额清偿到期债务和其他财产义务的,公司所有人不得提取公司利润。

7. 本法和公司章程规定的其他义务。

第 78 条 特殊情形下行使公司所有人的权利

1. 公司所有人向其他组织或个人转让或赠与部分注册资本,或公司接纳新成员的,应根据相应企业类型组织管理,并在完成转让、赠与或接纳新成员之日起 10 日内办理企业登记内容变更登记。

2. 公司自然人所有人被拘留、服刑、在强制戒瘾机构或强制教育机构接受行政处罚的,可以委托他人行使和履行公司所有人的部分或全部权利和义务。

3. 公司自然人所有人死亡的,其遗嘱继承人或法定继承人成为公司所有人或公司成员。公司应根据相应企业类型组织管理,并自继承结束之日起 10 日内办理企业登记内容变更登记。公司自然人所有人死亡,无继承人或继承人拒绝接受继承或被剥夺继承权的,其出资份额根据民事法律的规定处理。

4. 公司自然人所有人失踪的,其出资份额根据民事法律的规定处理。

5. 公司自然人所有人变为限制民事行为能力人或无民事行为能力人、存在认知和行为自控困难的,通过代理人行使和履行公司所有人的权利和义务。

6. 公司非自然人所有人被解散或破产的,其出资份额的受让人成为公司所有人或公司成员。公司应根据相应企业类型组织管理,并自完成转让之日起 10 日内办理企业登记内容变更登记。

7. 公司自然人成员被法院禁止执业、禁止从事特定工作,或公司所有人属于被法院禁止在其业务范围内从事特定领域经营活动的商业法人的,不得在该公司或根据法院的决定暂停或终止相关经营行业的公司执业或从事特定工作。

第 79 条 非自然人所有的一人有限责任公司的组织管理结构

1. 非自然人所有的一人有限责任公司,按以下模式组织管理和运营：

(1)公司主席、经理或总经理；

(2)股东会、经理或总经理。

2. 公司所有人为本法第88条第1款规定的国有企业的，公司应设立监事会；其他情形由公司章程作出规定。监事会和监事的组织结构、工作制度、标准、条件、罢免、解聘、权利和义务、职责，适用本法第65条的规定。

3. 公司应至少有一名法定代表人担任股东会主席、公司主席、经理或总经理职务。公司章程未作规定的，股东会主席或公司主席为公司法定代表人。

4. 公司章程未作其他规定的，股东会、公司主席、经理或总经理的组织结构、活动、职能、权利和义务，适用本法的规定。

第80条　股东会

1. 股东会由3名至7名成员组成。股东会成员由公司所有人任免，任期不得超过5年。股东会以公司所有人的名义行使和履行公司所有人的权利和义务；以公司的名义行使和履行公司的权利和义务，但经理或总经理的权利和义务除外；就行使和履行公司章程、本法和相关法律规定的权利和义务承担法律责任并对公司所有人负责。

2. 股东会的权利和义务、工作制度，根据公司章程、本法和相关法律的其他规定执行。

3. 股东会主席由公司所有人任命或由股东会成员根据公司章程规定的程序和手续以多数同意原则选举产生。公司章程未作其他规定的，股东会主席的任期、权利和义务适用本法第56条和相关条款的规定。

4. 股东会会议的权限和召集方式，适用本法第57条的规定。

5. 2/3以上股东会成员参会的，可以举行股东会会议。公司章程未作其他规定的，每名股东会成员均享有一份同等价值的表决票。股东会可以问卷调查的方式通过决议或决定。

6. 经过半数参会成员同意或持有 50%以上总表决票数的参会成员同意的，通过股东会决议或决定。补充修订公司章程、公司重组、转让部分或全部注册资本的，应取得 75%以上参会成员同意或持有 75%以上总表决票数的参会成员同意。股东会决议或决定自通过之日或载明的生效之日起生效，公司章程另有规定的除外。

7. 股东会会议应制作会议记录，可以录音或其他电子形式记录并保存。股东会会议记录适用本法第 60 条第 2 款的规定。

第 81 条　公司主席

1. 公司主席由公司所有人任命。公司主席以公司所有人的名义行使和履行公司所有人的权利和义务；以公司的名义行使和履行公司的权利和义务，但经理或总经理的权利和义务除外；就行使和履行公司章程、本法和相关法律规定的权利和义务承担法律责任并对公司所有人负责。

2. 公司主席的权利和义务、工作制度，根据公司章程、本法和相关法律的其他规定执行。

3. 公司主席关于行使和履行公司所有人的权利和义务的决定，自公司所有人批准之日起生效，但公司章程另有规定的除外。

第 82 条　经理或总经理

1. 股东会或公司主席任命或聘用经理或总经理管理公司日常经营活动，经理或总经理任期不得超过 5 年。公司经理或总经理就行使和履行其权利和义务承担法律责任并对股东会或公司主席负责。股东会主席、股东会其他成员或公司主席可以兼任公司经理或总经理，但法律、公司章程另有规定的除外。

2. 公司经理或总经理具有以下权利和义务：

(1)组织落实股东会或公司主席的决议或决定；

(2)决定涉及公司日常经营活动相关的问题；

(3)组织落实公司经营计划和投资方案；

(4)颁行公司内部管理规章制度；

(5)任免或解聘公司管理人,但属于股东会或公司主席权限的除外;

(6)以公司名义订立合同,但属于股东会主席或公司主席权限的除外;

(7)对公司组织结构方案提出建议;

(8)向股东会或公司主席提交公司年度财务报表;

(9)对公司利润使用方案或弥补亏损方案提出建议;

(10)招聘员工;

(11)公司章程和劳动合同规定的其他权利和义务。

3. 经理或总经理应满足以下标准和条件:

(1)不属于本法第 17 条第 2 款规定的对象;

(2)具有公司经营管理经验、专业能力和公司章程规定的其他条件。

第 83 条　股东会成员、公司主席、经理或总经理、其他管理人及监事的职责

1. 行使和履行权利和义务时遵守法律、公司章程和公司所有人的决定。

2. 忠诚、审慎、最优化地履行权利和义务,保障公司和公司所有人合法利益的最大化。

3. 忠于公司和公司所有人的利益;不得滥用地位、职务,不得利用公司的信息、秘密、商机和其他资产谋取私利或为其他组织和个人的利益服务。

4. 及时、充分、准确地向公司通报其所有、出资或控股的企业,以及其关联人所有、共同或单独控股的企业情况。通报应保管于公司主要住所地。

5. 本法和公司章程规定的其他职责。

第 84 条　公司管理人与监事的薪资、酬劳、奖金和其他福利

1. 公司管理人与监事根据公司的绩效享受薪资、酬劳、奖金和其他福利。

2. 公司所有人决定股东会成员、公司主席和监事的薪资、酬劳、奖金和其他福利。公司管理人与监事的薪资、酬劳、奖金和其他福利,根据企业所得税法和相关法律的规定计入公司营业开支,并在公司年度财务报表中单列名录显示。

3. 公司监事的薪资、酬劳、奖金和其他福利,可由公司所有人根据公司章程的规定直接给付。

第 85 条　自然人所有的一人有限责任公司的组织管理结构

1. 自然人所有的一人有限责任公司,应设立公司主席、经理或总经理。

2. 公司所有人为公司主席,可兼任或聘用他人担任经理或总经理。

3. 经理或总经理的权利与义务,由公司章程和劳动合同作出规定。

第 86 条　公司与关联人的合同或交易

1. 除公司章程另有规定的情形外,非自然人所有的一人有限责任公司与以下人员之间的合同或交易,应取得股东会或公司主席、经理或总经理、监事批准:

(1)公司所有人及其关联人;

(2)股东会成员、公司主席、经理或总经理、监事;

(3)本款第(2)项规定人员的关联人;

(4)公司所有人的管理人或有权任命该管理人的人员;

(5)本款第(4)项规定人员的关联人。

2. 以公司名义订立合同或交易的人员,应向公司股东会或公司主席、经理或总经理、监事通报与合同或交易相关的对象、利益,并附合同草案或交易的主要内容。

3. 除公司章程另有规定的情形外,股东会成员、公司主席、经理或总经理、监事应自收到通报之日起 10 日内,以一人一票、少数服从多数的原则决定批准合同或交易；各方相关人员不得参与表决。

4. 本条第 1 款规定的合同或交易，满足以下条件的应予以批准：

(1) 订立合同或实施交易的各方当事人，为具有独立的权利和义务、资产和利益的法律主体；

(2) 合同或交易中的价格，为订立合同或实施交易时的市场价格；

(3) 公司所有人正确履行本法第 77 条第 4 款规定的义务。

5. 不符合本条第 1 款、第 2 款、第 3 款和第 4 款规定的合同或交易，根据法院的决定宣告无效并依法处理。缔约人及其关联人作为合同或交易的当事人，对履行合同或交易造成的损失承担连带责任并返还所获利益。

6. 自然人所有的一人有限责任公司与公司所有人或其关联人之间的合同或交易，应做记录并保存为单独文件。

第 87 条　增加或减少注册资本

1. 一人有限责任公司通过公司所有人增资或向他人融资的方式增加注册资本。公司所有人决定增加注册资本的形式和额度。

2. 通过向他人融资的方式增加注册资本的，公司应以多人有限责任公司或股份公司的类型组织管理。公司的组织管理按以下规定执行：

(1) 按多人有限责任公司类型组织管理的，应自完成注册资本变更之日起 10 日内通报变更企业登记内容；

(2) 转换为股份公司的，适用本法第 202 条的规定。

3. 一人有限责任公司在以下情形减少注册资本：

(1) 公司自登记设立之日起连续运营两年以上且保证向公司所有人返还出资后能够足额清偿债务和其他财产义务的，可向公司所有人返还部分出资；

(2) 公司所有人未按本法第 75 条的规定按时缴足注册资本。

第四章 国 有 企 业

第 88 条 国有企业

1. 国有企业以有限责任公司或股份公司的形式组织管理，包括：

(1)国家持有 100%注册资本的企业；

(2)国家持有 50%以上注册资本或有表决权股份的企业，但本条第 1 款第(1)项规定的情形除外。

2. 本条第 1 款第(1)项规定的国家持有 100%注册资本的企业包括：

(1)国家持有 100%注册资本的一人有限责任公司，为国家经济集团的母公司、国有总公司的母公司、母公司—子公司集团中的母公司；

(2)国家持有 100%注册资本的一人有限责任公司，为独立公司。

3. 本条第 1 款第(2)项规定的国家持有 50%以上注册资本或有表决权股份的企业包括：

(1)国家持有 50%以上注册资本或有表决权股份的多人有限责任公司或股份公司，为经济集团的母公司、国有总公司的母公司、母公司—子公司集团中的母公司；

(2)国家持有 50%以上注册资本或有表决权股份的多人有限责任公司或股份公司，为独立公司。

4. 政府规定本条细则。

第 89 条 国有企业适用的规定

1. 本法第 88 条第 1 款第(1)项规定的国家持有 100%注册资本的企业，按本章和本法其他相关规定，以一人有限责任公司的形式组织管理；本法各项规定不一致的，适用本章的规定。

2. 本法第 88 条第 1 款第(2)项规定的国家持有 50%以上注册资本的企业，以本法第三章第一节规定的多人有限责任公司形式或本法第五章规定的股份公司形式组织管理。

第 90 条　组织管理结构

所有人代表机关决定采用以下列两种模式之一的一人有限责任公司形式组织管理国有企业。

1. 公司主席、经理或总经理、监事会;

2. 股东会、经理或总经理、监事会。

第 91 条　股东会

1. 股东会根据本法和相关法律的其他规定,以公司的名义行使和履行公司的各项权利和义务。

2. 股东会包括股东会主席和其他成员,人数不得超过 7 人。股东会成员由所有人代表机关任免、撤职、奖励或给予纪律处分。

3. 股东会主席和股东会其他成员的任期不得超过 5 年。股东会成员可连任。同一人在同一公司任职不得超过两个任期,但首次任命前已在该公司连续工作 15 年以上的情形除外。

第 92 条　股东会的权利和义务

1. 股东会以公司的名义行使和履行由公司所有或持股、出资的公司所有人、股东或成员的权利和义务。

2. 股东会具有以下权利和义务:

(1)根据《投入企业生产经营的国有资产管理使用法》的规定作出决定;

(2)决定设立、重组或解散分支机构、代表处和附属独立核算单位;

(3)决定公司的年度生产经营计划、市场发展、市场营销和技术方针;

(4)组织内部审计,决定设立内部审计单位;

(5)公司章程、本法和相关法律规定的其他权利和义务。

第 93 条 股东会成员的标准和条件

1. 不属于本法第 17 条第 2 款规定的对象。

2. 具有企业经营管理或企业业务领域、行业的经验和专业能力。

3. 不属于所有人代表机关的负责人、副职领导、公司股东会成员、经理、副经理或总经理、副总经理、财务总监、监事的亲属。

4. 不属于成员企业的管理人。

5. 除股东会主席外，股东会其他成员可以根据所有人代表机关的决定兼任本公司或不属于成员企业的其他公司的经理或总经理。

6. 未曾被解除国有企业股东会主席、股东会成员或公司主席、经理、副经理或总经理、副总经理职务。

7. 公司章程规定的其他标准和条件。

第 94 条 股东会成员的免职或撤职

1. 凡属下列情形的，免除股东会主席和其他成员职务：

(1) 不再满足本法第 93 条规定的标准和条件；

(2) 申请辞职且取得所有人代表机关书面同意；

(3) 决定调动、安排其他工作或退休；

(4) 不具备胜任工作的能力和水平；

(5) 身体健康状况欠佳或不再具备担任股东会成员的信誉。

2. 凡属下列情形的，撤销股东会主席或其他成员职务：

(1) 公司未完成各项年度目标或计划指标，未按所有人代表机关的要求保全和发展投资本金，且未能说明客观理由或原由，未获所有人代表机关认可。

(2) 经法院的生效判决或决定定罪。

(3) 未忠实行使和履行权利和义务，或滥用地位或职务、利用公司资产谋取私利或为其他组织和个人的利益服务；未如实汇报公司的财务状况和生产经营业绩。

3. 自作出股东会主席和其他成员撤职或免职决定之日起 60 日内，所有人代表机关审查、决定选拔或任命其他人员。

第95条　股东会主席

1. 股东会主席由所有人代表机关依法任命。股东会主席不得兼任本公司和其他企业的经理或总经理。

2. 股东会主席具有以下权利和义务：

(1)拟制股东会的季度和年度活动计划；

(2)准备股东会会议或听取股东会成员意见的议程、内容和材料；

(3)召集并主持股东会会议或组织听取股东会成员意见；

(4)组织落实所有人代表机关的决定和股东会的决议；

(5)组织监督、直接监督并评估公司战略目标实施结果、公司运营结果、公司经理或总经理的管理工作结果；

(6)依法组织公布、公开公司的有关信息；对所公布信息的完整性、及时性、准确性、真实性与系统性承担责任；

3. 除本法第94条规定的情形外，股东会主席未能行使或履行本条第2款规定的权利和义务的，免职或撤职。

第96条　股东会成员的权利和义务

1. 参加股东会会议并就股东会权限内的问题进行讨论、提出意见和表决。

2. 检查、审查、查询、复制、摘录记录簿，追查公司的交易与合同、会计账簿、财务报表、股东会会议记录、各类证照和其他材料。

3. 公司章程、本法和相关法律规定的其他权利和义务。

第97条　股东会主席与股东会其他成员的职责

1. 遵守公司章程、公司所有人的决定和法律的规定。

2. 忠实、审慎、最优化地行使和履行各项权利和义务，最大化保障公司和国家的合法利益。

3. 忠于公司和国家的利益；不得滥用地位或职务，不得利用公司的信息、秘密、商机和其他资产谋取私利或为其他组织和个人的利益服务。

4. 及时、完整、准确地向公司通报本人所有、出资或控股的企业信息,关联人所有、共同或单独控股的企业信息。通报应集中保管于公司主要住所地。

5. 执行股东会决议。

6. 对实施的下列行为承担个人责任:

(1)利用公司的名义实施违法行为;

(2)非为公司利益开展经营或其他交易,并对其他组织或个人造成损害;

(3)公司面临财务亏损危机时提前清偿未到期债务。

7. 股东会成员发现其他股东会成员在行使和履行权利和义务时具有违规行为的,有责任书面通报所有人代表机关,要求其停止违规行为并采取补救措施。

第 98 条　举行股东会会议的工作制度、条件和程序

1. 股东会以集体制度开展工作,每一季度至少举行一次会议,审查并决定其权利和义务范围内的各项问题。对不要求讨论的问题,股东会可根据公司章程的规定以问卷调查征询股东会成员的意见。应公司所有人代表机关的要求或股东会主席、过半数股东会成员、公司经理或总经理的提议,股东会可举行特别会议解决紧迫性问题。

2. 股东会主席或其委托的股东会成员,负责准备股东会会议议程、内容和材料,召集并主持会议。股东会成员有权就会议议程提出书面意见。股东会会议内容和材料应在会议召开前至少 3 个工作日送达股东会成员和应邀参会人员。会议材料涉及建议所有人代表机关补充修订公司章程、通过公司发展方针、通过年度财务报表、公司重组或解散的,应在会议召开前至少 5 个工作日送达。

3. 参会邀请通知可以纸质邀请函、电话、传真、电子方式或公司章程规定的其他方式直接送达股东会成员和应邀参会人员。参会邀请通知应载明会议时间、地点和议程。必要时可采用视频会议形式。

4. 2/3 以上股东会成员参会的,股东会会议有效。过半数参会成员同意的,通过股东会决议;票数持平的,股东会主席或其委托的会议主持人投同意票的内容获准通过。股东会成员有权保留意见并向公司所有人代表机关提出建议。

5. 以问卷调查征询股东会成员意见,过半数股东会成员同意的,通过股东会决议。同一文件的每一份复印件都有至少一名股东会成员签名的,股东会决议可以同一文件多份复印件的方式通过。

6. 根据会议内容和议程,股东会认为有必要的,可以邀请有关机关或组织的主管代表参会并就议程中的具体问题进行讨论。应邀参会的机关或组织的代表有权发表意见,但不得参与表决。会议应完整记录应邀参会代表的意见。

7. 股东会会议应记录讨论的问题、发表的意见、表决结果、股东会通过的决议和股东会会议总结。会议主持人或记录人对股东会会议记录的准确性、真实性承担连带责任。应在会议结束前通过股东会会议记录。会议记录应具备以下主要内容:

(1)会议时间、地点、目的和议程;参会成员名单;会上讨论和表决的问题;参会成员、参会代表对每个问题发表的意见概述。

(2)不采用弃权方式的同意票数与不同意票数;采用弃权方式的同意票数、不同意票数和无意见票数。

(3)通过的决议。

(4)参会成员的姓名和签名。

8. 股东会成员有权根据股东会制定的信息制度或股东会决议,要求公司 100%控股公司或子公司的经理、副经理或总经理、副总经理、财务总监、公司管理人以及公司在其他企业的出资份额代理人,提供企业财务和运营相关的信息和材料。被请求人应按股东会成员的要求及时、准确、充分提供相关信息和材料,但股东会另有决定的除外。

9. 股东会通过公司运营管理机构和辅助部门履行其职责。

10. 股东会的活动开支、薪资、津贴和酬劳,计入公司管理开支。

11. 必要时,股东会可在决定其权限范围内的重大问题前组织听取国内外专家的咨询意见。听取专家咨询意见的开支,由公司的财务管理规章制度作出规定。

12. 股东会决议自通过之日或决议载明的生效之日起生效,但应取得所有人代表机关同意的情形除外。

第 99 条　公司主席

1. 公司主席由所有人代表机关依法任命,任期不得超过 5 年,可连选连任。同一人任职不得超过两个任期,但首次任命前已在公司连续工作 15 年以上的除外。公司主席的标准、条件、免职和撤职,适用本法第 93 条和第 94 条的规定。

2. 公司主席根据《投入企业生产经营的国有资产管理使用法》的规定,在公司直接行使和履行所有人代表人的权利和义务,以及本法第 92 条和第 97 条规定的其他权利义务和职责。

3. 公司主席的薪资、津贴、酬劳计入公司管理开支。

4. 公司主席通过公司运营管理机构、辅助部门行使和履行权利和义务。必要时,公司主席可在决定其权限内的重大问题前组织听取国内外专家的咨询意见。听取专家咨询意见的开支,由公司的财务管理规章制度作出规定。

5. 本条第 2 款规定的权限内的决定,应制作文书并具有公司主席的签名,包括公司主席兼任公司经理或总经理的情形。

6. 公司主席的决定自签署之日或决定载明的生效之日起生效,但应取得所有人代表机关批准的情形除外。

7. 公司主席离境 30 日以上的,应书面委托他人行使和履行公司主席的部分权利和义务;委托事项应及时书面通报所有人代表机关。其他委托情形,根据公司内部管理规章制度执行。

第 100 条　经理或总经理与副经理或副总经理

1. 经理或总经理,由股东会或公司主席任命或经所有人代表机关批准的人事方案聘用。

2. 经理或总经理负责管理公司日常活动，具有以下权利和义务：

(1)组织落实并评估公司的经营计划、经营方案和投资计划实施结果；

(2)组织落实并评估股东会、公司主席和公司所有人代表机关的决议或决定的实施结果；

(3)决定公司的日常事务；

(4)颁行经股东会或公司主席批准的公司内部管理规章制度；

(5)任命、聘用、免职、撤职公司管理人及终止与其签订的合同，但属于股东会主席或公司主席权限的除外；

(6)以公司名义订立合同或交易，但属于股东会主席或公司主席权限的除外；

(7)拟制并向股东会或公司主席提交关于公司经营计划目标实施结果的季度或年度报告及年度财务报表；

(8)对公司税后利润的分配与使用、其他财务义务提出建议；

(9)招聘员工；

(10)对公司重组方案提出建议；

(11)法律和公司章程规定的其他权利和义务。

3. 公司可设立一名或多名副经理或副总经理。副经理或副总经理的数量、任命权限由公司章程作出规定。副经理或副总经理的权利和义务由公司章程或劳动合同作出规定。

第 101 条　经理或总经理的标准和条件

1. 不属于本法第 17 条第 2 款规定的对象。

2. 具有公司经营管理或公司业务领域内的经验和专业能力。

3. 不属于所有人代表机关负责人、副职领导、股东会成员、公司主席、副经理或副总经理、财务总监、监事的亲属。

4. 未曾被解除本公司或其他国有企业的股东会主席、股东会成员、公司主席、经理或总经理、副经理或副总经理职务。

5. 不得兼任其他企业的经理或总经理。

6. 公司章程规定的其他标准和条件。

第 102 条 免职或撤职经理、总经理、公司其他管理人、财务总监

1. 凡属下列情形的，免除经理或总经理职务：

(1)不再符合本法第 101 条规定的标准和条件；

(2)提交辞职申请。

2. 凡属下列情形的，撤销经理或总经理职务：

(1)企业未能依法保全资本；

(2)企业未完成年度经营计划目标；

(3)企业违反法律规定；

(4)不具备企业新的发展战略和经营计划要求的能力水平；

(5)违反本法第 97 条和第 100 条规定的管理人的权利、义务和职责；

(6)公司章程规定的其他情形。

3. 自作出免职或撤职决定之日起 60 日内，股东会或公司主席审查决定选拔、任命他人代替。

4. 副经理、副总经理、公司其他管理人及财务总监的免职或撤职，由公司章程作出规定。

第 103 条 监事会与监事

1. 所有人代表机关根据公司规模，决定设立 1 名至 5 名监事组成的监事会，其中包括监事会主席。监事的任期不得超过 5 年，可连选连任，但在同一公司连续任职不得超过两个任期。监事会仅有一名监事的，该名监事同时担任监事会主席且应满足监事会主席的标准。

2. 同一人可同时担任最多 4 个国有企业的监事会主席或监事。

3. 监事会主席或监事应具备以下标准和条件：

(1)取得经济、财务、会计、审计、法律、经营管理专业或与企业经营活动相关专业本科以上毕业证，且具有 3 年以上工作经验；监事会主席应具有5年以上工作经验。

(2)不属于公司管理人或其他企业的管理人;不属于非国有企业的监事;不属于公司员工。

(3)不属于公司所有人代表机关负责人、副职领导、公司股东会成员、公司主席、公司经理或总经理、副经理或副总经理、财务总监、其他监事的亲属。

(4)公司章程规定的其他标准和条件。

4. 政府规定本条细则。

第104条　监事会的义务

1. 监事会具有以下义务:

(1)监督公司发展战略和经营计划的组织实施;

(2)监督、评估公司的经营活动和财务状况;

(3)监督并评估公司股东会成员、股东会、经理或总经理行使和履行权利和义务;

(4)监督、评估公司内部审计、风险管控、报告及其他内部管理规章制度的效力和执行情况;

(5)监督审计工作、会计账簿、财务报表及相关附件和文档内容的合法性、系统性与真实性;

(6)监督公司与有关各方的合同或交易;

(7)监督公司重大投资项目、大宗买卖合同或交易、其他大规模经营合同或交易、非正常经营合同或交易;

(8)就本款第(1)项、第(2)项、第(3)项、第(4)项、第(5)项、第(6)项、第(7)项规定的内容拟制报告并提交所有人代表机关和股东会;

(9)履行所有人代表机关、公司章程规定的其他义务。

2. 监事的薪资、酬劳、奖金和其他福利,由所有人代表机关作出规定并给付。

3. 政府规定本条细则。

第105条 监事会的权利

1. 参加股东会会议，参加所有人代表机关与股东会的正式与非正式咨询会或会谈；就公司的投资发展计划、项目、预案和公司运营管理中的其他决定，质询股东会、股东会成员、公司主席、经理或总经理。

2. 审查公司的会计账簿、报告、合同、交易和其他材料；认为有必要或应所有人代表机关的要求，检查股东会、股东会成员、公司主席、经理或总经理的运营管理工作。

3. 要求股东会、股东会成员、公司主席、经理或副经理、总经理或副总经理、财务总监和其他管理人报告、提供公司管理和投资经营活动范围内的信息。

4. 必要时，要求公司管理人汇报子公司的财务状况和经营业绩，以履行法律和公司章程规定的责任。

5. 提议所有人代表机关设立履行审计职能的单位，为监事会行使和履行各项权利和义务提供建议和直接协助。

6. 公司章程规定的其他权利。

第106条 监事会的工作制度

1. 监事会主席拟制监事会的月度、季度和年度工作计划；安排监事会成员的具体任务和工作。

2. 监事独立主动开展分派的工作任务；认为有必要的，可以提议或建议开展分派计划之外的其他监督工作任务。

3. 监事会每月至少召开一次会议，审核、评估并通过提交所有人代表机关的本月监督结果报告；讨论并通过监事会下一阶段的活动计划。

4. 多数参会成员赞成的，通过监事会决定。与通过的决定内容不一致的意见应准确、完整记录并报告所有人代表机关。

第107条 监事的职责

1. 当行使和履行监事的权利和义务时，遵守法律、公司章程、所有人代表机关的决定和职业道德。

2. 忠实、审慎、最优化地行使和履行各项权利和义务，维护国家、公司的利益和各方在公司的合法利益。

3. 忠于国家和公司的利益；不得滥用地位和职务，不得利用公司的信息、秘密、商机和其他资产谋取私利或为其他组织和个人的利益服务。

4. 违反本法和公司章程规定的责任，给公司造成损失的，监事应承担个人或连带损害赔偿责任；根据违规和损害性质、程度，将受纪律处分、行政处罚或依法追究刑事责任；向公司返还因违反本条规定的职责所获全部收益。

5. 发现监事违反其权利和义务、责任的，应及时通报所有人代表机关，同时要求其终止违规行为并采取补救措施。

6. 凡属下列情形的，应及时通报所有人代表机关、其他监事和相关个人，同时要求其终止违规行为并采取补救措施：

(1)发现股东会成员、公司主席、经理或总经理、其他管理人违反对其权利和义务、职责的规定或存在违规风险；

(2)发现违法、违反公司章程规定或公司内部管理规章制度的行为。

7. 本法和公司章程章程规定的其他职责。

第 108 条　监事会主席或监事的免职与撤职

1. 凡属下列情形的，免除监事会主席和监事职务：

(1)不再符合本法第 103 条规定的标准和条件；

(2)申请辞职并经所有人代表机关批准；

(3)被所有人代表机关或其他主管部门调动、安排其他任务；

(4)公司章程规定的其他情形。

2. 凡属下列情形的，撤销监事会或监事职务：

(1)连续 3 个月未行使和履行权利、义务或分派的工作，但因不可抗力的情形除外；

(2)未完成 1 年的义务、任务和分派的工作；

(3)严重违反或多次违反本法和公司章程规定的监事会主席或监事的权利、义务和职责;

(4)公司章程规定的其他情形。

第109条　定期公布信息

1.公司应定期在公司网站和所有人代表机关网站公布以下信息:

(1)公司的基本信息和公司章程。

(2)总体目标;年度经营计划的具体目标和具体指标。

(3)财务年度结束之日起150日内经独立审计组织审计通过的年度财务报表和简报,包括母公司的财务报表和合并财务报表(如有)。

(4)每年7月31日前公布年中财务报表和简报,包括母公司的财务报表和合并财务报表(如有)。

(5)年度生产经营计划实施结果评估报告。

(6)计划或投标(如有)分配的公益任务及其他社会责任的实施结果报告。

(7)关于公司管理现状、组织结构的报告。

2.公司管理现状报告包括以下主要信息:

(1)所有人代表机关、所有人代表机关负责人、副职领导的信息。

(2)公司管理人的信息,包括专业水平、职业经验、曾担任的管理职位、任命方式、分派的管理工作;薪资、酬劳、奖金和其他福利的额度与给付方式;公司管理人的关联人和利益相关人的信息。

(3)所有人代表机关的相关决定;股东会或公司主席的各项决议或决定。

(4)监事会、监事及其活动的信息。

(5)监察机关(如有)的总结报告、监事会或监事的报告。

(6)公司关联人、公司与关联方的合同或交易的信息。

(7)公司章程规定的其他信息。

3. 应依法完整、准确、及时公布信息。

4. 法定代表人或受托人公布信息。法定代表人对所公布信息的完整性、及时性、真实性与准确性负责。

5. 政府规定本条细则。

第 110 条　公布特别信息

1. 公司应在下列事件发生时起 36 小时内,在公司网站、印刷物(如有)和公司主要住所地、经营场所公开特别信息:

(1)公司的银行账户被冻结或解除冻结。

(2)暂停部分或全部营业活动;被吊销企业登记证、设立许可证、设立与运营许可证、运营许可证或公司运营相关的其他许可证。

(3)补充修订企业登记证、设立许可证、设立与运营许可证、运营许可证或公司运营相关的其他许可证的内容。

(4)变更股东会成员、公司主席、经理、副经理或总经理、副总经理、财务总监、财务会计部经理、监事会主席或监事。

(5)决定纪律处分或起诉企业管理人,法院对企业管理人作出的判决或决定。

(6)监察机关或税务管理机关对企业违法情况的结论。

(7)决定调整独立审计组织或财务报表审计被拒绝。

(8)决定设立、解散、合并、归并以及转换子公司、分支机构和代表处;决定对其他公司投资、减资或退资。

2. 政府规定本条细则。

第五章　股 份 公 司

第 111 条　股份公司

1. 股份公司系指以下类型的企业:

(1)注册资本均分为股份。

(2)股东可以是自然人或非自然人;股东数量 3 名以上且无数量上限。

(3)股东在实缴出资范围内对企业的债务和其他财产义务承担责任。

(4)股东有权向他人自由转让所持股份,但本法第 120 条第 3 款和第 127 条第 1 款规定的情形除外。

2. 股份公司自取得企业登记证之日起具有法人资格。

3. 股份公司有权发行公司的股份、债券和其他证券。

第 112 条　股份公司的资本

1. 股份公司的注册资本,系指已发行的各类股份的票面总值。登记设立时的注册资本,系指已认购且记载于公司章程的各类股份的票面总值。

2. 已发行股份,系指股东已向公司缴足股款的额定股份。登记设立时的已发行股份,系指已认购的各类股份的总股数。

3. 股份公司的额定股份,系指股东大会决定即将发行融资的各类股份的总股数。登记设立时的额定股数,系指公司即将发行融资的各类股份的总股数,包括已认购的股份和未认购的股份。

4. 未发行股份,系指未向公司缴足股款的额定股份。登记设立时未发行的股份,系指未认购的各类股份的总股数。

5. 下列情形,股份公司可以减少注册资本:

(1)公司自登记设立之日起连续运营两年以上且确保向股东返还出资后能够足额清偿债务和其他财产义务的,根据股东大会的决定,按股东持股比例向其返还部分出资;

(2)公司根据本法第 132 条和第 133 条的规定回购已发行股份;

(3)股东未按本法第 113 条的规定按时缴足公司注册资本。

第 113 条　企业登记设立时缴付认购股份

1. 股东应自公司取得企业登记证之日起 90 日内缴付认购股份,但公司章程或股份认购协议规定其他更短期限的除外。股东以资产出资的,资产进口运输、办理所有权变更手续的时间不计入出资期限。公司董事会负责监督、督促股东按时缴足认购股份。

2. 自公司取得企业登记证之日至本条第 1 款规定的缴足认购股份截止之日期间，股东的表决票数以其认购的普通股股数计算，但公司章程另有规定的除外。

3. 本条第 1 款规定的期限届满，股东仍未缴付或仅缴付部分认购股份的，按以下规定执行：

(1) 未缴付认购股份的股东，当然不属于公司股东且不得向他人转让股份认购权。

(2) 仅缴付部分认购股份的股东，享有与其已缴付股份相应的表决权、分红权和其他权利；不得向他人转让未缴付股份的认购权。

(3) 未缴付股份被视为未发行股份，公司董事会享有发行权。

(4) 自本条第 1 款规定的缴足认购股份期限截止之日起 30 日内，公司应以缴足的股份票面值办理注册资本变更登记，但未缴付股份在此期间已全部发行的除外；办理创始股东变更登记。

4. 未缴付或未缴足认购股份的股东，以其认购股份的票面总值对本条第 3 款第(4)项规定的公司注册资本变更登记前产生的公司财务义务承担责任。董事会成员、法定代表人对未履行或未正确履行本条第 1 款和第 3 款第(4)项的规定造成的损失承担连带责任。

5. 除本条第 2 款规定的情形外，出资人自缴付认购股份且本法第 122 条第 2 款第(2)项、第(3)项、第(4)项、第(5)项规定的股东信息载入股东名册时起成为公司股东。

第 114 条　股份类型

1. 股份公司应有普通股份。持有普通股份的股东即为普通股股东。

2. 除普通股份外，股份公司可以有优先股份。持有优先股份的股东即为优先股股东。优先股份包括以下类型：

(1) 股息优先股；

(2) 返还优先股；

(3) 表决优先股；

(4)公司章程和证券法律规定的其他优先股。

3. 有权购买股息优先股、返还优先股和其他优先股的人员，由公司章程规定或股东大会决定。

4. 同类股份的持股人均享有同等权利、义务和利益。

5. 普通股份不能转换为优先股份。优先股份可根据股东大会的决议转换为普通股份。

6. 作为发行无表决权的存托凭证的基础资产的普通股份，称为基础普通股份。除无表决权外，无表决权的存托凭证具有与基础普通股份相应的经济利益和义务。

7. 政府对无表决权的存托凭证作出具体规定。

第 115 条　普通股股东的权利

1. 普通股股东享有以下权利：

(1)参加股东大会并发表意见，直接或通过委托代理人、法律或公司章程规定的其他形式行使表决权。每股普通股份具有一份表决权。

(2)根据股东大会决定的额度收取股息。

(3)优先购买与其所持普通股比例相应的新发行股份。

(4)自由向他人转让股份，但本法第 120 条第 3 款、第 127 条第 1 款和其他相关法律规定的情形除外。

(5)审查、查询、摘录有表决权的股东名册内的名称和联系地址信息；要求更正不准确的本人信息。

(6)审查、查询、摘录或复制公司章程、股东大会会议记录及其决议。

(7)公司解散或破产时，获得与其持股比例相应的公司剩余资产。

2. 持有 5%以上公司普通股份或公司章程规定的其他更低持股比例的股东或股东团体，享有以下权利：

(1)审查、查询、摘录董事会会议记录和决议或决定、年中和年度财务报表、监事会报告、须经董事会批准的合同或交易及其他材料，但涉及公司商业秘密、经营秘密的材料除外。

(2)在本条第 3 款规定的情形下要求召集股东大会。

(3)认为有必要的,请求监事会逐个检查与公司管理运营相关的具体问题。请求应以书面形式提出并载明以下信息:自然人股东的姓名、联系地址、国籍、个人合法证件号;非自然人股东的名称、企业代码或合法证照号码、主要住所地;股东团体每名股东的持股数、股份登记日期、股东团体的持股总数及持股比例;需要检查的问题和检查目的。

(4)本法和公司章程规定的其他权利。

3. 凡属下列情形之一的,本条第 2 款规定的股东或股东团体有权要求召集股东大会:

(1)董事会严重侵犯股东的权利、严重违背管理人的义务或越权作出决定;

(2)公司章程规定的其他情形。

4. 本条第3 款规定的召集股东大会的请求应以书面形式提出并载明以下内容:自然人股东的姓名、联系地址、国籍、个人合法证件号;非自然人股东的名称、企业代码或合法证照号码、主要住所地;股东团体每名股东的持股数、股份登记日期、股东团体的持股总数及持股比例,请求召集股东大会的依据和理由。请求应附有关于董事会违规行为、违规程度或越权作出决定的材料或证据。

5. 持有 10%以上公司股份或公司章程规定的其他更低比例的股东或股东团体,有权提名董事会和监事会人选。公司章程未作其他规定的,提名董事会和监事会人选事项,按以下规定执行:

(1)普通股东为团体提名董事会和监事会人选的,应在股东大会召开前向参会股东通报团体会议情况;

(2)根据董事会和监事会的成员数量,本款规定的股东或股东团体有权根据股东大会的决定,提名一名或多名董事会和监事会候选人。股东或股东团体提名的候选人数少于其有权提名的候选人数的,其余候选人由董事会、监事会和其他股东提名。

6. 本法和公司章程规定的其他权利。

第 116 条　表决优先股及其股东的权利

1. 表决优先股,系指表决票数多于其他普通股份的股份类型;表决优先股每股的表决票数由公司章程作出规定。只有政府授权的组织和创始股东有权持有表决优先股。创始股东的表决优先权自公司取得企业登记证之日起3年内有效。政府授权的组织持有的表决优先股的表决权和表决优先期限,由公司章程作出规定。表决优先期限届满后,表决优先股转换为普通股份。

2. 持有表决优先股的股东享有以下权利:

(1)以本条第 1 款规定的表决票数对股东大会权限内的问题进行表决;

(2)与普通股股东相同的其他权利,但本条第 3 款规定的情形除外。

3. 持有表决优先股的股东不得向他人转让表决优先股,但根据生效的法院判决或决定或继承转让的情形除外。

4. 政府规定本条细则。

第 117 条　股息优先股及其股东的权利

1. 股息优先股,系指收取的股息额高于普通股份或年度固定股息的股份类型。年度股息包括固定股息和红利股息。固定股息不取决于公司的经营业绩。固定股息的具体额度和确定红利股息的方式,应在股息优先股股票上载明。

2. 持有股息优先股的股东享有以下权利:

(1)根据本条第 1 款的规定收取股息;

(2)公司解散或破产时足额清偿债务、返还优先股后,收取与其持股比例相应的公司剩余资产;

(3)与普通股股东相同的其他权利,但本条第 3 款规定的情形除外。

3. 持有股息优先股的股东不享有表决、参加股东大会、提名董事会和监事会候选人的权利,但本法第 148 条第 6 款规定的情形除外。

第 118 条 返还优先股及其股东的权利

1. 返还优先股,系指公司应持有人的要求或公司章程和返还优先股股票载明的条件返还出资的股份类型。

2. 持有返还优先股的股东享有与普通股股东相同的权利,但本条第 3 款规定的情形除外。

3. 持有返还优先股的股东不享有表决、参加股东大会、提名董事会和监事会候选人的权利,但本法第 114 条第 5 款和第 148 条第 6 款规定的情形除外。

第 119 条 股东的义务

1. 按时足额缴付认购股份。

2. 不得以任何形式从公司抽回普通股份出资,但公司回购股份或他人收购股份的情形除外。股东违反本款的规定抽回部分或全部股本的,股东与公司内的利益相关人就抽回的股份价值和造成的损失对公司的债务和其他财务义务承担连带责任。

3. 遵守公司章程和公司内部管理规章制度。

4. 执行股东大会、董事会的决议或决定。

5. 对公司根据公司章程和法律的规定提供的信息保密;只能将公司提供的信息用于维护其合法利益;严禁向其他组织或个人传播或复制、发送本公司提供的信息。

6. 本法和公司章程规定的其他义务。

第 120 条 创始股东持有的普通股份

1. 新设立的股份公司应具有至少 3 名创始股东。国有企业或有限责任公司转换的股份公司,或其他股份公司分立、分拆、合并、归并设立的股份公司,不要求具有创始股东;在此情形下,企业登记文件中的公司章程应具有公司法定代表人或普通股东的签名。

2. 创始股东应共同认购 20% 以上公司登记设立时的额定普通股份。

3. 自公司取得企业登记证之日起 3 年内,创始股东有权向其他创始股东自由转让其普通股份，经股东大会同意的，可向非创始股东转让其普通股份。在此情形下，预计转让普通股份的创始股东对转让股份事项不享有表决权。

4. 本条第3款规定的限制不适用于以下普通股份：

(1)公司登记设立后创始股东增持的股份；

(2)已向非创始股东转让的股份。

第121条 股票

1. 股票，系指股份公司出具的确认持有该公司一股或多股股份所有权的凭证、记账式凭证或电子数据。股票应具有以下主要内容：

(1)公司名称、企业代码、主要住所地；

(2)股份数量与股份类型；

(3)每股的面值和股票载明的股份票面总值；

(4)自然人股东的姓名、联系地址、国籍、个人合法证件号；非自然人股东的名称、企业代码或合法证照号码、主要住所地；

(5)公司法定代表人的签名；

(6)公司的股东名册登记号和股票发行日期；

(7)本法第116条、第117条和第118条关于优先股股票的其他规定。

2. 公司发行的股票在内容和形式上存在错误的，股票持有人的权益不受影响。公司法定代表人对因过错造成的损失负责。

3. 股票遗失或损毁的，公司应股东的申请补发股票。股东的申请应具备以下主要内容：

(1)遗失或损毁的股票信息；

(2)承诺对补发股票产生的争议负责。

第122条 股东名册

1. 股份公司应自取得企业登记证时起制作并保存股东名册。股东名册可以是记载公司股东持股信息的纸质文件或电子数据集。

2. 股东名册应具备以下主要内容：

(1)公司名称、主要住所地；

(2)额定股数、额定股份类型和每类额定股份的股数；

(3)每类股份的已发行股数和已筹集的股本值；

(4)自然人股东的姓名、联系地址、国籍、个人合法证件号；非自然人股东的名称、企业代码或合法证照号码、主要住所地；

(5)每名股东所持每类股份的股数、股份登记日期。

3. 股东名册保存于公司主要住所地或具有保管股东名册职能的其他组织。股东有权检查、查询、摘录、复制股东名册中股东的名称和联系地址。

4. 股东变更联系地址的，应及时通报公司更新股东名册。因股东未向公司通报变更联系地址而无法联系股东的，公司不承担责任。

5. 公司应相关股东的要求，根据公司章程的规定及时更新股东名册中的股东变动情况。

第 123 条　发行股份

1. 发行股份，系指公司增加额定股数和股份类型以增加注册资本。

2. 可以下列方式之一发行股份：

(1)向现有股东发行股份；

(2)发行私募股份；

(3)公开发行股份。

3. 公开发行股份、发行公众公司和其他组织的股份，适用证券法律的规定。

4. 公司应自本次股份发行完成之日起 10 日内办理注册资本变更登记。

第 124 条　向现有股东发行股份

1. 向现有股东发行股份，系指公司增加额定股数和股份类型，并以股东现有持股比例配售全部股份。

2. 非公众公司的股份公司向公司现有股东发行股份，按以下规定执行：

(1)公司应在认购股份期限截止前至少 15 日，以确保能够送达股东名册记载的股东联系地址的方式书面通知股东。

(2)通知应载明自然人股东的姓名、联系地址、国籍、个人合法证件号；非自然人股东的姓名、企业代码或合法证照号码、主要住所地；公司股东现有持股数和持股比例；预计发行的总股数和股东有权购买的股数；股份发行价格；认购期限；公司法定代表人的姓名和签名。通知应附有公司发行的股票认购书样式。股份认购书未按通知要求如期交回公司的，视为放弃优先购买权。

(3)股东有权向他人转让其股份优先购买权。

3. 股东和优先购买权受让人未认购全部预定发行股份的，董事会有权以不优于向公司股东发行股份的条件向公司股东和他人发行剩余的额定股份，但股东大会另有协议或证券法律另有规定的情形除外。

4. 足额缴付股份且本法第 122 条第 2 款规定的认购人信息完整记载于股东名册时，视为已发行股份；自此时起，股份认购人成为公司股东。

5. 足额缴付股份后，公司应向认购人发行并交付股票；不交付股票的，本法第 122 条第 2 款规定的股东信息应记载于股东名册，以证明股东在公司的股份所有权。

第 125 条　发行私募股份

1. 非公众公司的股份公司发行私募股份应满足以下条件：

(1)不得通过大众媒体发行股份；

(2)向 100 名以下的投资商发行股份，不包括专业证券投资商或只向专业证券投资商发行股份。

2. 非公众公司的股份公司发行私募股份，按以下规定执行：

(1)公司根据本法的规定决定私募股份发行方案；

(2)公司股东根据本法第124条第2款的规定行使优先购买权,但公司归并、合并的情形除外;

(3)股东和优先购买权受让人未全部购买的,根据私募股份发行方案,以不优于向公司股东发行股份的条件向他人发行剩余股份,但股东大会另有协议的情形除外。

3. 外国投资商根据本条的规定收购发行股份的,应根据《投资法》的规定办理股份收购手续。

第126条　发行股份

董事会决定发行股份的日期、方式和价格。股份发行价格不得低于发行时的市场价格或最近的账面价值,但下列情形除外。

1. 首次向非创始股东发行的股份。

2. 向公司所有股东以其现有持股比例发行的股份。

3. 向中介或保证人发行的股份;在此情形下,具体贴现数量和贴现率应取得股东大会的批准,但公司章程另有规定的情形除外。

4. 其他情形及贴现额,由公司章程或股东大会的决议作出规定。

第127条　转让股份

1. 股份可以自由转让,但本法第120条第3款规定的情形和公司章程限制转让的情形除外。公司章程关于转让股份的限制性规定,在相应股份的股票上载明的才具有效力。

2. 通过合同或证券市场交易的方式转让股份。通过合同转让股份的,应由转让方与受让方或其委托代理人签名。通过证券市场交易转让股份的,转让程序和手续适用证券法律的规定。

3. 自然人股东死亡的,其遗嘱继承人或法定继承人成为公司股东。

4. 自然人股东死亡且无继承人、继承人拒绝接受继承或被剥夺继承权的,其持有的股份适用民事法律的规定。

5. 股东有权向其他组织或个人赠与其部分或全部股份;使用股

份偿还债务。接受赠与、接受以股份偿债的组织或个人成为公司股东。

6. 本条规定的股份受让组织或个人，自本法第 122 条第 2 款规定的信息完整记载于股东名册时起成为公司股东。

7. 公司应自收到相关股东的要求时起 24 小时内，根据公司章程办理股东名册变更登记。

第 128 条　发行私募债券

1. 非公众公司的股份公司根据本法和其他相关法律的规定发行私募债券。发行公众公司或其他组织的私募债券、公开发行债券，适用证券法律的规定。

2. 非公众公司的股份公司发行私募债券，系指不通过大众媒体向不包括专业证券投资商且满足以下私募债券购买对象条件的 100 名以下的投资商发行：

(1) 可转换私募债券和附权证私募债券的战略投资商；

(2) 可转换私募债券、附权证私募债券和其他私募债券类型的专业证券投资商。

3. 发行私募债券的非公众公司的股份公司应满足以下条件：

(1) 在债券发行期前连续 3 年清偿已发行债券的到期本息或到期债务（如有），但向预选金融组织债权人发行债券的情形除外；

(2) 发行债券前一年已经审计的财务报表；

(3) 保障法定财务安全比例、运营安全保障比例的条件；

(4) 相关法律规定的其他条件。

第 129 条　发行和转让私募债券的程序和手续

1. 公司根据本法的规定决定私募债券发行方案。

2. 公司在每期债券发行前向认购债券的投资商披露信息，并在拟定债券发行日期前至少 1 个工作日通报证券交易所。

3. 公司向认购债券的投资商公布发行结果，并在债券发行日期截止之日起 10 日内通报证券交易所。

4. 私募债券可在符合本法第128条第2款规定的私募债券购买对象条件的投资商之间转让，但执行法院生效的判决或决定、生效仲裁裁定或法定继承的情形除外。

5. 根据本法和《证券法》的规定，政府对私募债券的类型、发行文件、程序、手续、交易、信息披露、向国际市场发行债券作出具体规定。

第130条　决定发行私募债券

1. 公司按以下规定决定发行私募债券：

(1)股东大会决定可转换债券和附权证债券的类型、债券总值和发行日期。表决通过公司发行私募债券的决议，适用本法第148条的规定。

(2)公司章程未作其他规定，除本款第(1)项规定的情形外，董事会有权决定发行债券的类型、债券总值和发行日期，并在最近的股东大会会议汇报。报告应附发行债券的材料和文件。

2. 公司自债券转换股票完成之日起10日内办理注册资本变更登记。

第131条　购买股份或债券

可使用越南盾、可兑换外币、黄金、土地使用权、知识产权、工艺、技术秘密及公司章程规定的其他资产一次性足额缴付购买股份公司的股份或债券。

第132条　应股东请求回购股份

1. 股东反对通过公司重组或调整公司章程规定的股东权利和义务的决议的，有权请求公司回购其所持股份。请求应以书面形式作出，并载明股东的名称、地址、请求公司回购的每类股份的股数、拟定出售价格和理由。股东应自股东大会通过本款规定的相关决议之日起10日内向公司送达回购请求。

2. 公司应自收到回购请求之日起90日内，根据本条第1款规定的股东请求以市场价格或公司章程规定的原则确定的价格回购股份。各方当事人未就回购价格达成一致的,可以申请价格评估组织估价。公司至少介绍3个价格评估组织供股东挑选,股东作出的选择为最终选择。

第133条 根据公司决定回购股份

公司有权按以下规定回购不超过30%的已发行普通股份、部分或全部已发行股息优先股股份。

1. 董事会有权决定回购12个月内发行的不超过10%的每类股份。其他情形由股东大会作出决定。

2. 董事会决定回购股份的价格。对于普通股份,回购价格不得高于回购时的市场价格,但本条第3款规定的情形除外。其他类型的股份,如公司章程未作规定或公司与有关股东无其他约定的,回购价格不得低于市场价格。

3. 公司可按以下程序和手续,以股东的持股比例回购相应股份:

(1)公司回购股份的决定应自决定通过之日起30日内,以确保能够送达全体股东的方式通知股东。通知应载明公司名称、主要住所地、回购股份总股数和股份类型、回购价格或回购价格定价原则、缴付手续与期限、股东向公司出售股份的手续和期限。

(2)股东同意出让股份的,应自收到通知之日起30日内,以确保能够送达公司的方式向公司提交同意书。同意书应载明自然人股东的姓名、联系地址、个人合法证件号;非自然人股东的名称、企业代码或合法证照号码、主要住所地;持股数与同意出售的股数、缴付方式、股东或其法定代表人的签名。公司只回购前述期限内的股份。

第134条 回购股份的缴付条件与处理

1. 公司完成回购股份缴付后,仍确保能足额清偿债务和其他财产义务的,才能根据本法第132条和第133条的规定向股东缴付回购的股份。

2. 根据本法第 132 条和第 133 条的规定回购的股份，视为本法第 112 条第 4 款规定的未发行股份。公司应自完成回购股份缴付之日起 10 日内办理与回购股份票面总值相当的减少注册资本变更手续，但证券法律另有规定的除外。

3. 确认回购股份所有权的股票，应在相应股份缴付后立即注销。董事会主席或总经理对未注销或迟延注销股票造成的损失承担连带责任。

4. 回购股份完成缴付后，公司会计账簿中的公司资产总值减少 10%以上的，公司应自完成回购股份缴付之日起 15 日内通知全体债权人。

第 135 条　给付股息

1. 给付优先股的股息，根据每类优先股的单独适用条件执行。

2. 给付普通股份的股息，根据公司的实际净利润确定，股息给付款从公司留存收益中提取。股份公司仅在符合下列条件时才能给付普通股份的股息：

(1) 公司已依法完成纳税和其他财务义务；

(2) 根据法律和公司章程的规定，已提取各类公司公积金并弥补亏损；

(3) 给付股息后，公司仍确保能足额清偿到期债务和其他财产义务。

3. 股息可以现金、公司股份或公司章程规定的其他资产给付。以现金给付的，应使用越南盾并采用法律规定的缴付方式。

4. 自年度股东大会结束之日起 6 个月内足额缴付股息。董事会应在每一次给付股息前至少 30 日拟定收取股息的股东名单、每类股份的股息额度、给付期限和给付形式。应在给付股息前至少 15 日以确保能够送达股东名册记载地址的方式送达给付股息的通知。通知应具备以下内容：

(1) 公司名称、主要住所地；

(2)自然人股东的姓名、联系地址、国籍、个人合法证件号;

(3)非自然人股东的名称、企业代码或合法证照号码、主要住所地;

(4)股东所持每类股份的股数、股息额度和应收股息总额;

(5)给付股息的日期和给付方式;

(6)董事会主席和公司法定代表人的姓名和签名。

5. 在拟定股东名单至给付股息截止日,股东转让其股份的,受让人收取股息。

6. 以公司股份给付股息的,公司无须按本法第 123 条、第 124 条和第 125 条的规定办理股份发行手续。公司应自完成股息缴付之日起 10 日内,办理与给付股息的股份票面总值相当的增加注册资本变更手续。

第 136 条　收回回购股款或股息

缴付回购股份违反本法第 134 条第 1 款的规定或给付股息违反本法第 135 条的规定的,股东应向公司返还收取的钱款和其他资产;股东无法返还的,全体董事会成员在股东未返还钱款和其他资产范围内,对公司的债务和其他财产义务承担连带责任。

第 137 条　股份公司的组织管理结构

1. 除证券法律另有规定的情形外,股份公司有权选择以下两种模式之一组织管理运营:

(1)股东大会、董事会、监事会、经理或总经理。股东人数少于 11 人且非自然人股东持有 50%以上股份的股份公司,不要求设立监事会。

(2)股东大会、董事会、经理或总经理。在此情形下,至少 20%的董事会成员应为独立董事,并设立隶属于董事会的审计委员会。审计委员会的组织结构、职能任务由公司章程作出规定,审计委员会的活动规章制度由董事会颁行。

2. 公司仅有 1 名法定代表人的,董事会主席、经理或总经理担任公司法定代表人。公司章程未作规定的，董事会主席担任公司法定代表人。公司有多名法定代表人的，董事会主席、经理或总经理当然担任公司法定代表人。

第 138 条　股东大会的权利和义务

1. 股东大会包括享有表决权的所有股东，是股份公司的最高决策机关。

2. 股东大会具有以下权利和义务：

（1）通过公司发展方针。

（2）决定额定股份类型、每类股份的股数；决定每类股份的年度股息额度。

（3）选举、撤职或罢免董事会成员或监事。

（4）决定投资或出售相当于最近财务报表中公司资产总值 35% 价值的资产，但公司章程规定其他比例或价值的情形除外。

（5）决定补充修订公司章程。

（6）通过年度财务报表。

（7）决定回购每类已发行的 10%以上股份。

（8）审查并处理给公司和股东造成损失的董事会成员、监事的违规行为。

（9）决定公司重组或解散。

（10）决定董事会、监事会的财务预算或酬劳、奖金和其他福利标准。

（11）批准内部管理规章制度、董事会和监事会的活动规章制度。

（12）批准独立审计公司名单；决定独立审计公司检查公司的活动，必要时罢免独立审计员。

（13）本法和公司章程规定的其他权利和义务。

第 139 条　股东大会

1. 股东大会年度会议每年举行一次。此外，还可举行特别会议。股东大会的地点由会议主持人参会的地点确定且须在越南境内。

2. 股东大会应在财务年度截止之日起 4 个月内举行年度会议。除公司章程另有规定的情形外，董事会决定在必要情形下延长会期，但不得超过财务年度截止之日起 6 个月。

3. 股东大会年度会议讨论并通过以下问题：

(1)公司年度经营计划；

(2)年度财务报表；

(3)董事会关于公司管理、董事会和每名董事会成员的活动结果报告；

(4)监事会关于公司经营业绩以及董事会、经理或总经理活动结果的报告；

(5)监事会和监事的活动结果自评报告；

(6)每类股份每股的股息额度；

(7)权限内的其他问题。

第 140 条　召集股东大会

1. 董事会召集股东大会年度会议和特别会议。凡属下列情形之一的，董事会召集股东大会特别会议：

(1)为了公司的利益，董事会认为有必要举行会议；

(2)公司董事会或监事会的剩余成员数量少于法定人数；

(3)应本法第 115 条第 2 款规定的股东或股东团体的请求；

(4)应监事会请求；

(5)法律和公司章程规定的其他情形。

2. 公司章程未作其他规定的，董事会应自发生本条第 1 款第(2)项规定的情形或收到本条第 1 款第(3)项、第(4)项规定的请求之日起 30 日内召集股东大会。董事会未按规定召集股东大会的，董事会主席和董事会成员应赔偿给公司造成的损失。

3. 董事会未按本条第 2 款的规定召集股东大会的，监事会替代董事会在未来 30 日内根据本法的规定召集股东大会。监事会未按规定召集股东大会的,应赔偿给公司造成的损失。

4. 监事会未按本条第 3 款的规定召集股东大会的,本法第 115 条第 2 款规定的股东或股东团体有权代表公司按本法的规定召集股东大会。

5. 股东大会召集人应开展以下工作:

(1)拟定有权参会的股东名单;

(2)提供股东名单信息并处理关于股东名单的申诉;

(3)拟定会议议程和会议内容;

(4)准备会议材料;

(5)根据会议拟定内容起草股东大会决议,选举董事会或监事会成员的情形下,拟定候选人名单及详细信息;

(6)确定会期和地点;

(7)按本法的规定向每名有权参会的股东送达会议邀请;

(8)服务于会议的其他工作。

6. 根据本条第 2 款、第 3 款和第 4 款的规定召集和举行股东大会的支出,将由公司返还。

第 141 条　有权参加股东大会的股东名单

1. 根据公司的股东名册拟定有权参加股东大会的股东名单。公司章程未规定更短期限的,应在送达股东大会会议邀请前 10 日拟定有权参加股东大会的股东名单。

2. 有权参加股东大会的股东名单应载明自然人股东的姓名、联系地址、国籍、个人合法证件号;非自然人股东的名称、企业代码或合法证照号码、主要住所地;每名股东持有的每类股份的股数、股东登记号和登记日期。

3. 股东有权检查、查询、摘录和复制有权参加股东大会的股东名单中的股东名称、联系地址;要求订正名单中有关本人的错误信息或补充必要信息。公司管理人应按股东的要求及时提供股东名册信息,补充修订错误信息;对未提供或未及时、准确提供股东名册信息造成的损失承担损害赔偿责任。要求提供股东名册信息的程序和手续，由公司章程作出规定。

第 142 条　股东大会议程和内容

1. 股东大会召集人应准备会议议程和内容。

2. 本法第 115 条第 2 款规定的股东或股东团体有权提议列入会议议程的问题。提议应以书面形式作出并在会议召开前至少 3 个工作日送达公司，但公司章程规定其他期限的除外。提议应载明股东名称、股东持有的每类股份的股数、提议列入会议议程的问题。

3. 股东大会召集人拒绝本条第 2 款规定的提议的，应在股东大会召开前至少 2 个工作日作出书面答复并说明理由。属下列情形之一的，股东大会召集人可拒绝提议：

(1) 提交的提议不符合本条第 2 款的规定；

(2) 提议的问题不属于股东大会的决定权限；

(3) 公司章程规定的其他情形。

4. 股东大会召集人应接受并将本条第 2 款规定的提议列入会议拟定议程和内容，但本条第 3 款规定的情形除外；提议取得股东大会同意的，将正式列入会议议程和内容。

第 143 条　邀请参加股东大会

1. 公司章程未规定更长期限的，股东大会召集人应在会议召开前至少 21 日向有权参会的股东名单上的所有股东送达参会通知。参会通知应载明公司名称、主要住所地、企业代码、股东名称和联系地址、会期、会议地点及对参会人员的其他要求。

2. 参会通知应以确保能够送达股东联系地址的方式送达，并在公司网站登载；公司认为有必要的，根据公司章程的规定在中央或地方的日报刊登参会通知。

3. 参会通知应附以下材料：

(1) 会议议程、会议材料、议程内每个问题的决议草案；

(2) 表决票。

4. 公司开通电子信息网站的，本条第 3 款规定的参会通知附件材料可通过在公司网站登载的方式替代送达。在此情形下，参会通知应载明资料下载地址和格式。

第 144 条　行使股东大会参会权

1. 股东或非自然人股东的委托代理人，可以直接参加股东大会、书面授权一个或多个其他组织或个人参会或通过本条第 3 款规定的形式参会。

2. 委托组织或个人参加股东大会的，应订立委托书。委托书应根据民事法律的规定订立并载明受托组织或个人的名称及受托股数。受托参会的组织或个人应在签到进入会场前出具委托书。

3. 凡属下列情形之一的，视为股东参加股东大会并表决：

(1) 直接参会并表决；

(2) 委托其他组织或个人参会并表决；

(3) 以视频会议、电子投票或其他电子形式参会并表决；

(4) 通过信件、传真和电子邮件的方式向会议提交表决票；

(5) 以公司章程规定的其他方式提交表决票。

第 145 条　举行股东大会的条件

1. 代表 50% 以上总表决票数的股东参会的，可以举行股东大会；具体比例由公司章程作出规定。

2. 召集的首次会议不满足本条第 1 款规定的举行条件，且公司章程未作其他规定的，应自首次会议预定召开之日起 30 日内发送第二次会议参会邀请。代表 33% 以上总表决票数的股东参会的，可以举行第二次股东大会；具体比例由公司章程作出规定。

3. 召集的第二次会议不满足本条第 2 款规定的举行条件，且公司章程未作其他规定的，应自第二次会议预定召开之日起 20 日内发送第三次会议参会邀请。第三次股东大会的举行条件不再受参会股东代表的总表决票数的限制。

4. 仅股东大会有权调整本法第 142 条规定的参会邀请所附会议议程。

第146条 股东大会举行会议与表决的程序

公司章程未作其他规定的,股东大会举行会议和表决的程序如下。

1. 会议召开前,应举行参会股东签到。

2. 有关选举会议主持人、记录人和检票委员会的事项规定如下:

(1)董事会召集的股东大会,由董事会主席或委托其他董事会成员担任会议主持人;董事会主席缺席或暂时丧失工作能力的,其余董事会成员以少数服从多数的原则选举一名成员主持会议;无法选出会议主持人的,监事会主席协调股东大会选举会议主持人,得票数最多的当选。

(2)除本款第(1)项规定的情形外,签名召集股东大会的人员协调股东大会选举会议主持人,得票数最多的当选。

(3)会议主持人指定一人或多人担任记录人。

(4)股东大会根据会议主持人的提议,选举一人或多人组成检票委员会。

3. 股东大会在会议召开期间通过会议议程和内容。议程应明确议程内每个问题的时间。

4. 会议主持人有权采取必要合理措施维护会议秩序,遵守已通过的会议议程并代表多数参会人员的意愿。

5. 股东大会对议程内的每个问题进行讨论并表决。会议表决以同意票、不同意票、无意见票的方式进行。检票结果由会议主持人在闭会前公布,但公司章程另有规定的除外。

6. 股东或受托参会人在会议开始后仍可签到,签到后即享有参会表决权;在此情形下,已表决通过的内容仍具有效力。

7. 股东大会召集人或主持人享有以下权利:

(1)要求所有参会人员接受检查或其他合理、合法的安全措施;

(2)要求主管部门维持会议秩序,将不遵守会议主持人安排、故意扰乱会议秩序、阻碍会议正常进行或不遵守进出会场安检要求的人员逐出会场。

8. 会议主持人有权在参会人员到齐的情形下推迟举行会议，但不超过拟定会议召开之日起 3 个工作日，且仅在下列情形才能推迟会议或变更会议地点：

(1)会议地点无法向所有参会人员提供合适的座位；

(2)会议地点的电子设备不能保障所有参会股东参会、讨论并表决；

(3)参会人员阻挠、扰乱秩序，会议无法公平、合法召开的。

9. 会议主持人违反本条第 8 款的规定推迟或暂停股东大会的，股东大会在参会人员中另行选举一人主持会议直至会议结束；会上通过的所有决议都具有执行效力。

第 147 条　通过股东大会决议的形式

1. 股东大会以会上表决或问卷调查的方式通过权限内的各项决议。

2. 公司章程未作其他规定的，股东大会有关以下问题的决议应在会上表决：

(1)补充修订公司章程；

(2)决定公司发展方针；

(3)股份类型和每类股份的股数；

(4)选举、撤职或罢免董事会和监事会成员；

(5)决定投资或出售相当于公司最近财务报表中资产总值 35%以上的公司资产，但公司章程规定其他比例或价值的除外；

(6)通过年度财务报表；

(7)公司重组或解散。

第 148 条　通过股东大会决议的条件

1. 除本条第 3 款、第 4 款和第 6 款规定的情形外，代表全体参会并表决股东 65%以上总表决票数的股东同意的，通过有关以下内容的决议；具体比例由公司章程作出规定：

(1)股份类型和每类股份的股数;

(2)调整经营行业和领域;

(3)调整公司组织管理结构;

(4)出售或投资相当于公司最近财务报表中资产总值35%以上资产的项目,但公司章程规定其他比例或价值的除外;

(5)公司重组或解散;

(6)公司章程规定的其他问题。

2. 除本条第1款、第3款、第4款和第6款规定的情形外,代表全体参会并表决股东50%以上总表决票数的股东同意的,通过股东会决议;具体比例由公司章程作出规定。

3. 除公司章程作出其他规定的情形,表决选举董事会和监事会成员应以累计投票形式进行,每名股东的持股数乘以董事会或监事会被选举成员人数等于该股东持有的总表决票数,股东有权向一名或多名候选人投出全部或部分表决票。董事会或监事会的当选人以得票数降序排列,直至达到公司章程规定的成员人数。董事会或监事会最后一个名额有两名以上候选人得票数相同的,将在票数相同的候选人之间重新选举,或按选举规则或公司章程规定的标准选择。

4. 以问卷调查方式通过决议的,代表全体有表决权的股东总表决票数50%以上的股东同意的,通过股东大会决议;具体比例由公司章程作出规定。

5. 股东大会决议应自通过之日起15日内通知有权参加股东大会的股东;公司开通电子信息网站的,可通过在公司网站登载的方式替代通知。

6. 对优先股股东的权利和义务作不利调整的股东大会决议,经持有同类优先股75%以上股数的参会优先股股东同意或经问卷调查持有同类优先股75%以上股数的优先股股东同意的,通过股东大会决议。

第149条　以问卷调查方式通过股东大会决议的权限与程序

公司章程未作其他规定的,以问卷调查方式通过股东大会决议的权限与程序，按以下规定执行。

1. 董事会认为为公司利益有必要的，有权以问卷调查方式通过股东大会决议。

2. 董事会准备问卷调查表、股东大会决议草案及草案说明材料，如公司章程未规定其他更长期限的，应在交回问卷调查表前至少10日向有表决权的全体股东送达。按本法第141条第1款和第2款的规定拟定送达问卷调查表的股东名单。送达问卷调查表及附件材料的要求和方式，适用本法第143条的规定。

3. 问卷调查表应具备以下主要内容：

(1)公司名称、主要住所地、企业代码。

(2)问卷调查的目的。

(3)自然人股东的姓名、联系地址、国籍、个人合法证件号；非自然人股东的名称、企业代码或合法证照号码、主要住所地或其委托代理人个人的姓名、联系地址、国籍、个人合法证件号；股东持有的每类股份的股数和表决票数。

(4)需问卷调查通过的问题。

(5)包括同意、不同意、无意见的表决方案。

(6)已答复问卷调查表交回公司的期限。

(7)董事会主席的姓名和签名。

4. 股东按以下规定以书信、传真或电子邮件方式提交已答复问卷调查表：

(1)采用书信方式的，已答复问卷调查表应具有自然人股东、非自然人股东法定代表人或委托代理人签名。交回公司的问卷调查表应密封且检票前任何人无权提前拆封。

(2)采用传真或电子邮件方式的，交回公司的问卷调查表在检票前应保密。

(3)超过问卷调查表载明的交回期限或书信已被拆封、传真或电子邮件已泄露的，属无效问卷调查表。未提交的问卷调查表视为未参加表决。

5. 董事会在检票委员会或未担任公司管理职务的股东见证下，组织检票并制作检票记录。检票记录应具备以下主要内容：

(1)公司名称、主要住所地、企业代码；

(2)需问卷调查通过决议的目的和问题；

(3)参与表决的股东人数和总表决票数，其中区分有效表决票数、无效表决票数、送达表决票的方式，并附参与表决的股东名单；

(4)对每个问题的同意票数、不同意票和无意见票数；

(5)通过的问题和相应的表决通过比例；

(6)董事会主席、监票人和检票人的姓名和签名。

董事会成员、监票人与检票人应对检票记录的真实性、准确性承担连带责任；对因检票不真实、不准确通过的决定造成的损失承担连带责任。

6. 检票记录和决议应自检票结束之日起 15 日内送达股东。公司开通电子信息网站的，可以通过在公司网站登载的方式替代送达。

7. 已答复的问卷调查表、检票记录、通过的决议和相关附件材料，应保管于公司主要住所地。

8. 以问卷调查方式通过的决议，与股东大会通过的决议具有同等效力。

第 150 条　股东大会会议记录

1. 股东大会应制作会议记录，可以录音或其他电子形式记录并存储。会议记录应使用越南文，可另行制作外文版本，会议记录应具备以下主要内容：

(1)公司名称、主要住所地、企业代码；

(2)股东大会时间和地点；

(3)会议议程和内容；

(4)会议主持人或记录人的姓名和签名；

(5)简述会议过程和议程内每个问题的发言意见；

(6)参会股东人数、参会股东持有的表决票总数，附参会签到股东或股东代表名单及其持股数和相应表决票数；

(7)对每个表决问题的表决票总数，其中载明表决方式、有效表决票数与无效表决票数、同意票数、不同意票数与无意见票数、参会股东代表的表决票比例；

(8)会议通过的问题及相应的通过表决票比例；

(9)主持人与记录人的姓名和签名。

会议主持人或记录人拒绝在会议记录上签名的情形，其余全体参会董事会成员签名且内容符合本条规定的，会议记录有效。会议记录载明主持人或记录人拒绝签名。

2. 应在会议结束前制作完成并通过股东大会会议记录。

3. 主持人与记录人对会议记录内容的真实性、准确性承担连带责任。

4. 会议记录的越南文和外文版本具有同等效力。越南文版本与外文版本记录内容不一致的，适用越南文版本的内容。

5. 股东大会会议记录应在会议结束之日起 15 日内送达所有股东；可以通过在公司网站登载的方式替代送达检票记录。

6. 股东大会会议记录、参会签到股东名单、通过的决议和会议邀请函所附相关材料，应保管于公司主要住所地。

第 151 条 申请撤销股东大会决议

凡属下列情形之一的，自收到股东大会决议、会议记录或问卷调查检票结果记录之日起 90 日内，本法第 115 条第 2 款规定的股东或股东团体有权申请法院或仲裁机构审查、撤销股东大会决议或部分决议内容。

1. 股东大会的召集和表决程序、手续，严重违反本法和公司章程的规定，但本法第 152 条第 2 款规定的情形除外。

2. 决议内容违反法律或公司章程的规定。

第 152 条 股东大会决议的效力

1. 股东大会决议自通过或决议载明的生效之日起生效。

2. 以100%有表决权股份比例通过的股东大会决议合法有效，包括召集会议、通过决议的程序和手续违反本法或公司章程规定的情形。

3. 股东或股东团体申请法院或仲裁机构根据本法第151条的规定撤销股东大会决议的，在法院或仲裁机构作出的撤销决定生效前，该股东大会决议仍具有执行效力，但根据国家主管部门的决定采取临时紧急措施的情形除外。

第153条　董事会

1. 董事会是公司的管理机关，全权以公司名义决定并行使和履行公司的各项权利和义务，但属于股东大会权限内的权利和义务除外。

2. 董事会具有以下权利和义务：

(1)决定公司中期发展战略、发展计划和年度经营计划。

(2)对额定股份类型和每类股份的股数提出建议。

(3)决定发行每类额定股份中未发行股份的股数；决定以其他形式融资。

(4)决定公司股份与债券的发行价格。

(5)决定根据本法第133条第1款和第2款的规定回购股份。

(6)决定法律规定的职权范围内的投资方案和投资项目。

(7)决定市场发展、市场营销和技术方案。

(8)通过相当于公司最近财务报表中资产总值35%以上价值的买卖合同、借贷合同、其他合同或交易，但公司章程规定其他比例或价值的情形及本法第138条第2款第(4)项、第167条第1款和第3款规定的合同或交易除外。

(9)选举、撤职、罢免董事会主席；任免、签订或终止与公司经理或总经理、公司章程规定的其他重要管理人的合同；决定前述管理人员的薪资、酬劳、奖金和其他福利；提名委托代理人参加其他公司的股东会或股东大会，并决定其酬劳和其他权利。

(10)在公司的日常经营管理中监督、指导经理或总经理及其他管理人。

(11)决定公司的组织结构、内部管理规章制度,决定设立子公司、分支机构和代表处,以及向其他企业出资或收购股份。

(12)审阅股东大会的会议议程和材料内容,召集股东大会或以问卷调查方式通过股东大会决定。

(13)向股东大会提交年度财务报表。

(14)就给付的股息额度提出建议;决定股息给付期限和手续或处理经营过程中的亏损。

(15)就公司重组、解散或申请破产提出建议。

(16)本法和公司章程规定的其他权利和义务。

3. 董事会以会上表决、问卷调查或公司章程规定的其他形式通过决议或决定。每一名董事会成员均享有一份表决票。

4. 董事会通过的决议或决定违反法律规定、股东大会决议或公司章程,给公司造成损失的,同意通过该项决议或决定的董事会成员承担个人连带责任并赔偿公司的损失;反对的董事会成员免责。在此情形下,公司股东有权申请法院停止执行或撤销该决议或决定。

第 154 条 董事会成员的任期和人数

1. 董事会由 3 名至 11 名成员构成。公司章程具体规定董事会成员人数。

2. 董事会成员的任期不得超过 5 年,可连选连任且不受任期次数限制。同一人在同一公司担任独立董事不得连续超过两个任期。

3. 全体董事会成员的任期同时届满的,已结束任期的成员继续担任董事会成员,直至选举出新的董事会成员接任,但公司章程另有规定的除外。

4. 董事会独立董事的数量、权利和义务、组织和协同活动的方式,由公司章程作出具体规定。

第 155 条　董事会成员的组织结构、标准和条件

1. 董事会成员应具备以下标准和条件：

(1) 不属于本法第 17 条第 2 款规定的对象；

(2) 具备公司经营管理或公司业务领域的经验和专业水平，不要求必须是公司股东，但公司章程另有规定的除外；

(3) 董事会成员可以同时担任其他公司的董事会成员；

(4) 本法第 88 条第 1 款第(2)项规定的国有企业和本法第 88 条第 1 款规定的国有企业子公司的董事会成员，不得属于公司经理或总经理、其他管理人、母公司管理人及有权任命母公司管理人的人员的亲属。

2. 除证券法律另有规定的情形外，本法第 137 条第 1 款第(2)项规定的董事会独立董事应具备以下标准和条件：

(1) 不属于公司、公司的母公司或子公司在职人员；不曾于近 3 年在公司、公司的母公司或子公司任职。

(2) 不属于正领取公司薪资和酬劳的人员，但董事会成员按规定享受的津贴除外。

(3) 不属于公司大股东、公司或子公司管理人的配偶、亲生父母、养父母、亲生子女、养子女、亲兄弟姐妹。

(4) 不属于直接或间接持有公司 1%以上有表决权股份的人员。

(5) 不曾于近 5 年担任公司董事会或监事会成员，但被委任连续两个任期的情形除外。

3. 不再符合本条第 2 款规定条件的董事会独立董事，应向董事会通报，自不满足条件之日起当然不再担任董事会独立董事。董事会应自收到有关独立董事通报之日起 6 个月内，在最近举行的股东大会上通报独立董事不再符合标准和条件的情况，或召集股东大会补选或替换独立董事。

第 156 条　董事会主席

1. 董事会主席由董事会在董事会成员中选举、撤职或罢免。

2. 公众公司和本法第 88 条第 1 款第(2)项规定的股份公司的

董事会主席,不得兼任公司经理或总经理。

3. 董事会主席具有以下权利和义务:

(1)拟定董事会活动议程和计划;

(2)准备董事会会议议程、内容和材料,召集并主持董事会会议;

(3)组织通过董事会决议或决定;

(4)监督董事会决议或决定的组织实施过程;

(5)主持股东大会;

(6)本法和公司章程规定的其他权利和义务。

4. 董事会主席缺席或不能履行其职能的,应书面委托董事会其他成员根据公司章程的规定行使和履行董事会主席的权利和义务。未委托他人或董事会主席死亡、失踪、被拘留、服刑、在强制戒瘾机构或强制教育结构接受行政处罚、逃匿、变为限制民事行为能力人或无民事行为能力人、存在认知和行为自控能力困难、被法院禁止担任职务、禁止执业或禁止从事特定工作的,其余董事会成员以少数服从多数的原则选举一名董事会成员担任董事会主席,直至董事会作出新的决定。

5. 董事会认为有必要的,可任命公司秘书。公司秘书具有以下权利和义务:

(1)协助组织召集股东大会、董事会会议并制作会议记录。

(2)协助董事会成员行使和履行各项权利和义务。

(3)协助董事会适用并执行公司管理原则。

(4)协助公司发展股东关系、保护股东合法权益;遵守提供信息、公开信息的义务和行政手续。

(5)公司章程规定的其他权利和义务。

第 157 条　董事会会议

1. 董事会应自本届董事会选举结束之日起 7 个工作日内,在董事会首次会议中选举产生董事会主席。首次会议由得票数最多或得票率最高的董事会成员召集并主持。多名董事会成员的最高得票数或得票率相同的，根据少数服从多数的原则择一召集董事会会议。

2. 董事会每季度至少召开一次会议且可以举行特别会议。

3. 凡属下列情形之一的，董事会主席召集董事会会议：

(1) 监事会或独立董事提议；

(2) 经理或总经理或 5 名以上其他管理人提议；

(3) 2 名以上董事会成员提议；

(4) 公司章程规定的其他情形。

4. 本条第 3 款规定的提议应以书面形式作出，其中载明目的、董事会权限内需讨论和决定的问题。

5. 董事会主席应自收到本条第 3 款规定的提议之日起 7 个工作日内召集董事会会议。董事会主席未按提议召集会议的，应对由此给公司造成的损失负责；提议人有权替代董事会主席召集董事会会议。

6. 公司章程无其他规定的，董事会主席或董事会会议召集人应在会议召开前至少 3 个工作日送达参会通知。参会通知应具体载明会期、会议地点、议程、讨论和决定的问题。参会通知应附会议材料和表决票。

参会通知可以纸质邀请函、电话、传真、电子方式或公司章程规定的其他方式送达，且确保能够送达每名董事会成员在公司登记的联系地址。

7. 董事会主席或董事会会议召集人向公司监事送达与董事会成员相同的参会通知和附件材料。

监事有权参加董事会会议，有权讨论但无表决权。

8. 董事会 3/4 以上成员参会的，可以举行董事会会议。按本款规定召集的会议不满足参会成员人数要求的，可在首次会议预定召开之日起 7 日内召集第二次会议，但公司章程规定更短期限的除外。在此情形下，过半数董事会成员参会的，可以举行董事会会议。

9. 凡属下列情形之一的，视为董事会成员参会并表决：

(1) 直接参会并在会上表决；

(2)根据本条第11款的规定委托他人参会并表决；

(3)以视频会议、电子投票或其他电子形式参会并表决；

(4)通过书信、传真、电子邮件提交表决票；

(5)以公司章程规定的其他方式提交表决票。

10. 通过书信送达表决票的，表决票应密封且最迟于会议召开前一小时送交董事会主席。表决票应在全体参会人员的见证下拆封。

11. 董事会成员应充分参与董事会会议。多数董事会成员同意的，可以委托他人参会并表决。

12. 除公司章程规定其他更高比例的情形外，多数参会成员同意的，通过董事会决议或决定；表决票数相同的，最终决定权属于董事会主席投赞成票的一方。

第158条　董事会会议记录

1. 董事会会议应制作会议记录，可以录音或其他电子形式录制并保存。会议记录应使用越南文，可制作外文版本，会议记录应具备以下主要内容：

(1)公司名称、主要住所地、企业代码；

(2)会议时间和地点；

(3)会议目的、议程和会议内容；

(4)每一名参会成员或其委托代理人的姓名、参会方式，未参会成员的姓名和理由；

(5)会议讨论和表决的问题；

(6)每名参会成员根据会议程序发表的意见简述；

(7)表决结果，其中载明同意、不同意、无意见的成员；

(8)会议通过的问题和相应的表决通过比例；

(9)会议主持人或记录人的姓名和签名，但本条第2款规定的情形除外。

2. 会议主持人或记录人拒绝在会议记录上签名的，取得参会并同意通过会议记录的其他所有董事会成员签名且内容符合本条第1

款第(1)项、第(2)项、第(3)项、第(4)项、第(5)项、第(6)项、第(7)项、第(8)项规定的,会议记录有效。会议记录载明主持人或记录人拒绝在会议记录上签名。在会议记录上签名的人员对董事会会议记录的真实性和准确性承担连带责任。根据本法、公司章程和有关法律的规定,主持人或记录人对因拒绝在会议记录上签名给企业造成的损失承担个人责任。

3. 会议主持人或记录人与在会议记录上签名的人员应对董事会会议记录的真实性和准确性负责。

4. 董事会会议记录与会议材料应保管于公司主要住所地。

5. 会议记录的越南文版本与外文版本具有同等效力。越南文版本与外文版本的内容不一致的,适用越南文版本。

第 159 条　董事会成员的知情权

1. 董事会成员有权要求公司经理、副经理或总经理、副总经理、其他管理人提供有关公司和公司各部门财务、经营活动的信息和材料。

2. 被请求人应根据董事会成员的要求及时、准确、完整地提供相关信息和材料。请求和提供信息、材料的程序和手续,由公司章程作出规定。

第 160 条　撤职、罢免、替换和补充董事会成员

1. 凡属下列情形之一的,股东大会撤销董事会成员职务:

(1)不符合本法第 155 条规定的标准和条件;

(2)申请辞职并获准;

(3)公司章程规定的其他情形。

2. 凡属下列情形之一的,股东大会罢免董事会成员:

(1)连续 6 个月不参加董事会活动,但因不可抗力的情形除外;

(2)公司章程规定的其他情形。

3. 股东大会认为有必要的,可以决定替换董事会成员;撤职或罢免本条第 1 款和第 2 款规定之外的董事会成员。

4. 凡属下列情形之一的，董事会应召集股东大会补选董事会成员：

(1)减少的董事会成员人数超过公司章程规定人数的1/3。在此情形下，董事会应自减少的董事会成员人数超过1/3之日起60日内召集股东大会。

(2)董事会独立董事人数减少，低于本法第137条第1款第(2)项规定的比例。

(3)除本款第(1)项、第(2)项规定的情形外，股东大会在最近召开的股东大会上选举新的董事会成员替代被撤职或罢免的成员。

第161条　审计委员会

1. 审计委员会，是隶属于董事会的专职机构。审计委员会由两名以上成员组成。审计委员会主席应为董事会独立董事，其他成员应为董事会非执行董事。

2. 审计委员会以会上表决、问卷调查、公司章程或审计委员会规章制度规定的其他方式通过决定。每名成员享有一份表决票。除公司章程或审计委员会规章制度规定其他更高比例的情形外，多数参会成员同意的，通过审计委员会决定；票数相同的，最终决定权属于审计委员会主席投赞成票的一方。

3. 审计委员会具有以下权利和义务：

(1)检查公司财务报表的真实性，正式公布关于公司财务的信息；

(2)审查内部审计和风险管理系统；

(3)审查董事会或股东大会审批权限内与关联人的交易，并就需董事会或股东大会审批的交易提出建议；

(4)监督公司的审计部门；

(5)就独立审计公司、与审计公司签订的合同中的酬劳和相关条款提出建议，以便董事会通过后提交股东大会年度会议审批；

(6)监测和评估审计公司的独立性、客观性及审计效果，尤其是公司使用审计方提供的非审计服务的情形；

(7)监督并保障公司遵守法律的规定、管理机关的要求和公司的其他内部规定。

第162条 公司经理或总经理

1. 董事会任命一名董事会成员或聘用他人担任公司经理或总经理。

2. 经理或总经理管理公司日常经营工作;受董事会监督,对董事会负责,并就其行使和履行的权利和义务承担法律责任。

经理或总经理的任期不得超过5年,可以连选连任且不受任期次数限制。

3. 经理或总经理具有以下权利和义务:

(1)决定不属于董事会权限的公司日常经营工作相关问题;

(2)组织落实董事会决议或决定;

(3)组织落实公司经营计划和投资方案;

(4)对公司组织结构方案和内部管理规章制度提出建议;

(5)任命、撤职或罢免公司的管理人,但属于董事会权限的除外;

(6)决定公司员工的薪资和其他福利,包括属于经理或总经理任命权限的管理人员;

(7)招聘劳动者;

(8)对股息给付方案或弥补经营亏损方案提出建议;

(9)法律、公司章程、董事会决议或决定规定的其他权利和义务。

4. 经理或总经理应根据法律的规定、公司章程、与公司签订的劳动合同及董事会的决议或决定,管理公司日常经营工作。违反本款规定给公司造成损失的,应承担法律责任并赔偿公司的损失。

5. 公众公司、本法第88条第1款第(2)项规定的国有企业、本法第88条第1款规定的国有企业子公司的经理或总经理,应符合以下标准和条件:

(1)不属于本法第17条第2款规定的对象。

（2）不属于公司和母公司管理人或监事的亲属；不属于在公司和母公司的国有出资代理人、企业出资代理人。

（3）具有公司经营管理经验和专业水平。

第163条　董事会成员、经理或总经理的薪资、酬劳、奖金和其他福利

1.公司有权根据经营绩效给付董事会成员酬劳和奖金，给付经理或总经理及其他管理人薪资和奖金。

2.公司章程未作其他规定的，董事会成员、经理或总经理的薪资、酬劳、奖金和其他福利按以下规定执行：

（1）董事会成员领取工作酬劳和奖金。工作酬劳按董事会成员完成任务的必要工作日和每日的酬劳计算。董事会根据一致原则预估每名成员的酬劳。董事会的酬劳和奖金由股东大会在年度会议上决定。

（2）董事会成员有权报销履职产生的餐饮、住宿、交通开支和其他合理开支。

（3）经理或总经理领取薪资和奖金。经理或总经理的薪资和奖金由董事会决定。

3.董事会成员的酬劳、经理或总经理及其他管理人的薪资，根据企业所得税法的规定计入公司营业开支，在公司年度财务报表中单列名录显示并在股东大会年度会议上汇报。

第164条　公开关联利益

公司章程未作其他更严格规定的，公司的关联人和关联利益的公开，按以下规定执行。

1.公司应汇总并更新本法第4条第23款规定的公司关联人名单及其与公司的合同或交易。

2.董事会或监事会成员、经理或总经理及其他管理人应向公司报备本人的关联利益，包括：

（1）本人所有、出资或持股企业的名称、企业代码、主要住所地、经营行业;所有或出资、持股的比例和日期。

(2)本人关联人所有、共同或单独出资、持股10%以上企业的名称、企业代码、主要住所地、经营行业。

3. 应在发生关联利益之日起7个工作日内报备本条第2款规定的事项;进行补充修订的,应自作出相应补充修订之日起7个工作日内向公司通报。

4. 保管、公开、审查、摘录、复制本条第1款和第2款规定的关联人和关联利益名单,按以下规定执行:

(1)公司应在股东大会年度会议上通报关联人和关联利益名单。

(2)关联人和关联利益名单应保管于企业主要住所地;必要情形下,可由公司分支机构保管部分或全部名单内容。

(3)股东、股东的委托代理人、董事会或监事会成员、经理或总经理及其他管理人,有权审查、摘录和复制部分或全部申报内容。

(4)公司应创造条件,为本款第(3)项规定的人员以最快速、最便利的方式获取、审查、摘录、复制关联人和关联利益名单及其他相关内容;不得阻碍或干扰前述人员行使此项权利。审查、摘录、复制关联人和关联利益名单及相关利益的报备程序和手续,由公司章程作出规定。

5. 董事会成员、经理或总经理以个人或他人名义从事公司经营范围内的任何工作的,都应向董事会或监事会解释该项工作的本质和内容,董事会其余多数成员同意的,方可实施;未报备或未经董事会批准的,实施该活动获得的所有收益归属于公司。

第165条 公司管理人的职责

1. 董事会成员、经理或总经理和其他管理人具有以下职责:

(1)根据本法和相关法律的其他规定、公司章程、股东大会的决议,行使和履行各项权利和义务。

(2)忠实、审慎、最优化地行使和履行各项权利和义务,保障公司合法利益的最大化。

(3)忠于公司和股东的利益;不得滥用地位和职务,不得利用公司信息、秘密、商机和其他资产谋取私利或为其他组织和个人的利益服务。

(4)及时、完整、准确地向公司通报本法第 164 条第 2 款规定的内容。

(5)本法和公司章程规定的其他职责。

2. 董事会成员、经理或总经理和其他管理人违反本条第 1 款的规定的,就补偿损失利益、返还所获利益、赔偿对公司和第三方造成的全部损失承担个人责任或连带责任。

第 166 条 董事会成员、经理或总经理的诉权

1. 凡属下列情形之一的,持有 1%以上普通股份的股东或股东团体有权自行或以公司名义对董事会成员、经理或总经理提起个人责任或连带责任之诉,要求其返还所获利益、赔偿给公司或他人造成的损失:

(1)违反本法第 165 条规定的公司管理人职责;

(2)未遵守或不履行、不充分履行、不及时履行法律、公司章程、董事会决议或决定中关于其权利、义务的规定;

(3)滥用职务或地位,利用公司信息、秘密、商机和其他资产谋取私利或为其他组织和个人的利益服务;

(4)法律和公司章程规定的其他情形。

2. 提起诉讼的程序和手续,适用民事诉讼法律的规定。股东或股东团体以公司名义提起诉讼的支出计入公司开支,但被驳回诉讼请求的情形除外。

3. 本条规定的股东或股东团体有权根据法院或仲裁庭的决定在起诉前或诉讼过程中审查、查询、摘录必要信息。

第 167 条 批准公司与关联人的合同或交易

1. 公司与以下关联人之间的合同或交易,应取得股东大会或董事会批准:

(1)持有公司 10%以上普通股份的非自然人股东或其委托代理

人与其关联人之间的合同或交易；

(2)董事会成员、经理或总经理与其关联人之间的合同或交易；

(3)本法第164条第2款规定的必须由董事会成员、监事、经理或总经理及公司其他管理人报备的企业。

2. 董事会批准本条第1款规定的合同或交易、低于公司最近财务报表中资产总值35%价值的合同或交易、公司章程规定的更低比例或价值的合同或交易。在此情形下，代表公司订立合同的人员应向董事会成员、监事通报合同或交易的关联对象，并附合同草案或交易的主要内容。董事会自收到通报之日起15日内决定批准合同或交易，但公司章程规定其他期限的除外；与合同或交易的各方有关联利益的董事会成员无表决权。

3. 股东大会批准以下合同或交易：

(1)本条第2款规定之外的合同或交易；

(2)公司与持有51%以上有表决权股份的股东或其关联人之间高于公司最近财务报表中资产总值10%价值的借贷和资产出售合同或交易。

4. 批准本条第3款规定的合同或交易的，代表公司订立合同的人员应向董事会和监事通报合同或交易的关联对象，并附合同草案或交易的主要内容。董事会向股东大会或以问卷调查方式提交合同或交易草案或其主要内容说明。在此情形下，与合同或交易有关联利益的股东无表决权；根据本法第148条第1款和第4款的规定批准合同或交易，但公司章程另有规定的除外。

5. 订立合同或交易时不符合本条规定的，根据法院的决定宣告无效并依法处理；订立合同或交易的人员、关联股东、关联董事会成员、关联经理或总经理应就损害赔偿、向公司返还自该合同或交易所获收益承担连带责任。

6. 公司应根据相关法律的规定公开关联合同或交易。

第168条　监事会

1. 监事会由3名至5名监事组成，监事的任期不得超过5年，可连选连任且不受任期次数限制。

2. 监事会主席从监事中选举产生;以少数服从多数的原则选举、撤职或罢免。监事会主席的权利和义务由公司章程作出规定。监事会应有半数以上监事在越南有永久住所。监事会主席应具有经济、财务、会计、审计、法律、经营管理或企业运营相关专业本科以上毕业证,但公司章程规定其他更高标准的情形除外。

3. 监事任期同时届满且未选举出新的监事的,已结束任期的监事继续行使和履行权利、义务,直至选出新的监事接任。

第 169 条 监事的标准和条件

1. 监事应具备以下标准和条件:

(1)不属于本法第 17 条第 2 款规定的对象;

(2)主修经济、财务、会计、审计、法律、经营管理或企业运营相关专业;

(3)不属于董事会成员、经理或总经理及其他管理人的亲属;

(4)不属于公司管理人,不要求必须为公司股东或员工,但公司章程另有规定的除外;

(5)相关法律和公司章程规定的其他标准和条件。

2. 除本条第 1 款规定的标准和条件外,公众公司、本法第 88 条第 1 款第(2)项规定的国有企业的监事,不能是公司和母公司管理人的亲属,不能是在公司和母公司的企业出资代理人、国有出资代理人。

第 170 条 监事会的权利和义务

1. 监事会监督董事会、经理或总经理的管理运营工作。

2. 检查公司经营管理中的合理性、合法性、真实性与审慎性,检查公司会计、统计工作和财务报表的系统性、一贯性与有效性。

3. 审核经营情况报告、年度和半年财务报表及董事会管理工作评估报告的完整性、合法性与真实性,并向股东大会年度会议提交审核报告。审查董事会或股东大会审批权限内与关联人的合同或交易,并就须经董事会或股东大会审批的合同或交易提出建议。

4. 审查、检查和评估公司内部监察、内部审计、风险管理与预警系统的效力与效果。

5. 认为有必要或根据股东大会决议或应本法第 115 条第 2 款规定的股东或股东团体的请求,审查公司会计账簿、会计记录和其他材料。

6. 本法第 115 条第 2 款规定的股东或股东团体提出请求的,监事会应自收到请求之日起 7 个工作日内进行检查。自检查结束之日起 15 日内,监事会应向董事会、提出请求的股东或股东团体报告检查情况。本款规定的监事会的检查工作不得阻碍董事会的正常活动,不得中断公司的经营管理活动。

7. 就补充修订、改进公司组织管理结构以及监督、管理公司经营活动向董事会或股东大会提出建议。

8. 发现董事会成员、经理或总经理违反本法第 165 条规定的,应立即书面通知董事会,要求其终止违规行为并采取补救措施。

9. 参加股东大会、董事会会议和公司其他会议并参与讨论。

10. 通过独立咨询服务或公司内部审计部门履行分配的各项任务。

11. 监事会向股东大会提交报告、总结和建议前,可以参考董事会的意见。

12. 本法、公司章程和股东大会决议规定的其他权利和义务。

第 171 条　监事会的知情权

1. 应以送交董事会成员相同的方式和日期向监事送达以下材料和信息:

(1)董事会成员的参会通知、问卷调查表及附件材料;

(2)股东大会、董事会的决议或决定和会议记录;

(3)经理或总经理提交董事会的报告或公司发行的其他材料。

2. 监事有权获取保管于公司主要办公住所地、分支机构和其他地点的文件和材料;有权在工作时间前往公司管理人和员工的工作地点。

3. 董事会、董事会成员、经理或总经理及其他管理人应按监事或监事会的要求,及时、准确、完整地提供有关公司管理、运营、经营活动的信息和材料。

第 172 条 监事的薪资、酬劳、奖金和其他福利

公司章程未作其他规定的,监事的薪资、酬劳、奖金和其他福利按以下规定执行。

1. 监事根据股东大会的决定领取薪资、酬劳、奖金和其他福利。股东大会决定监事会的薪资、酬劳、奖金和其他福利及年度活动预算。

2. 监事可报销餐饮、住宿、交通支出和使用独立咨询服务的合理支出。此项酬劳和支出总额不得超过股东大会批准的监事会年度活动预算,但股东大会另有决定的除外。

3. 根据企业所得税法和其他法律的规定,监事会的薪资和活动支出计入公司营业开支,并在公司的年度财务报表中单列名录显示。

第 173 条 监事的职责

1. 当行使和履行权利和义务时,遵守法律的规定、公司章程和股东大会决议及职业道德。

2. 忠实、审慎、最优化地行使和履行各项权利和义务,保障公司合法利益的最大化。

3. 忠于公司和股东利益;不得滥用地位和职务,不得利用公司信息、秘密、商机和其他资产谋取私利或服务于其他组织和个人的利益。

4. 本法和公司章程规定的其他义务。

5. 违反本条第 1 款、第 2 款、第 3 款和第 4 款的规定给公司或他人造成损害的,应对损害赔偿承担个人责任或连带责任。违规所得全部收益应返还公司。

6. 发现监事行使和履行权利和义务时违反规定的，应书面通知监事会；要求其终止违规行为并采取补救措施。

第 174 条　撤职或罢免监事

1. 凡属下列情形之一的，股东大会解除监事职务：

(1) 不再符合本法第 169 条规定的监事的标准和条件；

(2) 申请辞职且获准；

(3) 公司章程规定的其他情形。

2. 凡属下列情形之一的，股东大会罢免监事：

(1) 未完成分配的任务和工作；

(2) 连续 6 个月不行使和履行权利和义务，但因不可抗力的情形除外；

(3) 严重违反或多次违反本法和公司章程规定的监事的义务；

(4) 股东大会决议规定的其他情形。

第 175 条　提交年度报告

1. 财务年度结束时，董事会应向股东大会提交以下报告：

(1) 公司经营业绩报告；

(2) 财务报表；

(3) 公司运营管理工作评估报告；

(4) 监事会的审核报告。

2. 法律要求必须审计的股份公司，公司的年度财务报表在提交股东大会审议前应先行审计。

3. 公司章程无其他规定的，本条第 1 款第 (1) 项、第 (2) 项、第 (3) 项规定的报告应在股东大会年度会议召开前至少 30 日送交监事会审核。

4. 公司章程未规定更长期限的，本条第 1 款、第 2 款和第 3 款规定的报告、监事会的审核报告和审计报告，应在股东大会年度会议召开前至少 10 日保管于公司主要住所地。连续持股 1 年以上的股东，有权自行或与律师、会计师、具有执业资格证的审计师共同直接审查本条规定的报告。

第 176 条 信息公开

1. 股份公司应根据审计法和相关法律的其他规定,向国家主管部门提交已经股东大会通过的年度财务报表。

2. 股份公司应在公司网站公开以下信息:

(1)公司章程;

(2)董事会成员、监事、经理或总经理的简历、学历和职业经历;

(3)已经股东大会通过的年度财务报表;

(4)董事会和监事会的年度活动结果评估报告。

3. 非上市股份公司应自掌握或变更以下信息后 3 个工作日内向公司主要住所地的营业登记机关通报:外国自然人股东的姓名、国籍、护照号、联系地址、持股数和持股类型;外国非自然人股东的名称、企业代码、主要住所地、持股数和股份类型及其委托代理人的姓名、国籍、护照号、联系地址。

4. 公众公司根据证券法的规定公开信息。本法第 88 条第 1 款第(2)项规定的股份公司,适用本法第 109 条第 1 款第(1)项、第(2)项、第(5)项、第(7)项和第 110 条的规定公开信息。

第六章 合 伙 公 司

第 177 条 合伙公司

1. 合伙公司,系指以下类型的企业:

(1)应有两名以上共同所有人(以下简称普通合伙人),以同一名称共同经营。除普通合伙人外,公司可以增加有限合伙人。

(2)普通合伙人应为自然人,以其全部资产对公司的义务承担责任。

(3)有限合伙人,是在其认缴出资范围内对公司的债务担责的组织或个人。

2. 合伙公司自取得企业登记证之日起具有法人资格。

3. 合伙公司不得发行任何证券。

第 178 条　出资与授予出资证明

1. 普通合伙人与有限合伙人应按时足额缴付认缴的出资。

2. 普通合伙人未按时足额缴付认缴出资,给公司造成损失的,应赔偿公司的损失。

3. 有限合伙人未按时足额缴付认缴出资的,未缴付的出资视为该合伙人对公司负担的债务;在此情形下,可根据公司董事会的决定将相关有限合伙人从公司除名。

4. 合伙人缴足认缴出资的,公司应授予出资证明。出资证明应具备以下主要内容:

(1)公司名称、企业代码、主要住所地。

(2)公司注册资本。

(3)自然人合伙人的姓名、国籍、联系地址、个人合法证件号;非自然人合伙人的名称、企业代码或合法证照号码、主要住所地;合伙人类型。

(4)合伙人的出资价值和出资资产类型。

(5)出资证明编号和授予日期。

(6)出资证明所有人的权利和义务。

(7)出资证明所有人和普通合伙人的姓名和签名。

5. 出资证明遗失或损毁的,公司应向合伙人重新授予出资证明。

第 179 条　合伙公司的资产

1. 所有权已转移到公司的普通合伙人的出资资产。

2. 以合伙名义设立的资产。

3. 普通合伙人以公司名义或以个人名义从公司经营活动取得的资产。

4. 法律规定的其他资产。

第 180 条 对普通合伙人权利的限制

1. 普通合伙人不得担任私营企业主；不得担任其他合伙公司的普通合伙人，但其余普通合伙人一致同意的情形除外。

2. 普通合伙人不得以个人或他人名义从事同业经营活动，以谋取私利或为其他组织或个人的利益服务。

3. 未经其他普通合伙人同意，普通合伙人不得将其在公司的部分或全部出资份额转让给其他组织或个人。

第 181 条 普通合伙人的权利和义务

1. 普通合伙人具有以下权利：

(1)参加公司会议，讨论问题并表决；每名合伙人均享有一份表决票或公司章程规定的其他表决票数。

(2)以公司名义经营公司业务；以其认为最有利于公司的条件谈判并订立合同、交易或协议。

(3)使用公司资产经营公司业务；为公司经营垫付钱款的，有权要求公司按市场利率返还本息。

(4)有权要求公司赔偿履职过程中非因个人过错对经营活动造成的损失。

(5)要求公司和其他普通合伙人提供有关公司经营情况的信息；认为有必要的，有权检查公司的资产、会计账簿和其他材料。

(6)以出资比例或公司章程规定的协议收取相应利润。

(7)公司章程未规定其他比例的，公司解散或破产时有权获得与其出资比例相当的公司剩余资产。

(8)普通合伙人死亡的，其继承人享有扣除该普通合伙人债务和其他财产义务后的资产。公司股东会同意的，该继承人可以成为公司普通合伙人。

(9)本法和公司章程规定的其他权利。

2. 普通合伙人具有以下义务：

(1)忠诚、审慎、最优化地开展经营管理，保障公司合法利益的最大化。

(2)根据法律的规定、公司章程、股东会决议或决定,开展公司管理和运营活动;违反本项规定给公司造成损失的,应承担损害赔偿责任。

(3)不得利用公司资产谋取私利或为其他组织或个人的利益服务。

(4)未向公司上交以公司、个人或他人名义开展公司经营活动获取的钱款或其他资产的,应返还公司并赔偿给公司造成的损失。

(5)公司资产不足以清偿公司债务的,对清偿公司剩余债务承担连带责任。

(6)公司经营亏损的,以出资份额或公司章程规定的协议承担相应亏损。

(7)每月定期如实、准确地向公司书面汇报其经营绩效;应合伙人得要求,提供有关其经营绩效的信息。

(8)本法和公司章程规定的其他义务。

第 182 条　股东会

1. 公司全体合伙人组成股东会。公司章程无其他规定的,股东会选举一名普通合伙人担任股东会主席,同时兼任公司经理或总经理。

2. 普通合伙人有权要求召集股东会讨论并决定公司的经营事项。要求召集股东会的合伙人应准备会议内容、议程和材料。

3. 股东会有权决定公司的所有经营事项。公司章程未作规定的,关于以下问题的决定应取得 3/4 以上普通合伙人的同意:

(1)公司发展方针和发展战略;

(2)补充修订公司章程;

(3)接纳新合伙人;

(4)批准普通合伙人退出公司或决定开除合伙人;

(5)决定投资项目;

(6)决定相当于公司注册资本 50%以上价值的借款和其他形式的融资,但公司章程规定其他更高比例的情形除外;

(7)决定相当于或高于公司注册资本价值的资产交易,但公司章程规定其他更高比例的情形除外；

(8)通过年度财务报表、可分配利润总额和每名合伙人的利润分成；

(9)决定解散公司或申请破产。

4. 本条第3款未规定的其他问题，经2/3以上普通合伙人同意的，予以通过；具体比例由公司章程作出规定。

5. 有限合伙人的参与表决权，适用本法和公司章程的规定。

第183条 召集股东会会议

1. 股东会主席认为有必要或应普通合伙人的请求，召集股东会会议。股东会主席未按普通合伙人的请求召集会议的，该普通合伙人召集股东会会议。

2. 参会邀请通知可以邀请函、电话、传真、电子方式或公司章程规定的其他方式送达。参会邀请通知应载明会议目的、要求、内容、议程和会议地点，及请求召集股东会会议的合伙人名称。

用于决定本法第182条第3款规定的各项问题的讨论材料，应提前送达所有合伙人；提前送达的期限由公司章程作出规定。

3. 股东会主席或请求召集会议的合伙人主持会议。股东会会议应制作会议记录，会议记录应具备以下主要内容：

(1)公司名称、企业代码、主要住所地；

(2)会议时间、地点；

(3)会议目的、议程和内容；

(4)会议主持人和参会合伙人的姓名；

(5)参会合伙人的建议；

(6)会议通过的决议或决定，同意、不同意和无意见的合伙人人数，该项决议或决定的基本内容；

(7)参会合伙人的姓名和签名。

第184条 合伙公司的运营管理

1. 普通合伙人是公司的法定代表人并组织管理公司的日常经

营活动。对普通合伙人从事公司日常经营事务的所有限制,仅在第三方知悉的情形下对其发生效力。

2. 普通合伙人在公司的经营管理活动中分工担任公司管理和监管职务。

部分或全部普通合伙人共同实施部分经营事务的,以少数服从多数的原则通过决定。

普通合伙人在公司经营活动范围外开展的活动都不能归责于公司,但经其他合伙人同意的情形除外。

3. 公司可以在银行开设一个或多个账户。股东会指定受托合伙人从公司账户存取钱款。

4. 股东会主席、经理或总经理具有以下义务:

(1)以公司普通合伙人的身份管理公司日常经营事务;

(2)召集并主持股东会会议,签署股东会决议或决定;

(3)普通合伙人之间分工并配合开展经营事务;

(4)依法完整、如实管理、保管公司会计账簿、发票、单据和其他材料;

(5)以民事纠纷申请人、原告、被告、利害关系人的身份代表公司出庭或应诉,代表公司履行法律规定的其他权利和义务;

(6)公司章程规定的其他义务。

第 185 条　终止普通合伙人资格

1. 凡属下列情形之一的,终止普通合伙人的资格:

(1)普通合伙人自愿从公司撤资;

(2)普通合伙人死亡、失踪、变为限制民事行为能力人或无民事行为能力人、存在认知和行为自控困难;

(3)普通合伙人被公司除名;

(4)普通合伙人依法服刑、被法院禁止执业或禁止从事特定工作;

(5)公司章程规定的其他情形。

2. 股东会同意的,普通合伙人有权从公司撤资。在此情形下,撤资合伙人应在撤资前至少6日提交书面撤资申请;财务年度截止且通过年度财务报表的,才能撤回出资。

3. 凡属下列情形之一的,除名普通合伙人:

(1)普通合伙人不具备出资能力或经公司两次催告后仍未缴付认缴出资;

(2)普通合伙人违反本法第180条的规定;

(3)普通合伙人未忠实、审慎地开展经营事务或具有其他不当行为,严重损害公司和其他合伙人的利益;

(4)未正确履行普通合伙人的义务。

4. 终止限制民事行为能力或无民事行为能力、存在认知和行为自控困难的普通合伙人的资格,应公平妥当地返还其出资份额。

5. 自根据本条第1款第(1)项、第(3)项、第(4)项、第(5)项的规定终止普通合伙人资格之日起两年内,该合伙人仍需以其全部资产对终止资格前产生的公司债务承担连带责任。

6. 普通合伙人的名称被用作公司的部分或整个名称的,终止其资格后,该合伙人或其继承人、法定代表人有权要求公司终止使用该名称。

第186条　接纳新合伙人

1. 公司可以接纳新普通合伙人或有限合伙人;接纳新合伙人应取得股东会的同意。

2. 普通合伙人或有限合伙人应在取得同意之日起15日内足额缴付认缴出资,但股东会规定其他期限的情形除外。

3. 新普通合伙人应以其全部资产对公司的债务和其他财产义务承担连带责任,但新普通合伙人与其他合伙人另有约定的除外。

第187条　有限合伙人的权利和义务

1. 有限合伙人享有以下权利:

(1)参加股东会会议,讨论并表决有关补充修订公司章程、补充修订有限合伙人的权利和义务、公司重组或解散、公司章程规定的与其权利和义务直接相关的其他内容。

(2)以其在公司注册资本中的出资比例收取相应的年度利润分成。

(3)获取公司年度财务报表;有权要求股东会主席、普通合伙人如实完整提供有关公司经营绩效的信息;审查公司会计账簿、会议记录、合同、交易、文件和其他材料。

(4)向他人转让其在公司的出资份额。

(5)以个人或他人名义开展公司业务。

(6)以继承、赠与、质押、抵押和法律、公司章程规定的其他形式处分其出资份额;有限合伙人死亡的,其继承人接替成为公司有限合伙人。

(7)公司解散或破产时,分配与其出资比例相当的公司剩余资产。

(8)本法和公司章程规定的其他权利。

2. 有限合伙人具有以下义务:

(1)在认缴出资范围内对公司债务和其他财产义务承担责任;

(2)不得参与公司管理,不得以公司名义开展公司业务;

(3)遵守公司章程、股东会的决议或决定;

(4)本法和公司章程规定的其他义务。

第七章　私 营 企 业

第 188 条　私营企业

1. 私营企业,系指由一人所有且以其全部资产对企业的所有活动负责的企业。

2. 私营企业不得发行任何类型的证券。

3. 每名自然人仅有权设立一个私营企业。私营企业主不得同时担任合伙公司的普通合伙人或个体工商户户主。

4. 私营企业无权出资设立或收购合伙公司、有限责任公司、股份公司的股份或出资份额。

第 189 条 私营企业主的资本

1. 私营企业主的资本由私营企业主自行登记。私营企业主有义务准确登记资本,其中载明以越南盾、可兑换外币、黄金和其他资产的金额;以其他资产出资的,还应载明资产类型、每一类资产的数量和现存价值。

2. 投入企业经营活动的全部资金和资产,包括贷款和租赁资产,应依法完整记入企业会计账簿和财务报表。

3. 在经营过程中,私营企业主有权增加或减少投入企业经营活动的资本。增加或减少资本,应完整记入企业会计账簿。减少投资后低于所登记资本的,私营企业主向营业登记机关办理登记手续后才能减少资本。

第 190 条 管理私营企业

1. 私营企业主依法全权决定企业经营活动、税后利润使用和履行其他财产义务。

2. 私营企业主可直接或聘用他人担任经理或总经理管理企业的经营活动;在此情形下,私营企业主仍须对企业的所有经营活动承担责任。

3. 私营企业主是企业的法定代表人,以民事纠纷申请人、原告、被告、利害关系人的身份代表私营企业出庭或应诉,代表私营企业行使和履行法律规定的其他权利和义务。

第 191 条 私营企业租赁

私营企业主有权出租整个私营企业,但应自租赁合同生效之日起 3 个工作日内书面通知营业登记机关、税务机关,并附经公证的租赁合同复印件。在租期内,私营企业主仍须以企业所有人的身份承担法律责任。企业所有人、承租人对企业经营活动的权利、义务和职责,由租赁合同约定。

第 192 条　出售私营企业

1. 私营企业主有权将其私营企业出售给其他组织或个人。

2. 出售私营企业后，私营企业主仍须对企业转让前产生的债务和其他财产义务承担责任，但私营企业主、买受人和私营企业债权人另有约定的除外。

3. 私营企业主、买受人应遵守劳动法律的规定。

4. 私营企业买受人应依法办理私营企业主变更登记。

第 193 条　特殊情形下行使私营企业主的权利

1. 私营企业主被拘留、服刑、在强制戒瘾机构或强制教育机构接受行政处罚的，应委托他人行使和履行其权利和义务。

2. 私营企业主死亡的，其继承人、其中一名遗嘱继承人或法定继承人，根据继承人之间的协议成为私营企业主。继承人未达成协议的，变更登记为公司或解散。

3. 私营企业主死亡，无继承人、继承人拒绝接受继承或被剥夺继承权的，私营企业主的资产按照民事法律的规定处置。

4. 私营企业主变为限制民事行为能力人或无民事行为能力人、存在认知和行为自控困难的，私营企业主的权利和义务通过其代理人实施。

5. 私营企业主被法院禁止执业或禁止从事企业业务范围内的特定工作的，应根据法院的决定暂停或终止相关业务，或将私营企业转让给其他组织或个人。

第八章　集 团 公 司

第 194 条　经济集团或总公司

1. 经济集团或总公司，系指通过持股、出资或其他联合方式相互关联的公司团体。经济集团或总公司不是企业，不具有法人资格，无须按本法的规定登记设立。

2. 经济集团或总公司，包括母公司、子公司和其他成员公司。

经济集团或总公司下属的母公司、子公司和每个成员公司都依法享有独立企业的权利和义务。

第 195 条　母公司与子公司

1. 凡属下列情形之一的，视为其他公司的母公司：

(1)持有该公司 50%以上注册资本或普通股股份；

(2)有权直接或间接任命该公司多数或全部董事会成员、经理或总经理；

(3)有权决定补充修订该公司的公司章程。

2. 子公司不得投资收购母公司股份或向母公司出资。同一母公司的子公司不得相互出资或相互收购股份以交叉持股。

3. 同一母公司的子公司持有 65%以上国有资产的，不得按本法的规定共同出资、收购其他企业的股份或设立新的企业。

4. 政府具体规定本条第 2 款和第 3 款。

第 196 条　母公司对子公司的权利、义务和职责

1. 根据子公司的类型，母公司按照本法和相关法律的规定以子公司成员、所有人或股东身份行使和履行对子公司的权利和义务。

2. 母公司与子公司之间的合同或交易和其他关系，都应根据独立法律主体适用的条件独立、平等地设立并履行。

3. 母公司超越对子公司所有人、成员或股东的权限，干涉并强迫子公司开展违背正常经营惯例的经营活动或开展非营利活动，且未在有关财务年度进行赔偿，给子公司造成损失的，母公司应承担损害赔偿责任。

4. 对干涉、强迫子公司开展本条第 3 款规定的经营活动负责的母公司管理人，应对造成的损失与母公司共同承担连带赔偿责任。

5. 母公司未按本条第 3 款的规定赔偿子公司的，子公司的债权人或持有 1%以上公司注册资本的成员或股东，有权以本人或子公司名义要求母公司赔偿损失。

6. 子公司实施本条第 3 款规定的经营活动使同一母公司的其他

子公司受益的，获利子公司与母公司应向受损子公司共同承担返还获利的连带责任。

第197条　母公司与子公司的财务报表

1. 财务年度结束时，子公司除提交法定报告和材料外，还应拟定以下报告：

(1)审计法律规定的母公司合并财务报表；

(2)母公司与子公司的年度经营业绩综合报告；

(3)母公司与子公司的管理运营工作综合报告。

2. 母公司法定代表人提出要求的，子公司法定代表人应按规定提交报告、材料和必要信息，以便拟定母公司与子公司的合并财务报表和综合报告。

3. 母公司负责拟定报告的人员认为子公司拟定并提交的报告不存在错漏、错误或虚假信息的，可使用本条第2款规定的报告拟定母公司和子公司的合并财务报表和综合报告。

4. 负责拟定本条第1款规定的报告的人员未完整收到子公司的财务报表的，不得拟定并提交各类报告。母公司管理人已采取职权范围内的必要措施仍未收到子公司提交的报告、材料和必要信息的，母公司管理人应拟定并提交母公司与子公司的合并财务报表和综合报告。报告可以包含或不包含该子公司的信息，但应作必要说明以免发生误解。

5. 母公司和子公司的年度财务决算报告和材料、合并财务报表和综合报告，应保管于母公司的主要住所地。本款规定的报告和材料的复印件应保管于母公司在越南的分支机构。

6. 除法定报告和材料外，子公司还应拟定与母公司进行的采购、销售和其他交易相关的综合报告。

第九章　企业重组、解散与破产

第198条　公司分立

1. 有限责任公司或股份公司分割现有资产、权利和义务、成员和股东(以下称为被分立公司),成立两个或多个新公司。

2. 有限责任公司或股份公司分立的手续,按以下规定执行:

(1)被分立公司的股东会、公司所有人或股东大会,根据本法和公司章程的规定通过分立公司的决议或决定。分立公司的决议或决定应具有以下主要内容:被分立公司的名称、主要住所地、新公司的名称;分割公司资产的原则、方式与手续;用工方案;将被分立公司的出资份额、股份和债券转让给新公司的分割方式、期限和变更手续;履行被分立公司义务的原则;实施分立的期限。分立公司的决议或决定应自通过或作出之日起 15 日内送达所有债权人并通报公司劳动者。

(2)新公司成员、所有人或股东通过公司章程,选举或任命股东会主席、公司主席、董事会、经理或总经理,并根据本法的规定办理企业登记。在此情形下,新公司的企业登记文件应附本款第(1)项规定的分立公司的决议或决定。

3. 新公司的成员或股东数量、持股数、持股比例和公司章程,将以根据被分立公司的决议或决定向新公司分割或变更出资份额或股份的方式进行相应记载。

4. 新公司取得企业登记证后,被分立公司终止活动。新公司对被分立公司的义务、未清偿债务、劳动合同和其他财产义务承担连带责任,或与债权人、客户和员工协商由其中一个公司履行前述义务。新公司根据被分立公司的决议或决定,当然继承分割的所有权利义务和合法利益。

5. 营业登记机关向新公司授予企业登记证时,应在企业登记国家数据库中更新被分立公司的法律地位。新公司的主要住所地位于被分立公司主要住所地所在省或直辖市外的,新公司所在地的营业登记机关应向被分立公司主要住所地的营业登记机关通报新公司的登记事项,以便其在企业登记国家数据库中更新被分立公司的法律地位。

第 199 条　公司分拆

1. 有限责任公司或股份公司(以下称被分拆公司)转让部分现有资产、权利和义务、成员或股东,新成立一个或多个有限责任公司或股份公司(以下称分拆公司),被分拆公司不终止活动。

2. 被分拆公司应根据减少的出资份额、股份、成员和股东数量(如有),办理注册资本变更登记;同时办理分拆公司企业登记。

3. 有限责任公司或股份公司分拆的手续,按以下规定执行:

(1)被分拆公司的股东会、公司所有人或股东大会,根据本法和公司章程的规定通过分拆公司的决议或决定。分拆公司的决议或决定应具有以下主要内容:被分拆公司的名称、主要住所地;分拆公司的名称;用工方案;分拆方式;转让给新公司的资产价值、权利和义务;实施分拆的期限。分拆公司的决议或决定应自通过之日或作出之日起 15 日内送达所有债权人并通报公司劳动者。

(2)被分拆公司成员、所有人或股东通过公司章程,选举或任命股东会主席、公司主席、董事会、经理或总经理,并根据本法的规定办理登记。

4. 分拆公司办理企业登记后,被分拆公司与分拆公司对被分拆公司的义务、未清偿债务、劳动合同和其他财产义务承担连带责任,但被分拆公司、分拆公司、被分拆公司的债权人、客户和员工另有约定的除外。根据分拆公司的决议或决定,分拆公司当然继承分拆的所有权利、义务和合法利益。

第 200 条　公司合并

1. 两个或多个公司(以下称被合并公司)合并为一个新公司(以下称合并公司),同时被合并公司终止活动。

2. 公司合并的手续,按以下规定执行:

(1)被合并公司准备合并合同、合并公司章程草案。合并合同应具有以下主要内容:被合并公司的名称和主要住所地;合并公司的名称和主要住所地;合并手续与条件;用工方案;向合并公司转让资产、出资份额、股份、债券的手续和条件;实施合并的期限。

(2)被合并公司成员、所有人或股东通过合并合同、合并公司章程,选举或任命合并公司股东会主席、公司主席、董事会、经理或总经理,并根据本法的规定办理合并公司登记。合并合同应自通过之日起15日内送达所有债权人并通报公司员工。

3. 合并公司应遵守《竞争法》关于合并公司的规定。

4. 合并公司办理登记后,被合并公司终止活动;合并公司享有被合并公司的合法权益,对被合并公司的义务、未清偿债务、劳动合同和其他财务义务负责。合并公司根据公司合并合同,当然继承被合并公司的所有权利、义务和合法利益。

5. 营业登记机关向合并公司授予企业登记证时,应在企业登记国家数据库中更新被合并公司的法律地位。被合并公司的主要住所地位于合并公司主要住所地所在省或直辖市外的,合并公司所在地的营业登记机关应向被合并公司主要住所地的营业登记机关通报,以便其在企业登记国家数据库中更新被合并公司的法律地位。

第201条　公司归并

1. 一个或多个公司(以下称被归并公司)以转让全部资产、权利和义务、合法利益的方式并入其他公司(以下称归并公司),同时被归并公司终止活动。

2. 公司归并的手续,按以下规定执行:

(1)相关公司准备归并合同、归并公司章程草案。归并合同应具有以下主要内容:被归并公司名称和主要住所地;归并公司名称和主要住所地;归并手续与条件;用工方案;向归并公司转让资产、出资份额、股份、债券的方式、期限、手续和条件;实施归并的期限。

(2)相关公司成员、所有人或股东通过归并合同、归并公司章程,并根据本法的规定办理归并公司登记。归并合同应自通过之日起15日内送达所有债权人并通报公司员工。

(3)归并公司办理企业登记后,被归并公司终止活动;归并公司享有被归并公司的合法权益,对被归并公司的义务、未清偿债务、劳动合同和其他财产义务负责。

3. 公司实施归并应遵守《竞争法》关于归并公司的规定。

4. 营业登记机关在企业登记国家数据库中更新被归并公司的法律地位，并办理归并公司企业登记内容变更登记。被归并公司的主要住所地位于归并公司主要住所地所在省或直辖市外的，归并公司所在地的营业登记机关应向被归并公司主要住所地的营业登记机关通报，以便其在企业登记国家数据库中更新被归并公司的法律地位。

第 202 条　有限责任公司转换为股份公司

1. 国有企业根据相关法律的规定转换为股份公司。

2. 有限责任公司以下列方式转换为股份公司：

(1) 不向共同出资的其他组织或个人增加融资或出售出资份额；

(2) 向共同出资的其他组织或个人增加融资；

(3) 向一个或多个其他组织或个人出售部分或全部出资份额；

(4) 结合本款第(1)项、第(2)项、第(3)项规定的方式和其他方式。

3. 公司应自完成转换之日起 10 日内向营业登记机关办理变更登记。营业登记机关自收到变更申请之日起 3 个工作日内向公司重新授予企业登记证，并在企业登记国家数据库中更新公司的法律地位。

4. 转换后的公司当然继承原公司的所有合法权益，并对原公司的债务，包括欠缴税款、劳动合同和其他义务负责。

第 203 条　股份公司转换为一人有限责任公司

1. 股份公司以下列方式转换为一人有限责任公司：

(1) 一名股东受让其余所有股东持有的全部股份；

(2) 某个非股东组织或个人受让公司所有股东持有的全部股份；

(3) 公司仅余一名股东。

2. 本条第 1 款规定的出资转让或受让，应以市场价格、资产定价法、现金流贴现定价法或其他定价方式确定的价格进行。

3. 公司应自仅余一名股东或本条第 1 款第(1)项、第(2)项规定的股份转让完成之日起 15 日内，向企业登记地的营业登记机关提交变更申请。营业登记机关应自收到变更申请之日起 3 个工作日内授予企业登记证，并在企业登记国家数据库中更新公司的法律地位。

4. 转换后的公司当然继承原公司的所有合法权益，并对原公司的债务，包括欠缴税款、劳动合同和其他义务负责。

第 204 条　股份公司转换为多人有限责任公司

1. 股份公司以下列方式转换为多人有限责任公司：

(1)不向其他组织或个人增加融资或转让股份；

(2)同时向其他组织或个人增加融资；

(3)同时向其他出资组织或个人转让全部或部分股份；

(4)公司仅余两名股东；

(5)结合本款第(1)项、第(2)项、第(3)项规定的方式和其他方式。

2. 公司应自完成转让之日起 10 日内向营业登记机关办理变更登记。营业登记机关应自收到变更申请之日起 3 个工作日内授予企业登记证，并在企业登记国家数据库中更新公司的法律地位。

3. 转换后的公司当然继承原公司的所有合法权益，并对原公司的债务，包括欠缴税款、劳动合同和其他义务负责。

第 205 条　私营企业转换为有限责任公司、股份公司或合伙公司

1. 满足以下条件的私营企业，可以根据私营企业主的决定转换为有限责任公司、股份公司或合伙公司：

(1)转换的私营企业应符合本法第 27 条第 1 款规定的条件；

(2)私营企业主书面承诺以其全部资产对私营企业未清偿的债务承担个人责任，并承诺债务到期时足额清偿；

(3)私营企业主与未履行完的合同各方就转换后的公司承认并

继续履行合同达成书面协议;

(4)私营企业主书面承诺或与其他有限合伙人就接收和雇用私营企业现有员工达成书面协议。

2. 营业登记机关应自收到申请之日起3个工作日内,审查并向符合本条第1款规定条件的企业授予企业登记证,在企业登记国家数据库中更新公司的法律地位。

3. 转换后的公司自取得企业登记证之日起,当然继承私营企业的权利和义务。私营企业主以其全部资产对转换后的公司取得企业登记证前产生的所有债务承担个人责任。

第206条 暂停或停止、终止营业

1. 企业应在暂停营业或恢复营业前至少3个工作日向营业登记机关书面通报。

2. 凡属下列情形的,营业登记机关和国家主管部门责令企业暂停或停止、终止营业:

(1)发现企业不符合法定条件的,暂停或终止经营附条件的经营行业或对外国投资商附条件的市场准入行业;

(2)根据有关税务管理、环境和其他相关法律的规定,应有关机关的要求暂停营业;

(3)根据法院的决定,停业或终止经营一个或多个经营行业或业务领域。

3. 暂停营业期间,企业应足额缴纳税款以及欠缴的社会保险、医疗保险和失业保险;继续清偿债务,履行与客户和劳动者签订的合同,但企业、债权人、客户和劳动者另有约定的除外。

4. 本条第2款规定的情形中营业登记机关和国家主管部门的合作程序和手续,由政府作出具体规定。

第207条 企业解散的情形与条件

1. 凡属下列情形之一的,企业解散:

(1)公司章程规定的经营期限届满且未作出延期决定;

(2)根据私营企业主、合伙公司董事会、有限责任公司董事会或公司所有人、股份公司股东大会的决议或决定;

(3)连续6个月公司剩余成员人数低于本法规定的最低人数,且未办理企业类型变更手续;

(4)被吊销企业登记证,但《税务管理法》另有规定的除外。

2. 企业在确保能够足额清偿债务和其他财产义务且不涉法院或仲裁纠纷的,才能获准解散。相关管理人和本条第1款第(4)项规定的企业对企业的债务承担连带责任。

第208条 企业解散的程序与手续

本法第207条第1款第(1)项、第(2)项、第(3)项规定的情形下解散企业,按以下规定执行。

1. 通过解散企业的决议或决定。解散企业的决议或决定应具备以下主要内容:

(1)企业名称、主要住所地;

(2)解散事由;

(3)履行合同和清偿债务的期限与手续;

(4)履行劳动合同义务的方案;

(5)私营企业主、公司所有人、股东会主席、董事会主席的姓名和签名。

2. 私营企业主、公司股东会或所有人、董事会直接组织清算企业资产,但公司章程规定成立独立清算组织的除外。

3. 解散企业的决议或决定与会议记录应自通过之日起7个工作日内报送营业登记机关、税务机关和企业劳动者。解散企业的决议或决定应在企业登记国家信息网登载,在企业主要住所地、分支机构或代表处公示。

企业尚有未清偿债务的,应将解散企业的决议或决定、债务解决方案报送债权人和利害关系人。债务解决方案应载明债权人的名称和地址,债务数额,清偿债务的期限、地点和支付方式,解决债权人申诉的方式与期限。

4. 营业登记机关收到解散企业的决议或决定后，应在企业登记国家信息网公示正在办理解散手续的企业信息。同时登载解散企业的决议或决定、债务解决方案（如有）。

5. 企业以下列顺序清偿债务：

（1）欠付薪资、离职补助、社会保险、医疗保险、失业保险、集体劳动合同和劳动合同规定的劳动者的其他权益；

（2）欠缴税款；

（3）其他债务。

6. 清偿债务和解散费用后，企业剩余资产根据出资份额或股份的持有比例分配给私营企业主、公司成员、公司股东或公司所有人。

7. 企业法定代表人应自企业清偿全部债务之日起5个工作日内向营业登记机关提交解散企业申请。

8. 营业登记机关自收到本条第3款规定的解散决议或决定之日起180日内，未收到企业关于解散的意见或有关各方的书面反对意见，或自收到解散申请之日起5个工作日内，应在企业登记国家数据库中更新企业的法律地位。

9. 解散企业的程序和手续，由政府作出具体规定。

第209条　吊销企业登记证或根据法院的决定解散企业

吊销企业登记证或根据法院的决定解散企业，按以下程序和手续执行。

1. 营业登记机关作出吊销企业登记证的决定时或收到法院作出的生效解散决定后，应在企业登记国家信息网公示正在办理解散手续的企业信息。并附吊销企业登记证的决定或法院作出的生效解散决定。

2. 企业自收到吊销企业登记证的决定或法院作出的生效决定之日起10日内，应召集会议决定解散企业。解散企业的决议或决定与吊销企业登记证的决定或法院作出的生效决定的复印件应报送营业登记机关、税务机关、企业劳动者，并在企业主要办公住所、分支机构和代表处公示。依法要求登报的，应在至少1份纸质报纸或连续3期电子报上登载解散企业的决议或决定。

企业尚有未清偿债务的,应同时将解散企业的决议或决定与债务解决方案通报债权人和利害关系人。通报应载明债权人的名称和地址;债务数额、偿还期限、地点和方式;解决债权人申诉的方式与期限。

3. 偿还企业债务,适用本法第208条第5款的规定。

4. 企业法定代表人自清偿企业债务之日起5个工作日内向营业登记机关提交解散企业申请。

5. 营业登记机关自根据本条第1款的规定公示正在办理解散企业手续的信息之日起180日内,未收到有关各方的书面反对意见或自收到解散申请之日起5个工作日内,应在企业登记国家数据库中更新企业的法律地位。

6. 有关公司管理人对未执行或未正确执行本条规定造成的损失承担个人责任。

第210条　解散企业申请

1. 解散企业申请包括以下文件:

(1)解散企业的通报。

(2)企业资产清算报告;债权人名单和已偿还债务,包括决定解散企业后欠缴的税款,欠缴的企业劳动者社会保险、医疗保险和失业保险(如有)。

2. 股份公司董事会成员、有限责任公司股东会成员、公司所有人、私营企业主、经理或总经理、普通合伙人、企业法定代表人,对解散企业申请的真实性和准确性负责。

3. 企业解散申请不准确或不真实的,本条第2款规定的人员应对未处理的劳动者的权益、欠缴税款和其他未偿还债务承担连带责任,并对向营业登记机关提交企业解散申请之日起5年内产生的后果承担个人法律责任。

第211条　作出解散决定后禁止的行为

1. 作出解散企业决定后，禁止企业或企业管理人实施下列行为：

(1)藏匿资产；

(2)放弃或减少债权请求权；

(3)将无担保债务转化为以企业资产担保的债务；

(4)签订新的合同，但为实施解散企业签订的合同除外；

(5)抵押、质押、赠与或出租资产；

(6)终止履行已生效的合同；

(7)以任何形式融资。

2. 对违反本条第1款规定的人员，视其性质和情节轻重，将受行政处罚或被追究刑事责任，并对造成的损害进行赔偿。

第212条　吊销企业登记证

1. 凡属下列情形之一的，吊销企业登记证：

(1)企业登记文件中的申报内容不实；

(2)本法第17条第2款规定的禁止设立企业的人员设立的企业；

(3)企业停止营业一年，未通报营业登记机关和税务机关；

(4)企业自通报截止之日或书面要求之日起6个月内，未按本法第216条第1款第(3)项的规定向营业登记机关提交报告；

(5)法院的决定或主管部门依法建议的其他情形。

2. 吊销企业登记证的程序和手续，由政府作出规定。

第213条　关闭分支机构、代表处或营业场所

1. 根据企业的决定或国家主管部门作出的吊销分支机构、代表处或营业场所登记证的决定，关闭企业的分支机构、代表处或营业场所。

2. 企业的法定代表人和被关闭的分支机构、代表处负责人对关闭分支机构、代表处或营业场所申请的真实性和准确性承担连带责任。

3. 关闭分支机构的企业，负责履行分支机构的合同、清偿包括

欠缴税款在内的债务，继续使用分支机构的劳动者或依法充分解决分支机构劳动者的合法权益。

4. 政府规定本条细则。

第 214 条　企业破产

企业破产适用破产法律的规定。

第十章　施 行 条 款

第 215 条　国家管理机关的责任

1. 政府对企业实施统一国家管理。

2. 各部、部级单位就企业国家管理中的分管任务对政府负责。

3. 省级人民委员会在辖区内对企业实施国家管理。

4. 各部、部级单位和有关单位、省级人民委员会在各自职权范围内，负责与企业登记国家数据库建立联系、沟通并分享以下信息：

(1) 已授予企业的营业许可证、符合经营条件的资格证明、执业证书、经营条件证明或批文和企业行政违法行为处罚决定的信息；

(2) 企业税务报告中的营业信息、纳税信息、财务报表；

(3) 合作共享企业运营信息，提高国家管理效率。

5. 政府规定本条细则。

第 216 条　营业登记机关

1. 营业登记机关具有以下职权：

(1) 依法处理企业登记事项并授予企业登记证。

(2) 配合建设和管理企业登记国家信息系统；应国家机关、组织或个人的要求，依法公开并提供信息。

(3) 认为有必要的，要求企业通报遵守本法规定的情况；督促企业履行通报义务。

(4) 直接或建议国家主管部门根据企业登记文件内容对企业进行检查和监督。

(5)对企业登记文件的有效性负责,无须对企业设立前后的违规行为承担责任。

(6)依法处理违反企业登记相关法律的行为;吊销企业登记证并要求企业按本法的规定办理解散手续。

(7)本法和其他相关法律规定的其他职权。

2. 营业登记机关的组织体系由政府作出规定。

第217条 施行条款

1. 本法自2021年1月1日起生效施行。

2. 律字第68/2014/QH13号《企业法》自本法生效之日起废止。

3. 律字第83/2015/QH13号《国家预算法》第35条第1款第(13)项和第37条第1款第(11)项;经律字第35/2018/QH14号补充修订的律字第08/2017/QH14号《水利法》第23条第3款第(1)项;经律字第45/2019/QH14号补充修订的律字第92/2015/QH13号《民事诉讼法》第74条第2款第(2)项;经律字第50/2019/QH14号补充修订的律字第14/2017/QH14号《武器、爆炸物及其辅助方式管理使用法》第43条第2款第(1)项;律字第25/2018/QH14号《举报法》第19款;律字第36/2018/QH14号《反贪污腐败法》第3条、第20条、第30条、第34条、第39条和第61条规定中的"国有企业"词组替换为"国家持有100%注册资本的企业"。

4. 政府对个体工商户的登记和运营作出规定。

5. 根据本法的规定,政府对直接服务于国防、安全的企业或经济与国防安全相结合的国有企业和本法第88条第2款规定的国有企业持有100%注册资本的有限责任公司的组织管理和运营作出具体规定。

第218条 过渡规定

1. 2015年7月1日前国家未持股或出资的公司融资或收购股份的,无须适用本法第195条第2款的规定,但不得增加交叉持股比例。

2. 不符合本法第 14 条第 5 款第(2)项、第 64 条第 3 款、第 93 条第 3 款、第 101 条第 3 款、第 103 条第 3 款第(1)项、第(2)项、第(3)项、第 155 条第 1 款第(4)项、第 162 条第 5 款第(2)项和第 169 条第 2 款规定的标准和条件的企业管理人、监事和委托代理人,在任期结束前继续履行职责。

本法于 2020 年 6 月 17 日在越南社会主义共和国第十四届国会第九次会议审议通过。

国会主席

阮氏金银

《企业法》经律字第 03/2022/QH15 号《〈公共投资法〉〈公私合作模式投资法〉〈投资法〉〈住房法〉〈竞标法〉〈电力法〉〈企业法〉〈特别消费税法〉若干条款补充修订法》补充修订,该法自 2022 年 3 月 1 日起生效施行。由 2022 年 1 月 11 日越南社会主义共和国第十五届国会第一次特别会议通过。

投资法

律字第 61/2020/QH14

国会根据《越南社会主义共和国宪法》颁行《投资法》。

第一章　总　　则

第 1 条　适用范围

本法就在越投资经营活动和越南对外投资活动作出规定。

第 2 条　适用对象

本法适用于与投资活动有关的投资商、机关、组织和个人。

第 3 条　词语解释

本法中的词语释义如下。

1. 批准投资主张，系指国家主管部门批准项目目标、地点、规模、进度和期限，批准投资商或批准择选投资商的方式、特殊机制或政策（如有），以实施投资项目。

2. 投资登记机关，系指有权签发、变更和吊销投资许可证的国家机关。

3. 国家投资数据库，系指接入有关部门数据库系统的全国的投资项目数据集。

4. 投资项目，系指为在具体地域和确定时段内开展投资经营活动的中长期投资建议组合。

5. 拓展投资项目，系指通过扩大规模、提高生产率、革新技术、降低污染或改善环境的方式对实施中的投资项目进行再投资发展的项目。

6. 新投资项目，系指首次实施的投资项目或独立于实施中的投资项目的投资项目。

7. 创业创新投资项目，系指在开发知识产权、新技术、新经营模式的基础上实现构想且具有快速增长可能的投资项目。

8. 投资经营，系指投资商投入资金以实施经营活动。

9. 投资经营条件，系指组织和个人在附条件的投资经营行业中开展投资经营活动时必须满足的条件。

10. 外国投资商市场准入条件，系指外国投资商对本法第 9 条第 2 款规定的限制外国投资商市场准入行业目录内的行业投资时必须满足的条件。

11. 投资登记证，系指记载投资商的投资项目登记信息的纸质或电子凭证。

12. 国家投资信息系统，系指专门用于监测、评估、分析全国投资形势，服务国家管理工作和协助投资商开展投资经营活动的信息系统。

13. 对外投资活动，系指投资商将投资资本从越南转移到国外，使用投资所得在国外开展投资经营活动。

14. 合作经营合同（以下称为 BCC 合同），系指投资商之间依法签订的以合作经营、利润分成、产品分成为目的不设立经济组织的合同。

15. 加工出口区，系指专门生产出口产品，提供出口产品生产和出口活动服务的工业区。

16. 工业区，系指专门生产工业产品、为工业生产提供服务的地理界限明确的区域。

17. 经济区，系指地理界限明确、由多个功能区构成的为吸引投资、发展社会经济和保卫国防安全而设立的区域。

18. 投资商,系指开展投资经营活动的组织和个人,包括国内投资商、外国投资商和合资经济组织。

19. 外国投资商,系指拥有外国国籍的自然人或依国外法律成立的在越南开展投资经营活动的组织。

20. 国内投资商,系指拥有越南国籍的自然人,或无外商成员或股东的经济组织。

21. 经济组织,系指根据越南的法律规定设立并开展活动的组织,包括企业、合作社、合作社联合会及开展投资经营活动的其他组织。

22. 合资经济组织,系指含有外商成员或股东的经济组织。

23. 投资资本,系指越南民事法律和越南加入的国际条约规定的用于投资经营活动的资金和其他财产。

第 4 条 《投资法》与有关法律的适用

1. 在越南境内开展的投资活动,适用《投资法》和相关法律的规定。

2.《投资法》与《投资法》生效施行前颁行的关于禁止投资的经营行业、附条件的投资经营行业的其他法律规定不一致的,适用《投资法》的规定。

其他法律中关于禁止投资的经营行业、附条件的投资经营行业的行业名称的规定,须与《投资法》第 6 条和附录保持一致。

3.《投资法》与《投资法》生效施行前颁行的关于投资经营的程序和手续、投资保障的其他法律规定不一致的,适用《投资法》的规定,但下列情形除外:

(1)企业国有投资资本的投资、管理和使用,适用《投入企业生产经营的国有资本管理使用法》的规定。

(2)公共投资的权限、程序、手续及公共投资资本的管理和使用,适用《公共投资法》的规定。

(3)投资权限、程序、手续和项目实施;调整项目合同的法律;直接用于公私合作模式投资项目的国有资产投资保障与管理机制,适用《公私合作模式投资法》的规定。

(4)实施建设、住房、市区投资项目,经主管部门批准投资主张或根据《投资法》的规定批准变更投资主张后,适用《建设法》《住房法》《不动产经营法》的规定。

(5)《信用组织法》《保险经营法》《油气法》规定的投资经营权限、程序、手续和条件。

(6)越南证券市场的证券和证券市场的投资经营权限、程序、手续、条件和活动,适用《证券法》的规定。

4.《投资法》生效施行后颁布的其他法律,需作出与《投资法》不一致的投资的特殊规定的,应明确是否适用《投资法》和其他法律规定的内容。

5. 至少一方合同当事人为外国投资商或《投资法》第 23 条第 1 款规定的经济组织,各方协议不违反越南的法律规定的,可在合同中约定适用国外法律或国际投资惯例。

第 5 条　投资经营政策

1. 投资商有权在本法未禁止的行业开展投资经营活动。对于附条件的投资经营行业,投资商应符合法定投资经营条件。

2. 投资商可根据本法和其他有关法律的规定自行决定投资经营活动并自担责任;可根据法律规定获取和使用信贷资金、扶持基金,使用土地和其他资源。

3. 危害或可能危害国防、国家安全的投资经营活动,停止、中止或终止投资商的活动。

4. 国家承认并保护投资商的财产、投资、收入的所有权和其他合法权益。

5. 国家平等对待所有投资商,制定鼓励政策并为投资商开展投资活动、经济行业的稳定发展创造条件。

6. 国家尊重和履行越南加入的有关投资的国际条约。

第 6 条　禁止投资经营的行业

1. 禁止进行以下投资经营活动：

(1) 经营本法附录一中规定的毒品；

(2) 经营本法附录二中规定的化学品和矿物质；

(3) 经营《濒危野生动植物种国际贸易公约》附录一中规定的野生动植物标本以及本法附录三中规定的一类濒危、珍稀野生动植物和标本；

(4) 卖淫；

(5) 贩卖或购买人口、人体标本、尸体、人体器官、胎盘；

(6) 与人类无性繁殖有关的经营活动；

(7) 经营爆炸物；

(8) 经营 a 业务①。

2. 在分析、检验、科学研究、医疗、制药、罪犯调查、保卫国防安全工作中生产使用本条第 1 款第(1)项、第(2)项、第(3)项规定的产品，按政府的规定执行。

第 7 条　附条件的投资经营行业

1. 附条件的投资经营行业，系指投资经营该行业必须符合国防、国家安全、社会安全秩序、社会道德、公共健康的必要条件。

2. 附条件的投资经营行业目录规定于本法附录四。

3. 本条第 2 款中规定的投资经营条件，由法律、国会决议、国会常务委员会的法令或决议、政府决议或越南加入的国际条约作出规定。各部委、部级机关、各级人民会议或人民委员会、其他机关、组织或个人不得发布关于投资经营条件的规定。

4. 投资经营条件须符合本条第 1 款的规定并保证公开、透明、客观，节约投资商的履约时间和成本。

5. 投资经营条件的规定须具备以下内容：

(1) 投资经营条件的适用对象和适用范围；

---

① a 业务是指从事追债业务。

(2)适用投资经营条件的形式；

(3)投资经营条件的内容；

(4)遵守投资经营条件的文件、程序和行政手续(如有)；

(5)国家管理机关、主管部门办理投资经营条件的行政手续；

(6)许可证、证书、证明或其他认证、批准文件的生效期间(如有)。

6. 投资经营条件的适用形式如下：

(1)许可证；

(2)证书；

(3)证明；

(4)认证、批准文件；

(5)个人或经济组织开展投资经营活动，无须主管部门书面确认的须满足的其他要求。

7. 附条件的投资经营行业和该行业的投资经营条件，应在国家企业注册登记信息网公示。

8. 政府就发布和审查投资经营条件作出具体规定。

第8条　补充修订禁止投资经营行业、附条件投资经营行业目录与投资经营条件

1. 根据不同时期的社会经济条件和国家管理要求，政府审查禁止投资经营行业、附条件投资经营行业目录，并提交国会以简易程序和手续补充修订本法第6条、第7条和附录。

2. 补充修订附条件投资经营行业或投资经营的条件，须符合本法第1条、第3条、第4条、第5条、第6条和第7条的规定。

第9条　外国投资商的市场准入行业和条件

1. 对外国投资商适用的市场准入条件与国内投资商一致，但本条第2款规定的情形除外。

2. 根据法律、国会决议、国会常务委员会的法令或决议、政府决议、越南加入的国际条约中的规定，政府颁布限制外国投资商市场

准入的行业目录,包括:

(1)未准入市场的行业;

(2)附条件的市场准入行业。

3. 限制外国投资商市场准入的行业目录中规定的外国投资商市场准入条件包括:

(1)外国投资商持有的经济组织注册资本比例;

(2)投资形式;

(3)投资活动范围;

(4)投资商的能力,参与实施投资活动的合作方;

(5)法律、国会决议、国会常务委员会的法令或决议、政府决议、越南加入的国际条约中规定的其他条件。

4. 政府规定本条细则。

第二章 保障投资

第10条 保障财产所有权

1. 不以行政手段国有化或没收投资商的合法财产。

2. 国家因国防安全或国家利益、紧急状态、自然灾害防控需要征收或征用财产的,将按关于征收、征用财产的法律及其他相关法律的规定进行结算和赔偿。

第11条 投资经营活动保障

1. 国家不强迫投资商必须履行以下要求:

(1)优先购买或使用国内商品或服务,或必须购买或使用国内生产者、服务商提供的商品或服务;

(2)出口商品或服务必须达到一定比例,限制出口或国内生产、提供的商品或服务的数量、价值和种类;

(3)进口商品的数量和价值与出口商品的数量和价值相当,或须自行以出口平衡进口所需外币;

(4)国内生产的商品达到的本地化比例;

(5)国内研发活动达到一定程度或价值;

(6)在国内或国外某一具体地点提供商品或服务;

(7)在国家主管部门要求的地点设立主要住所地。

2. 根据不同时期的社会经济发展条件和吸引投资的需求,政府总理决定适用国家的保障形式,以实施国会、政府总理批准投资主张权限内的投资项目和其他重要基础建设投资发展项目。

政府规定本条细则。

第 12 条　保障外国投资商向国外转移财产的权利

外国投资商依法履行对越南的财政义务后,可将下列财产转移到国外。

1. 投资资本和投资结算款。

2. 投资经营活动收益。

3. 投资商合法所有的货币和其他财产。

第 13 条　法律变更情形下的投资经营保障

1. 新颁布的法律文件作出新的、更高的投资优惠规定的,投资商在投资项目的剩余优惠期限内享受新法律文件规定的投资优惠,但属于本法第 20 条第 5 款第(1)项规定的投资项目的特殊投资优惠的情形除外。

2. 新颁布的法律文件制定的投资优惠低于投资商正享受的优惠的,投资商在投资项目剩余优惠期限内继续享受之前的优惠。

3. 本条第 2 款的规定不适用于因国防、国家安全、社会安全秩序、社会道德、公共健康、环境保护而变更法律文件有关规定的情形。

4. 根据本条第 3 款的规定,投资商无法继续享受优惠的,可通过以下某项或多项措施予以解决:

(1)在投资商的应税收入中扣除实际损失;

(2)调整投资项目的活动目标;

(3)帮助投资商控制损失。

5. 对本条第 4 款规定的投资保障措施,投资商应在新的法律文件生效施行之日起 3 年内提出书面申请。

第 14 条 投资经营活动中的纠纷解决

1. 与在越投资经营活动有关的纠纷,可通过协商或调解的方式解决。无法协商或调解的,可按本条第 2 款、第 3 款和第 4 款的规定通过仲裁或法院解决。

2. 国内投资商与合资经济组织之间或国内投资商、合资经济组织与国家主管部门之间产生的与在越投资经营活动有关的纠纷,可通过越南的仲裁机构或法院解决,但本条第 3 款规定的情形除外。

3. 产生纠纷的投资商中至少一方为外国投资商或本法第 23 条第 1 款第(1)项、第(2)项、第(3)项规定的经济组织的,可通过以下机关或组织解决纠纷:

(1)越南的法院。

(2)越南的仲裁机构。

(3)国外仲裁机构。

(4)国际仲裁机构。

(5)争议各方协商成立的仲裁组织。

4. 外国投资商与国家主管部门之间产生的与在越投资经营活动有关的纠纷,可通过越南的仲裁机构或法院解决,但合同另有约定或越南加入的国际条约另有规定的情形除外。

第三章 投资优惠与扶持

第 15 条 适用投资优惠的形式与对象

1. 适用投资优惠的形式包括:

(1)企业所得税优惠,包括在投资项目实施的某个或整个期间适用低于普通税率的企业所得税税率;根据企业所得税法的规定减免企业所得税及其他优惠。

(2)根据进出口法律的规定,免除为形成固定资产的进口商品、用于生产的进口原料、物资和零件的进口税。

(3)减免土地使用费、土地租金或土地使用税。

(4)计算应税收入时扣除快速折旧和支出增额。

2. 享受投资优惠的对象包括:

(1)本法第16条第1款规定的投资优惠行业中的投资项目。

(2)本法第16条第2款规定的投资优惠地区的投资项目。

(3)投资规模6万亿越南盾以上,自取得投资登记证或获批投资主张之日起3年内到位资金6万亿越南盾以上且同时符合以下标准之一的投资项目:自有营业收入当年起最晚3年后每年营业收入为10万亿越南盾以上或使用3000名以上劳动者。

(4)社会住房投资建设项目;农村地区使用500名以上劳动者的投资项目;使用法律规定的残疾劳动者的投资项目。

(5)高技术企业、科技企业、科学技术组织;属于鼓励转让技术目录中的技术转让项目;高科技法律规定的技术孵化基地、科技企业孵化基地;根据环境保护法的规定,生产、供应服务于环境保护要求的技术、设备、产品和服务的企业。

(6)创业创新投资项目、创新中心和研发中心。

(7)投资经营中小企业的产品分销链;投资经营中小企业技术扶持基地、中小企业孵化基地;根据扶持中小企业的法律规定,投资经营联合工作区扶持中小企业创新创业。

3. 适用于新投资项目和拓展投资项目的投资优惠。

4. 不同类别投资优惠的具体优惠幅度,适用有关税收、审计和土地的法律规定。

5. 本条第2款第(2)项、第(3)项、第(4)项规定的投资优惠不适用于以下投资项目:

(1)矿产开采投资项目;

(2)属于《特别消费税法》规定的须缴纳特别消费税的商品或服务生产经营投资项目,但汽车、飞机和游艇生产项目除外;

(3)有关住房法律规定的商品住房投资建设项目。

6. 基于投资商的项目实施结果享受附期限的投资优惠。投资商在享受投资优惠期间须符合享受优惠的条件。

7. 投资项目符合包括本法第 20 条规定的不同投资优惠幅度的条件的,适用优惠幅度最高的投资优惠。

8. 政府规定本条细则。

第 16 条　投资优惠行业和地区

1. 投资优惠行业包括:

(1)科学技术法律规定的高技术活动、高技术辅助工业产品、科技成果转化产品的研发和生产活动。

(2)生产新材料、新能源、清洁能源、可再生能源;生产附加值 30%以上的产品和节能产品。

(3)生产电子产品、重点机械产品、农业机械、汽车、汽车零配件和造船。

(4)生产优先扶持发展工业产品目录中的产品。

(5)生产通信技术、软件和数字产品。

(6)农林水产品养殖与加工;森林种植和保护;制盐;海产捕捞与渔业后勤服务;生产植物种苗、动物品种、生物技术产品。

(7)废弃物回收、处理、再生产或再利用。

(8)投资发展、运行和管理基础设施工程;发展城市公共客运。

(9)幼儿教育、基础教育、职业教育、大学教育。

(10)疾病诊疗;制药、医药原料生产、药品保管;新型药物配制技术、生物技术科研;医疗设备生产。

(11)投资残疾人或者专业选手体育训练、竞技场馆;保护和发挥文化遗产的价值。

(12)投资橙剂感染者治疗、老年医学、精神病学中心;老年人、残疾人、孤儿、流浪儿童护理中心。

(13)民间信贷基金,微型金融组织。

(14)生产商品或提供服务形成或参与价值链、产业集群。

2. 投资优惠地区包括：

(1)社会经济条件困难地区或特别困难地区；

(2)工业区、加工出口区、高技术园区和经济区。

3. 根据本条第1款和第2款关于投资优惠行业和地区的规定，政府颁布或补充修订投资优惠行业目录和投资优惠地区目录；确定投资优惠行业目录中的特殊投资优惠行业。

第17条　适用投资优惠的手续

本法第15条第2款规定的对象、投资主张批准书(如有)、投资登记证(如有)及有关法律的其他规定，投资商自行确定投资优惠并向税务机关、财政机关、海关及每类投资优惠对应的其他主管部门办理享受投资优惠的手续。

第18条　扶持投资的形式

1. 扶持投资的形式包括：

(1)扶持发展投资项目围栏内外的技术基础设施和社会基础设施系统；

(2)扶持培训和发展人力资源；

(3)扶持信用；

(4)扶持进入生产经营平台，扶持生产经营基地按照国家机关的决定迁移；

(5)扶持科学技术和技术转让；

(6)扶持发展市场与提供信息；

(7)扶持研发。

2. 根据不同时期的社会经济发展方向和国家预算平衡能力，政府具体规定本条第1款规定的对高技术企业、科技企业、科学技术组织、投资农业和农村的企业以及投资教育、普法和其他对象的企业的扶持形式。

第19条 扶持发展工业区、加工出口区、高技术园区和经济区基础设施系统

1. 根据法律的规定、决定或批准的规划，各部、部级机关、省级人民委员会拟定投资发展计划并组织建设工业区、加工出口区、高技术园区和经济区、功能区围栏外的技术基础与社会基础设施系统。

2. 国家从财政预算和优惠信用资金中提供部分投资发展资金，同步发展社会经济困难地区或特别困难地区的工业区围栏内外的技术基础与社会基础设施系统。

3. 国家从财政预算和优惠信用资金中提供部分投资发展资金，并采取其他融资形式，建设经济区、高技术园区内的技术基础与社会基础设施系统。

第20条 特殊投资优惠与扶持

1. 政府决定特殊投资优惠与扶持的适用，鼓励发展若干对社会经济发展影响巨大的投资项目。

2. 本条第1款规定的特殊投资优惠与扶持的适用对象包括：

(1)总投资额3万亿越南盾以上，自取得投资登记证或获批投资主张之日起3年内到位资金1万亿越南盾以上的新投资项目(包括项目扩展新设立的项目)、创新中心和研发中心；根据政府总理的决定成立的国家创新中心。

(2)投资规模30万亿越南盾以上，自取得投资登记证或获批投资主张之日起3年内到位资金10万亿越南盾以上的特殊投资优惠行业内的投资项目。

3. 享受特殊优惠的幅度和期限，适用《企业所得税法》和土地法律的规定。

4. 特殊投资扶持，适用本法第18条第1款的规定。

5. 以下情形，不适用本条规定的特殊投资优惠与扶持：

(1)本法生效施行前取得投资证、投资登记证或投资主张决定的投资项目；

(2)本法第15条第5款规定的投资项目。

6. 需鼓励发展特别重要的投资项目或特殊行政—经济单位时，政府提交国会决定适用有别于本法和其他法律规定的投资优惠。

7. 政府规定本条细则。

第四章 在越开展投资活动

第一节 投资形式

第21条 投资形式

1. 投资设立经济组织。

2. 出资、收购股份或出资份额。

3. 实施投资项目。

4. 以BCC合同形式投资。

5. 政府规定的新投资形式、新经济组织类型。

第22条 投资成立经济组织

1. 投资商按下列规定成立经济组织：

(1)国内投资商根据企业法和每类经济组织对应的法律规定成立经济组织；

(2)外国投资商成立经济组织须符合本法第9条规定的外国投资商的市场准入条件；

(3)成立经济组织前，外国投资商须持有投资项目并办理投资登记证签发、变更手续，但根据扶持中小企业的法律规定成立创业创新型中小企业、创业创新投资基金的情形除外。

2. 自取得企业登记证或具有相当法律效力的其他证照之日起，外国投资商成立的经济组织成为投资登记证规定的实施投资项目的投资商。

第 23 条　合资经济组织开展投资活动

1. 经济组织须符合条件并按照外国投资商投资成立其他经济组织的规定办理投资手续；出资或收购其他经济组织的股份或出资份额；符合下列情形之一的可以 BCC 合同形式投资：

（1）合伙公司中外国投资商持有 50%以上注册资本或多数普通合伙人是外国自然人；

（2）本款第（1）项规定的经济组织持有 50%以上注册资本；

（3）本款第（1）项规定的外国投资商和经济组织持有 50%以上注册资本。

2. 不属于本条第 1 款第（1）项、第（2）项、第（3）项规定的经济组织，投资成立其他经济组织时，按照国内投资商的条件和投资手续办理；以出资、收购其他经济组织的股份或出资份额的形式投资；以 BCC 合同形式的投资。

3. 在越南成立的合资经济组织开始新项目的，须办理新投资项目实施手续，成立新的经济组织并非必要。

4. 外国投资商、合资经济组织投资成立经济组织的程序、手续及实施投资活动，由政府作出具体规定。

第 24 条　以出资、收购股份或出资份额的形式投资

1. 投资商有权出资、收购经济组织的股份或出资份额。

2. 外国投资商以出资、收购经济组织股份或出资份额的形式进行投资的，须符合以下规定和条件：

（1）本法第 9 条规定的外国投资商市场准入条件；

（2）根据本法的规定保障国防和安全；

（3）土地法律中关于岛屿；边境乡、坊或镇；沿海乡、坊或镇土地使用权受让条件、土地使用条件的规定。

第 25 条　出资、收购经济组织股份或出资份额的形式

1. 外国投资商可以下列形式对经济组织出资：

（1）收购股份公司的首发股份或增发股份；

(2)对有限责任公司或合伙公司出资;

(3)对不属于本款第(1)项、第(2)项规定的其他经济组织出资。

2. 外国投资商可以下列形式收购经济组织的股份或出资份额:

(1)向股份公司或其股东收购股份;

(2)收购有限责任公司的出资份额,成为有限责任公司成员;

(3)收购合伙公司有限合伙人的出资份额,成为合伙公司有限合伙人;

(4)收购不属于本款第(1)项、第(2)项、第(3)项规定的其他经济组织成员的出资份额。

第 26 条 以出资、收购股份或出资份额形式投资的手续

1. 外国投资商出资、收购经济组织的股份或出资份额,须满足各项条件并按每类经济组织对应的法律规定办理成员或股份变更手续。

2. 凡属下列情形之一的,外国投资商在变更成员或股东前须办理出资、收购经济组织股份或出资份额登记手续:

(1)出资、收购股份或出资份额,致使外国投资商在经营对外国投资商附市场准入条件的行业的经济组织的持股比例增加。

(2)出资、收购股份或出资份额,致使本法第 23 条第 1 款第(1)项、第(2)项、第(3)项规定的外国投资商或经济组织持有 50%以上注册资本:外国投资商持有的注册资本比例从低于或相当于 50%增至 50%以上;已持有 50%以上注册资本的外国投资商的注册资本持有比例增加。

(3)外国投资商对取得岛屿;边境乡、坊或镇;沿海乡、坊或镇及影响国防安全的其他地区土地使用权证的经济组织出资、收购股份或出资份额。

3. 不属于本条第 2 款规定的投资商,出资、收购经济组织股份或出资份额时,根据有关法律的规定办理成员或股东变更手续。出资、收购经济组织股份或出资份额需登记的,投资商根据本条第 2 款的规定办理。

4. 出资、收购本条规定的经济组织的股份或出资份额的文件、程序和手续，由政府作出具体规定。

第 27 条　以 BCC 合同形式投资

1. 国内投资商签订的 BCC 合同，适用民事法律的相关规定。

2. 国内投资商与外国投资商之间或外国投资商之间签订的 BCC 合同，根据本法第 38 条的规定办理投资登记证签发手续。

3. BCC 合同签约方成立协调委员会，落实 BCC 合同。协调委员会的职权由各方协商确定。

第 28 条　BCC 合同的内容

1. BCC 合同包括以下主要内容：

(1)合同各方的名称、住址和委托代理人，投资项目的交易地址或实施地点；

(2)投资经营活动的目标和范围；

(3)合同各方的出资和投资经营利润分配；

(4)履行合同的进度和期限；

(5)合同各方的权利和义务；

(6)修改、转让与终止合同；

(7)合同违约责任与纠纷解决方式。

2. 在履行 BCC 合同过程中，签约各方可协商使用合作经营形成的资产，根据企业法的规定设立企业。

3. BCC 合同签约各方有权协商确定不违反法律规定的其他内容。

第二节　批准投资主张与择选投资商

第 29 条　择选实施投资项目的投资商

1. 通过以下方式择选投资商：

(1)根据土地法的规定拍卖土地使用权；

(2)根据竞标法的规定竞标择选投资商；

(3)根据本条第3款和第4款的规定批准投资商。

2. 本条第1款第(1)项、第(2)项规定的择选实施投资项目的投资商事项，在批准投资主张后实施，但豁免批准投资主张的投资项目除外。

3. 组织拍卖土地使用权但仅有一人登记竞拍或根据土地法的规定流拍，或根据竞标法的规定组织竞标择选投资商但仅有一个投资商登记的，当投资商满足法定条件时，主管部门办理投资商批准手续。

4. 对属于批准投资主张的投资项目，凡属下列情形之一的，主管部门批准投资主张的同时，不以拍卖土地使用权或竞标择选投资商的方式批准投资商：

(1)投资商享有土地使用权，但根据土地法的规定，国家为国防安全目的收回土地或为国家和公共利益收回土地以发展社会经济的情形除外；

(2)投资商受让农业土地使用权、接受农业土地使用权出资或租赁农业土地使用权，实施不属于国家依法收回土地的非农业生产经营投资项目；

(3)投资商在工业区、高技术园区内实施投资项目；

(4)依法豁免拍卖或竞标的其他情形。

5. 政府规定本条细则。

第30条　国会批准投资主张的权限

国会批准以下投资项目的投资主张。

1. 对环境影响巨大或潜在严重影响的项目，包括：

(1)核电站；

(2)要求变更50公顷以上特殊用途林、源头防护林、边境防护林，或500公顷以上防风、防沙、防波、防海防护林，或1000公顷以上生产林的土地使用目的的投资项目。

2. 要求变更500公顷以上的两季以上水稻田的土地使用目的的

投资项目。

3. 要求在山区移民安置2万人以上或在其他地区安置5万人以上的投资项目。

4. 要求适用需国会决定的特殊机制或政策的投资项目。

第31条 政府总理批准投资主张的权限

除本法第30条规定的投资项目外,政府总理批准以下投资项目的投资主张。

1. 属于以下不区分资金来源的投资项目:

(1)要求在山区移民安置1万人以上或在其他地区安置2万人以上的投资项目。

(2)新投资建设项目:航空港、机场;航空港和机场飞机跑道;国际航空港客运航站楼;年吞吐量为100万吨以上的航空港和机场货运航站楼。

(3)运营航空客运的新投资项目。

(4)新投资建设项目:特殊海港的泊位和泊区;投资规模为2.3万亿越南盾以上的一类海港泊位和泊区。

(5)油气加工投资项目。

(6)经营博彩和赌场的投资项目,但经营对外国人的有奖电子游戏除外。

(7)住房(用以出售、出租、租售)或土地使用面积300公顷以上或居民人数5万人以上的市区投资建设项目。

(8)属于被公认为国家遗址或特殊国家遗址一类保护区范围内、被公认为世界遗产名录内的特殊国家遗址二类保护区范围内,符合不区分土地面积或居民人数的文化遗产相关法律规定的投资项目。

(9)建设和经营工业区、加工出口区基础设施的投资项目。

2. 经营基础网络通信服务、造林、出版、报纸领域的外国投资商投资项目。

3. 同时属于两个以上省级人民委员会批准投资主张权限的投

资项目。

4. 依法属于政府总理批准投资主张权限或投资决定的其他投资项目。

第 32 条 省级人民委员会批准投资主张的权限

1. 除本法第 30 条和第 31 条规定的投资项目外,省级人民委员会决定以下投资项目的投资主张:

(1)不以拍卖、竞标或受让方式申请国家划拨土地、租赁土地的投资项目和申请准予变更土地使用目的的投资项目,但根据土地法的规定无须省级人民委员会书面批准的家庭户或个人划拨土地、租赁土地、准予变更土地使用目的的情形除外。

(2)住房(用以出售、出租、租售)或土地使用面积 300 公顷以下且居民人数 5 万人以下的市区投资建设项目。

(3)属于除世界遗产名录内的特殊国家遗址外的被公认为国家遗址或特殊国家遗址二类保护区范围内,符合不区分土地使用面积或居民人数的文化遗产相关法律规定的投资项目;特殊类城市的限制发展区或历史城区(城市规划设计图中确定)内不区分土地面积或居民人数的投资项目。

(4)高尔夫球场建设和经营投资项目。

(5)外国投资商或合资经济组织在岛屿;边境乡、坊或镇;沿海乡、坊或镇和影响国防、安全的其他区域实施的投资项目。

2. 在工业区、加工出口区、高技术园区、经济区实施的本条第 1 款第(1)项、第(2)项、第(4)项规定的投资项目,符合主管部门批准的规划的,由工业区、加工出口区、高技术园区、经济区管理委员会批准投资主张。

3. 政府规定本条细则。

第 33 条 批准投资主张的申请文件和审核内容

1. 投资商提交的申请批准投资项目投资主张的文件包括:

(1)投资项目实施申请书,包括项目未获批准情形下承担一切开支和损失的承诺。

(2)投资商的法律资格相关材料。

(3)投资商的财务能力证明材料,至少包括以下材料之一:近两年的财务报表;母公司的财务支持承诺;金融组织的财务支持承诺;投资商的财务能力担保;证明投资商财务能力的其他材料。

(4)投资项目申请包括以下主要内容:投资商或择选投资商的形式、投资目标、投资规模、投资资金、融资方案、实施地点、实施期限、实施进度、项目实施地点的土地使用现状、土地使用需求建议(如有)、劳动力需求、享受投资优惠的建议、项目的社会经济影响、环境保护法规定的环境影响初评报告(如有)。

建设相关法律规定拟制预可行性报告的,投资商可提交预可行性报告替代投资项目申请。

(5)投资项目未申请国家划拨土地、租赁土地、准予变更土地使用目的的,须提交有关土地使用权或确定投资项目实施地点土地使用权的其他材料的复印件。

(6)技术转让相关法律规定的技术审查或征询意见的投资项目中所使用技术的说明。

(7)BCC 合同形式投资项目的 BCC 合同。

(8)法律规定的有关投资项目、投资商条件和能力要求的其他材料(如有)。

2. 国家主管部门拟定的申请批准投资项目投资主张的文件包括:

(1)批准投资主张呈文。

(2)投资项目申请包括以下主要内容:投资目标、投资规模、投资资金、实施地点、实施期限、实施进度、项目的社会经济影响;项目实施地点的土地使用现状、属于收回土地的项目的土地收回条件、土地使用需求计划(如有);环境保护法规定的环境影响初评报告(如有);预定的投资商择选形式和投资商条件(如有);特殊机制或政策(如有)。

建设相关法律规定拟制预可行性报告的，国家主管部门可使用预可行性报告替代投资项目申请。

3. 申请批准投资主张的审查内容包括：

(1) 评估投资项目是否符合国家级规划、区域规划、省级规划、城市规划和特别行政—经济单位规划（如有）。

(2) 评估土地使用需求。

(3) 初步评估投资项目的社会经济效益；环境保护法规定的环境影响初评报告（如有）。

(4) 评估投资优惠和享受投资优惠的条件（如有）。

(5) 评估技术转让相关法律规定的技术审查或征询意见的投资项目中所使用的技术。

(6) 评估投资项目是否符合城市发展目标和方向、住房建设规划和计划；初步评估要求同步的分期投资方案；初步评估住房产品结构和社会性住房保留地块；初步评估住房、市区投资建设项目范围内外的城市基础设施投资建设管理方案。

(7) 评估投资项目是否符合保护和发挥文化遗产价值的要求以及文化遗产相关法律规定的条件。

4. 申请批准投资主张同时批准投资商的审查内容包括：

(1) 本条第 3 款规定的审查内容。

(2) 不通过土地使用权拍卖、竞标择选投资商划拨土地、租赁土地情形下满足划拨土地、租赁土地条件的能力；要求变更土地使用目的的项目满足变更土地使用目的的能力。

(3) 评估外国投资商是否满足市场准入条件（如有）。

(4) 有关法律规定的关于投资商的其他条件。

5. 政府规定本条细则。

第 34 条　国会批准投资主张的程序和手续

1. 本法第 33 条第 1 款和第 2 款规定的文件提交至计划与投资部。

2. 计划与投资部自完整收到文件之日起 15 日内上报政府总理

成立国家评估委员会。

3. 国家评估委员会自成立之日起90日内组织评估，拟定包括本法第33条规定的评估内容的评估报告，并呈送政府。

4. 至迟于国会召开前60日，政府拟定申请批准投资主张的文件并递交国会负责审查的部门。

5. 申请批准投资主张的文件包括：

（1）政府呈文；

（2）本条第1款规定的材料；

（3）国家评估委员会的评估报告；

（4）其他相关材料。

6. 申请批准投资主张的审查内容包括：

（1）是否满足国会批准投资主张权限内确定投资项目的标准；

（2）实施投资项目的必要性；

（3）投资项目是否符合国际级战略和规划、区域规划、省级规划、城市规划和特别行政—经济单位规划（如有）；

（4）实施投资项目的目标、规模、地点、时间和进度、土地使用需求、拆迁与移民安置方案、主要技术选择方案、环境保护措施；

（5）总投资额和资金来源；

（6）评估社会经济影响，保障国防安全和投资项目的可持续发展；

（7）特殊机制或政策，投资优惠与扶持及适用条件（若有）。

7. 政府和有关机关、组织或个人应为审查工作充分提供信息和文件；应国会审查部门的要求，对投资项目内容中的问题进行说明。

8. 国会审核通过包括本法第3条第1款规定内容的批准投资主张的决议。

9. 政府对国家评估委员会开展评估的程序和手续作出具体规定。

第 35 条　政府总理批准投资主张的程序和手续

1. 本法第 33 条第 1 款和第 2 款规定的文件提交至计划与投资部。

2. 投资与投资部自完整收到文件之日起 3 个工作日之内,通报并征询与本法第 33 条规定的审查内容相关的国家机关的审查意见。

3. 有关国家机关自收到文件之日起 15 日内,就属本单位管理权限的内容提出审查意见并提交计划与投资部。

4. 计划与投资部自收到文件之日起 40 日内组织审查,并拟定包括本法第 33 条规定的审查内容的审查报告,呈送政府总理批准投资主张。

5. 政府总理审核批准包括本法第 33 条第 1 款规定内容的投资主张。

6. 对本法第 31 条第 3 款规定的投资项目,政府总理指定某一省或直辖市的投资登记机关签发整个项目的投资登记证。

7. 政府总理批准投资主张的投资项目审查程序和手续,由政府作出具体规定。

第 36 条　省级人民委员会批准投资主张的程序和手续

1. 本法第 33 条第 1 款和第 2 款规定的文件提交至投资登记机关。

投资登记机关自收到文件之日起 35 日内应向投资商通报结果。

2. 投资登记机关自完整收到文件之日起 3 个工作日内,通报并征询与本法第 33 条规定的审查内容相关的国家机关的审查意见。

3. 有关国家机关自收到文件之日起 15 日内,就属于本单位管理权限的内容提出审查意见并通报投资登记机关。

4. 投资登记机关自收到文件之日起 25 日内,拟定包括本法第 33 条规定的审查内容的审查报告,并呈送省级人民委员会。

5. 省级人民委员会自收到文件和审查报告之日起 7 个工作日内批准投资主张,不予批准的应书面通报并说明原由。

6. 省级人民委员会审核批准包括本法第 3 条第 1 款规定内容的

投资主张。

第三节　签发、变更和吊销投资登记证的手续

第 37 条　办理投资登记证签发手续的情形

1. 须办理投资登记证签发手续的情形：

(1)外国投资商的投资项目；

(2)本法第 23 条第 1 款规定的经济组织的投资项目。

2. 无须办理投资登记证签发手续的情形：

(1)国内投资商的投资项目；

(2)本法第 23 条第 2 款规定的经济组织的投资项目；

(3)以出资、收购经济组织股份或出资份额形式进行的投资。

3. 对本法第 30 条、第 31 条和第 32 条规定的投资项目，本法第 23 条第 2 款规定的国内投资商、经济组织在投资主张获批后实施投资项目。

4. 本条第 2 款第(1)项、第(2)项规定的投资项目需办理投资登记证签发手续的，投资商按本法第 38 条的规定办理。

第 38 条　签发投资登记证的手续

1. 属于本法第 30 条、第 31 条和第 32 条规定的批准投资主张的投资项目，投资登记机关在以下期限内签发投资登记证：

(1)属于签发投资登记证的投资项目，自收到批准投资主张以及批准投资商的书面文件之日起 5 个工作日内；

(2)不属于本款第(1)项规定的投资项目，自收到投资商提交的投资登记证签发申请之日起 15 日内。

2. 不属于本法第 30 条、第 31 条和第 32 条规定的批准投资主张的投资项目，满足以下条件的投资商，可授予投资登记证：

(1)不属于禁止投资经营行业的投资项目；

(2)具有实施投资项目的地点；

(3)符合本法第 33 条第 3 款第(1)项规定的规划的投资项目；

(4)符合土地面积投资率或劳动力数量(如有)的条件;

(5)符合外国投资商市场准入条件。

3. 签发投资登记证的条件、文件、程序和手续,由政府作出具体规定。

第39条　签发、变更和吊销投资登记证的权限

1. 工业区、加工出口区、高技术园区和经济区管理委员会签发、变更和吊销工业区、加工出口区、高技术园区、经济区内投资项目的投资登记证,但本条第3款规定的情形除外。

2. 计划与投资厅签发、变更和吊销工业区、加工出口区、高技术园区和经济区以外的投资项目的投资登记证,但本条第3款规定的情形除外。

3. 投资商实施投资项目、设立或计划设立管理办公室以实施投资项目所在地的投资登记机关,签发、变更和吊销以下投资项目的投资登记证:

(1)在两个以上省级行政单位实施的投资项目;

(2)在工业区、加工出口区、高技术园区和经济区内外实施的投资项目;

(3)在未设立管理委员会的工业区、加工出口区、高技术园区和经济区内或不属于管理委员会管理范围内的投资项目。

4. 接收投资项目文件的机关为签发投资登记证的主管部门,但本法第34条和第35条规定的情形除外。

第40条　投资登记证的内容

1. 投资项目名称。

2. 投资商。

3. 投资项目代码。

4. 投资项目实施地点和土地使用面积。

5. 投资项目的目标和规模。

6. 投资项目的投资资金(包括投资商的出资和融资)。

7. 投资项目的运营期。

8. 投资项目的实施进度：

（1）出资和融资进度；

（2）投资项目主要运营目标的实施进度，投资项目分阶段实施的，应规定每一阶段的实施进度。

9. 投资优惠与扶持形式、适用依据与条件（如有）。

10. 关于实施投资项目的投资商的其他条件（如有）。

第 41 条　变更投资项目

1. 在实施投资项目过程中，投资商有权变更投资项目目标，转让部分或全部投资项目、合并项目或将项目拆分为多个项目、使用投资项目的土地使用权或地上资产出资设立企业、合作经营，或符合法律规定的其他内容。

2. 投资商变更投资项目致使投资登记证内容变动的，应办理投资登记证变更手续。

3. 凡属下列情形之一的，持有获批投资主张的投资项目的投资商应办理批准投资主张变更手续：

（1）调整批准投资主张文件中规定的目标，补充属于批准投资主张的目标；

（2）调整 10%以上或 30 公顷以上土地使用面积规模，变更投资地点；

（3）调整 20%以上的总投资额，改变投资项目规模；

（4）延长投资项目实施进度，项目投资总时间超过首次批准投资主张文件规定的投资项目的实施进度 12 个月；

（5）调整投资项目的运营期；

（6）批准投资主张过程中调整已审核、征询意见的技术；

（7）项目开发、运行前调整已获批投资主张和投资商的投资项目的投资商，或调整投资商条件（如有）。

4. 对获批投资主张的投资项目，投资商调整投资项目实施进度不得超过首次批准投资主张文件规定的投资项目的实施进度 24 个

月,但以下情形除外:

(1)根据土地和民事法律的规定,克服不可抗力的情形;

(2)因国家迟于划拨土地、租赁土地、准予变更土地使用目的,调整投资项目的实施进度;

(3)应国家管理机关或迟于办理行政手续的国家机关的要求,调整投资项目的实施进度;

(4)因国家机关调整规划而调整投资项目;

(5)调整批准投资主张文件规定的目标,补充属于批准投资主张的目标;

(6)增加20%以上的总投资额,致使投资规模变动。

5. 批准投资主张的国家主管部门有权批准变更投资主张。

申请调整投资项目致使批准投资主张需要更高审批权限的情形,该级机关有权根据本条的规定批准变更投资主张。

6. 变更投资主张的程序和手续,适用本法第34条、第35条和第36条关于变更内容的相应规定。

7. 申请变更投资项目,致使投资项目须批准投资主张的,投资商应在变更投资项目前办理批准投资主张手续。

8. 政府规定本条细则。

第四节　开展实施投资项目

第42条　实施投资项目的原则

1. 属于批准投资主张的投资项目,应在投资商实施投资项目前批准投资主张。

2. 属于签发投资登记证的投资项目,投资商在实施投资项目前应办理投资登记证签发手续。

3. 投资商在实施投资项目过程中应遵守本法;关于规划、土地、环境、建设、劳动和消防的法律及相关法律的规定;批准投资主张文件(如有)和投资登记证(如有)的规定。

第43条 投资项目实施保障

1. 投资商应交纳保证金或提交银行出具的保证金义务担保，以保障实施申请国家划拨土地或租赁土地、准予变更土地使用目的的投资项目，但以下情形除外：

(1)投资商拍得土地使用权，取得国家收取土地使用金的划拨土地或国家一次性收取土地租金的租赁土地，实施投资项目；

(2)中标投资商实施使用土地的投资项目；

(3)投资商基于受让已交纳保证金或已按批准投资主张文件、投资登记证规定的进度完成出资或融资的投资项目，取得国家划拨土地或租赁土地；

(4)投资商基于受让其他土地使用人的土地使用权或土地关联资产，取得国家划拨土地或租赁土地实施投资项目。

2. 保障项目实施的保证金额度占投资项目投资额的1%至3%，视投资项目的规模、性质和进度而定。投资项目分阶段实施的，根据投资项目的实施阶段交纳或退还保证金，但不得退还保证金的情形除外。

3. 政府规定本条细则。

第44条 投资项目的运营期

1. 经济区内投资项目的运营期不得超过70年。

2. 经济区外投资项目的运营期不得超过50年。在社会经济条件困难地区或特别困难地区实施的投资项目或投资金额巨大但资金回笼缓慢的投资项目，可延长运营期，但不得超过70年。

3. 对取得国家划拨土地或租赁土地的投资项目，国家迟延向投资商交付土地的，迟延交付土地的时间不计入投资项目的运营期和实施进度。

4. 投资项目运营期届满，投资商需继续实施投资项目且符合法定条件的，可以延长投资项目的运营期，但不得超过本条第1款和第2款规定的最长期限，以下投资项目除外：

(1)使用落后技术、潜在环境污染风险或资源密集型投资项目；

(2)属于投资商应向越南政府或越方无偿转让资产的投资项目。

5. 政府规定本条细则。

第 45 条　确定投资价值、鉴定投资价值，鉴定机械、设备和技术生产线

1. 投资商应保障机械、设备和技术生产线的质量，依法实施投资项目。

2. 投资项目投入开发运营后，投资商自行确定投资项目的投资价值。

3. 投资项目投入开发运营后，为保证国家对科学技术实施管理或确定计税依据的必要情形，国家管理机关有权要求独立鉴定投资价值，鉴定机械、设备和技术生产线的质量和价值。

4. 鉴定结果增加对国家的纳税义务的，投资商应承担鉴定费用。

5. 政府规定本条细则。

第 46 条　转让投资项目

1. 符合以下条件的，投资商有权向其他投资商转让全部或部分投资项目：

(1)转让的投资项目或部分投资项目不属于本法第 48 条第 1 款和第 2 款规定的终止运营的投资项目；

(2)受让投资项目或部分投资项目的外国投资商，应满足本法第 24 条第 2 款规定的条件；

(3)转让投资项目涉及转让土地使用权或土地关联资产的，应满足土地法律规定的条件；

(4)转让住房投资建设项目或不动产项目的，应满足住房和经营不动产的法律规定的条件；

(5)批准投资主张文件、投资登记证规定的条件，或相关法律规定的其他条件(如有)；

(6)转让投资项目时,除执行本条的规定外,国有企业在办理投资项目变更前,应根据投入企业生产经营的国有资本管理使用的法律规定执行。

2. 符合本条第1款规定的转让条件的,转让全部或部分投资项目的手续按以下规定执行:

(1)对根据本法第29条的规定批准投资商的投资项目和取得投资登记证的投资项目,投资商根据本法第41条的规定办理投资项目变更手续。

(2)对不属于本款第(1)项规定的投资项目,转让投资项目或转让后向受让投资商转让资产所有权的事项,适用有关民事、企业、经营不动产的法律和相关法律的其他规定。

第47条　中止投资项目活动

1. 投资商中止投资项目活动应书面通报投资登记机关。因不可抗力中止投资项目活动的,在中止投资项目活动与补救期间,国家免除投资商的土地租金或减少土地使用金。

2. 凡属下列情形的,国家投资管理机关决定中止或部分中止投资项目活动:

(1)根据《文化遗产法》的规定保护遗迹、遗物、文物和国宝;

(2)根据国家环境管理机关的提议处理违反环境保护法的行为;

(3)根据国家劳动管理机关的提议采取保障劳动安全的措施;

(4)根据法院的判决或决定、仲裁裁决;

(5)投资商未正确实施批准投资主张、投资登记证内容已被行政处罚,仍继续违规的。

3. 实施投资项目危害或可能危害国防、国家安全的,政府总理根据计划与投资部的提议决定中止或部分中止投资项目活动。

4. 本条规定的中止投资项目活动的条件、程序、手续和期限,由政府作出具体规定。

第 48 条　终止投资项目活动

1. 凡属下列情形的，投资商终止投资或投资项目活动：

（1）投资商决定终止投资项目活动；

（2）根据合同或企业章程规定的终止活动的条件；

（3）投资项目的运营期届满。

2. 凡属下列情形的，投资登记机关终止或部分终止投资项目活动：

（1）属于本法第 47 条第 2 款和第 3 款规定的投资项目，投资商不具备处理中止活动条件的能力；

（2）投资商不能继续使用投资地点且自不能继续使用投资地点之日起 6 个月内未办理投资地点变更手续，但本款第（4）项规定的情形除外；

（3）投资项目已中止活动且自中止活动之日起 12 个月期限届满，投资登记机关无法与投资商或投资商的合法代表取得联系；

（4）属于因土地未投入使用或迟延投入使用，根据土地法律的规定被收回土地的投资项目；

（5）属于保障实施投资项目的投资项目，投资商未交纳保证金或未依法提交保证金义务担保；

（6）投资商基于民事法律规定的虚假民事交易实施投资活动；

（7）根据法院的判决或决定、仲裁裁决。

3. 属于批准投资主张的投资项目，投资登记机关收到批准投资主张机关的意见后终止投资项目活动。

4. 投资项目终止活动时，投资商根据资产清算法律的规定自行清算投资项目，但本条第 5 款规定的情形除外。

5. 投资项目终止活动时，根据土地法律和相关法律的其他规定处理土地使用权或土地关联资产。

6. 对本条第 2 款规定的投资项目终止活动的情形，投资登记机关决定吊销投资登记证，但部分终止投资项目活动的情形除外。

7. 本条规定的终止投资项目活动的程序和手续，由政府作出具体规定。

第 49 条 BCC 合同中外国投资商设立执行办公室

1. BCC 合同中的外国投资商可在越南设立执行办公室以履行合同。执行办公室的地点由 BCC 合同中的外国投资商根据履行合同的要求决定。

2. BCC 合同中的外国投资商执行办公室持有印章、可开设银行账户、聘用人员和签订合同，并在 BCC 合同和执行办公室登记设立许可证规定的权利和义务范围内开展活动。

3. BCC 合同中的外国投资商向计划设立执行办公室所在地的投资登记机关递交登记设立文件。

4. 登记设立执行办公室的文件包括：

（1）执行办公室登记设立材料：BCC 合同中的外国投资商在越南设立的代办处（若有）的名称和地址；执行办公室的名称和地址；执行办公室的活动内容、期限和范围；执行办公室负责人的姓名、居住地、居民身份证或公民身份信息卡号码、护照号。

（2）BCC 合同中的外国投资商关于设立执行办公室的决定。

（3）执行办公室负责人的任命决定复印件。

（4）BCC 合同复印件。

5. 自收到本条第 4 款规定的文件之日起 15 日内，投资登记机关向 BCC 合同中的外国投资商签发执行办公室活动登记许可证。

第 50 条 终止 BCC 合同中外国投资商执行办公室的活动

1. 自决定终止执行办公室活动之日起 7 个工作日内，外国投资商向执行办公室所在地的投资登记机关递交通报文件。

2. 通报终止执行办公室活动的文件包括：

（1）执行办公室提前终止活动的，须有终止执行办公室活动的决定；

（2）债权人名单和已清偿的债务；

（3）劳动者名单和已确定的劳动者权益；

(4)完成税收义务的税务机关确认书;

(5)完成社会保险义务的社会保险机关确认书;

(6)执行办公室的活动登记许可证;

(7)投资登记证复印件;

(8)BCC 合同复印件。

3. 自收到本条第 2 款规定的文件之日起 15 日内,投资登记机关决定吊销执行办公室的活动登记许可证。

第五章　对外投资活动

第一节　一般规定

第 51 条　开展对外投资活动的原则

1. 国家鼓励对外投资,开拓、发展和扩大市场;增强商品或服务的出口、创汇能力;获取先进技术,提高管理能力,补充国家社会经济发展资源。

2. 投资商开展对外投资活动应遵守本法和相关法律、投资东道国或地区(以下简称投资东道国)的法律及越南加入的国际条约的规定;自行负责在国外的投资活动效益。

第 52 条　对外投资形式

1. 投资商以下列形式开展对外投资活动:

(1)根据投资东道国的法律规定设立经济组织;

(2)在国外以合同形式投资;

(3)出资、收购国外经济组织的股份或出资份额,参与管理该经济组织;

(4)买卖证券或其他有价票据,通过证券投资基金或国外其他金融中介机构进行投资;

(5)投资东道国法律规定的其他投资形式。

2. 政府对实施本条第 1 款第(4)项规定的投资形式作出具体规定。

第 53 条　禁止对外投资的行业

1. 本法第 6 条和相关国际条约规定的禁止投资经营的行业。

2. 具有关于外商管理的法律禁止出口的技术或产品的行业。

3. 投资东道国的法律禁止投资经营的行业。

第 54 条　附条件的对外投资行业

1. 附条件的对外投资行业包括：

(1)银行；

(2)保险；

(3)证券；

(4)报纸、广播和电视；

(5)不动产。

2. 本条第 1 款规定的行业中的对外投资条件，由法律、国会决议、国会常务委员会的法令或决议、政府的决定或越南加入的关于投资的国际条约作出规定。

第 55 条　对外投资的资金来源

1. 投资商负责出资和融资以开展对外投资活动。

2. 外币贷款或外币汇款应遵守关于银行、信贷机构、外汇管理的法律规定的条件和手续。

3. 根据不同时期的货币政策和外汇管理目标，越南国家银行根据本条第 2 款的规定对在越南的信贷机构、外国银行分支机构向投资商提供外币贷款以开展对外投资活动事项作出规定。

第二节　批准投资主张与决定对外投资的手续

第 56 条　批准对外投资主张的权限

1. 国会批准以下投资项目的对外投资主张：

(1)对外投资额 20 万亿越南盾以上的投资项目；

(2)主张适用须经国会决定的特殊机制或政策的投资项目。

2. 除本条第 1 款规定的投资项目外，政府总理批准以下投资项目的对外投资主张：

(1)银行、保险、证券、报纸、广播、电视和通信领域对外投资额为 4000 亿越南盾以上的投资项目；

(2)不属于本款第(1)项规定的对外投资额为 8000 亿越南盾以上的投资项目。

3. 不属于本条第 1 款和第 2 款规定的投资项目，无须批准对外投资主张。

第 57 条　国会批准对外投资主张的文件、程序和手续

1. 投资商向计划与投资部递交对外投资项目文件，包括：

(1)对外投资登记材料。

(2)投资商的法律资格相关材料。

(3)包括以下主要内容的投资项目申请：投资形式、目标、规模和地点；初步明确投资资金、融资方案、资金结构；项目实施进度，投资阶段(如有)；初步分析项目投资效益。

(4)投资商的财务能力证明材料，至少包括以下材料之一：投资商近两年的财务报表；母公司的财务支持承诺；金融机构的财务支持承诺；投资商的财务能力担保；证明投资商财务能力的其他材料。

(5)承诺自行平衡外币或获准信用机构对投资商的外币安排承诺书。

(6)所有权人代表机关批准投资商开展对外投资活动的文件、本法第 59 条第 1 款规定的国有企业申请对外投资的内部评估报告或本法第 59 条第 2 款规定的对外投资决定。

(7)本法第 54 条第 1 款规定的行业内的对外投资项目，投资商提交国家主管部门作出的符合相关法律规定(如有)的对外投资条件的文件。

2. 自完整收到文件之日起 5 个工作日内，计划与投资部上报政府总理决定成立国家评估委员会。

3. 国家评估委员会自成立之日起 90 日内，组织评估并拟定评估报告上报政府。评估报告包括以下内容：

(1)本法第60条规定的签发对外投资登记证的条件；

(2)投资商的法律资格；

(3)实施对外投资活动的必要性；

(4)投资项目是否符合本法第51条第1款的规定；

(5)实施投资项目的形式、规模、地点和进度,对外投资资金和资金来源；

(6)投资东道国风险评估。

4. 至迟于国会召开前60日,政府向国会负责审查的部门递交申请批准对外投资主张的文件。

5. 申请批准对外投资主张的文件包括：

(1)政府呈文；

(2)本条第1款规定的文件；

(3)国家评估委员会的评估报告；

(4)其他有关材料。

6. 申请批准对外投资主张的审查内容包括：

(1)是否符合国会批准投资主张权限内确定投资项目的标准；

(2)开展对外投资活动的必要性；

(3)投资项目是否符合本法第51条的规定；

(4)实施投资项目的形式、规模、地点和进度,对外投资资金和资金来源；

(5)投资东道国风险评估；

(6)特殊机制或政策、投资优惠与扶持及适用条件(如有)。

7. 政府、有关机关、组织和个人应完整提供服务于审查工作的信息和材料;应国会审查部门的要求,对投资项目内容中的问题作出说明。

8. 国会审核通过包括以下主要内容的批准对外投资主张的决议：

(1)实施项目的投资商；

(2)投资目标与地点;

(3)对外投资资金与资金来源;

(4)特殊机制或政策、投资优惠与扶持及适用条件(如有)。

9. 国家评估委员会评估对外投资项目文件的程序和手续,由政府作出具体规定。

第 58 条　政府总理批准对外投资主张的文件、程序和手续

1. 投资项目文件适用本法第 57 条的规定。

2. 投资商向计划与投资部递交投资项目文件。计划与投资部自完整收到文件之日起 3 个工作日内向有关国家机关征询评估意见。

3. 有关机关自收到文件之日起 15 日内,就其管理权限内的内容提出评估意见。

4. 计划与投资部自收到文件之日起 30 日内,组织评估并拟定包括本法第 57 条第 3 款规定内容的评估报告上报政府总理。

5. 政府总理根据本法第 57 条第 8 款规定的内容,审核批准对外投资主张。

第 59 条　对外投资决定

1. 国有企业的对外投资决定,适用投入企业生产经营的国有资本管理使用的法律和相关法律的其他规定。

2. 不属于本条第 1 款规定的对外投资活动,投资商根据《企业法》决定。

3. 本条第 1 款和第 2 款规定的投资商和决定对外投资事项的机关,对各自作出的对外投资决定承担责任。

第三节　签发、变更和终止对外投资登记证效力的手续

第 60 条　签发对外投资登记证的条件

1. 对外投资活动符合本法第 51 条规定的原则。

2. 不属于本法第 53 条规定的禁止对外投资的行业，且符合本法第 54 条规定的附条件的对外投资行业的条件。

3. 投资商承诺自行安排外币或获准信用机构安排外币以实施对外投资活动的承诺书。

4. 取得本法第 59 条规定的对外投资决定。

5. 税务机关确认投资商履行纳税义务的文书。税务机关的确认时间不得早于提交投资项目文件之日前 3 个月。

第 61 条　签发对外投资登记证的手续

1. 属于批准对外投资主张的投资项目，计划与投资部自收到批准投资主张文件和对外投资决定之日起 5 个工作日内，向投资商签发对外投资登记证。

2. 不属于本条第 1 款规定的投资项目，投资商向计划与投资部递交申请签发对外投资登记证的文件，包括：

(1) 对外投资登记材料；

(2) 投资商的法律资格相关材料；

(3) 本法第 59 条规定的对外投资决定；

(4) 本法第 60 条第 3 款规定的自行平衡外币承诺书或获准信用机构对投资商的外币安排承诺书；

(5) 本法第 54 条第 1 款规定行业内的对外投资项目，投资商提交国家主管部门关于符合相关法律(如有)规定的对外投资条件的批准文件。

3. 外币对外汇款 200 亿越南盾以上的，计划与投资部书面征询越南国家银行的意见。

4. 计划与投资部自收到本条第 2 款规定的文件之日起 15 日内，签发对外投资登记证；拒绝签发对外投资登记证的，应书面通知投资商并说明理由。

5. 评估对外投资项目；签发、变更和终止对外投资登记证效力的程序和手续，由政府作出具体规定。

第 62 条　对外投资登记证的内容

1. 投资项目编码。

2. 投资商。

3. 国外的投资项目名称和经济组织名称(如有)。

4. 投资目标与地点。

5. 投资形式、投资资金、投资资金来源与形式、对外投资活动实施进度。

6. 投资商的权利与义务。

7. 投资优惠与扶持(若有)。

第 63 条　变更对外投资登记证

1. 凡属下列情形的,投资商办理对外投资登记证变更手续:

(1)变更越南投资商;

(2)变更投资形式;

(3)变更对外投资资金、投资资金来源与形式;

(4)变更须有投资地点的投资项目的实施地点;

(5)变更对外投资活动的主要目标;

(6)根据本法第 67 条第 1 款第(1)项、第(2)项的规定,使用对外投资利润。

2. 投资商变更本条第 1 款规定以外的内容时,应在国家投资信息系统更新相关信息。

3. 申请变更对外投资登记证的文件包括:

(1)变更对外投资登记证申请书;

(2)投资商的法律资格相关材料;

(3)截止递交申请变更对外投资登记证文件时投资项目的活动情况报告;

(4)本法第 59 条规定的变更对外投资活动的决定或本法第 57 条第 1 款第(6)项规定的文件;

(5)对外投资登记证复印件;

(6)税务机关确认投资商调增对外投资资金情形下履行纳税义

务的文书。税务机关的确认时间不得早于提交文件之日前 3 个月。

4. 计划与投资部自收到本条第 3 款规定的文件之日起 15 日内，变更对外投资登记证。

5. 属于批准对外投资主张的项目，计划与投资部变更本条第 1 款和本法第 57 条第 8 款规定的内容时，在变更对外投资登记证前办理批准变更对外投资主张手续。

6. 申请变更对外投资登记证导致投资项目变为须批准对外投资主张的情形，在变更对外投资登记证前须办理批准对外投资主张手续。

7. 批准对外投资主张的主管机关或人员，有权批准变更对外投资主张。决定对外投资的主管机关或人员，有权决定变更对外投资决定的内容。

8. 申请变更投资项目致使批准对外投资主张需要更高权限的情形，该级有权批准变更对外投资主张。

第 64 条　终止对外投资登记证效力

1. 下列情形，对外投资登记证终止效力：

(1) 投资商决定终止投资项目活动；

(2) 根据投资东道国的法律规定，投资项目运营期届满；

(3) 根据合同或企业章程规定的终止活动条件；

(4) 投资商将在国外的全部投资资金转让给外国投资商；

(5) 投资商自取得对外投资登记证之日起超过 24 个月，未按向国家管理机关登记的进度实施投资项目或不具备实施投资项目的能力，且不办理投资项目实施进度变更手续；

(6) 在国外的经济组织根据投资东道国的法律规定被解散或破产；

(7) 根据法院的判决或决定、仲裁裁决。

2. 投资商有责任根据投资东道国的法律规定办理终止对外投资项目活动手续，并办理终止对外投资登记证效力的手续。

3. 计划与投资部办理终止对外投资登记证的效力。

第四节　开展对外投资活动

第 65 条　开设对外投资资金账户

1. 投资商根据外汇管理法律的规定,在越南获批的信用组织开设对外投资资金账户。

2. 所有涉及对外投资活动的从越南向国外汇款和从国外向越南汇款的交易,应根据外汇管理法律的规定,通过本条第 1 款规定的投资资金账户实施。

第 66 条　对外汇出投资资金

1. 满足以下条件的,投资商可对外汇出投资资金实施投资活动:

(1)取得对外投资登记证,但本条第 3 款规定的情形除外;

(2)投资活动已取得投资东道国主管部门批准或准予,投资东道国的法律对准予投资或批准投资未作规定的,投资商须具有在投资东道国享有投资活动权利的证明材料;

(3)本法第 65 条规定的资金账户。

2. 对外汇出投资资金应遵守有关外汇管理、出口、技术转让的法律和相关法律的其他规定。

3. 根据政府的规定,投资商可以对外汇出外币或转移商品、机械设备,用于考察、研究、市场调研和开展其他投资准备活动。

第 67 条　使用在国外的利润

1. 下列情形,投资商可使用对外投资的利润进行再投资:

(1)未缴足登记出资的情形下继续对外投入资金;

(2)增加对外投资资金;

(3)实施在国外的新投资项目。

2. 对本条第 1 款第(1)项、第(2)项规定的情形,投资商根据本法第 63 条的规定办理对外投资登记证变更手续;对本条第 1 款第

(3)项规定的情形,投资商根据本法第 61 条的规定办理对外投资登记证签发手续。

第 68 条 向国内汇入利润

1. 除本法第 67 条规定保留利润的情形外,投资商自取得投资东道国法律规定的税务清缴报告或同等法律效力文件之日起 6 个月内,应将全部对外投资利润和其他收入汇入越南。

2. 未在本条第 1 款规定期限内将利润和其他收入汇入越南的,投资商应提前书面通报计划与投资部和越南国家银行。汇入利润的延长期限不得超过自本条第 1 款规定的期限届满之日起 12 个月。

3. 投资商超过本条第 1 款规定的期限未向国内汇入利润且未通报,或超过本条第 2 款规定的延长期限仍未向国内汇入利润的,将依法进行处理。

第六章 国家对投资的管理

第 69 条 国家对投资的管理责任

1. 政府对在越投资与对外投资进行统一国家管理。

2. 计划与投资部协助政府对在越投资和对外投资统一进行管理,具有以下职权:

(1)上报政府、政府总理批准在越投资和对外投资有关的战略、计划和政策;

(2)颁布或上报主管部门颁布在越投资和对外投资有关的法律规范文件;

(3)发布办理在越投资和对外投资手续的样表;

(4)指导、普及、组织实施、监测、检查和评估有关投资的法律规范文件的实施;

(5)拟制并上报主管部门颁行解决投资商困难、预防国家与投资商争端的机制;

(6)汇总、评估并报告在越投资和对外国投资情况;

(7)建设、管理和运行国家投资信息系统与国家投资数据库；

(8)签发、变更和终止对外投资登记证效力；

(9)对工业区、加工出口区、经济区进行国家管理；

(10)对促进投资、协调在越南国内外的投资促进活动进行国家管理；

(11)依职权检查、监察、监督和评估投资活动,管理和配合管理投资活动；

(12)依职权谈判、签订投资相关的国际条约；

(13)政府、政府总理安排的关于国家投资管理的其他职权。

3. 各部、部级单位在其职权范围内配合计划与投资部履行有关在越投资和对外投资的国家管理职能,包括：

(1)配合计划与投资部、各部、部级机关拟定关于投资的法律和政策。

(2)主持或配合各部、部级机关拟定和颁布法律、政策、标准、技术规范并指导落实。

(3)依职权上报政府颁布本法第 7 条规定行业的投资经营条件。

(4)主持或配合计划与投资部拟定行业规划、计划、吸引投资的项目名录;组织运营并促进专项投资。

(5)参与评估属于本法规定的批准投资主张的投资项目,并就其职权范围内的评估内容负责。

(6)对权限内的投资项目是否符合投资条件及国家管理开展专门监督、评估和监察。

(7)主持或配合省级人民委员会、各部、部级机关解决管理权限内的投资困难;指导分级或委托工业区、加工出口区、高技术园区、经济区管理委员会在工业区、加工出口区、高技术园区和经济区内履行国家管理职能。

(8)定期评估属于管理权限的投资项目的社会经济效益并通报计划与投资部。

(9)提供相关信息建设国家投资数据库；维护、更新分工领域内的投资管理信息系统并录入国家投资信息系统。

4. 省级人民委员会、投资登记机关在其职权范围内，有责任履行与在越投资和对外投资活动相关的国家管理职能，包括：

(1)配合各部、部级机关拟制并公布地方吸引投资项目名录。

(2)主持或参与评估属于本法规定的批准投资主张的投资项目，并对属于其职权的评估内容负责；主持办理签发、变更和吊销投资登记证手续。

(3)履行对地方投资项目的国家管理职能。

(4)依权限解决或提请有权限的部门解决投资商的困难。

(5)定期评估本地的投资活动效益并上报计划与投资部。

(6)提供相关信息建设国家投资数据库；维护和更新国家投资信息系统。

(7)对组织、监督和评估投资报告制度落实情况进行指导。

5. 越南驻外代表机构有责任监测和协助投资活动，并保护越南投资商在投资东道国的合法权益。

第70条　投资监督与评估

1. 投资监督与评估活动包括：

(1)投资项目监督与评估；

(2)投资总体监督与评估。

2. 投资监督与评估的责任包括：

(1)国家投资管理机关和国家专门管理机关对管理范围内的投资项目进行投资总体监督与评估、投资项目监督与评估；

(2)投资登记机关对属于投资登记证签发权限内的投资项目进行监督与评估。

3. 投资项目监督与评估的内容包括：

(1)对使用国有资本进行投资经营的投资项目，国家投资管理机关和国家专门管理机关根据获批投资决定的内容和指标对投资项目进行监督与评估。

(2)对使用其他资金来源的投资项目,国家投资管理机关和国家专门管理机关依法监督和评估投资项目的目标;是否符合主管部门批准的投资规划、投资主张、实施进度,以及环境保护、技术、土地使用和其他资源的相关要求的落实。

(3)投资登记机关对投资登记证、批准投资主张文件中的内容进行监督与评估。

4. 投资总体监督与评估的内容包括:

(1)颁布作出具体规定的法律规范文件并指导落实;落实关于投资的法律规定。

(2)投资项目实施情况。

(3)分级评估全国、各部、部级机关、地方、投资项目的投资实施结果。

(4)就投资评估结果、处理投资相关问题和违法行为的措施,向同级国家管理机关或上级国家投资管理机关提出建议。

5. 开展评估的机关或组织自行开展或聘请具备投资评估条件和能力的专家、咨询机构。

6. 政府规定本条细则。

第 71 条　国家投资信息系统

1. 国家投资信息系统包括:

(1)国内投资国家信息系统;

(2)外国对越投资国家信息系统;

(3)越南对外投资国家信息系统;

(4)国家投资促进信息系统;

(5)工业区和经济区国家信息系统。

2. 计划与投资部主持或配合有关机关建设和运行国家投资信息系统,建设国家投资数据库;对中央和地方国家投资管理机关的系统运行情况开展评估。

3. 国家投资管理机关和投资商有责任在国家投资信息系统完整、及时、准确更新有关信息。

4. 国家投资信息系统存储的具有法律效力的投资项目信息，是投资项目的原始信息。

第 72 条　在越投资活动报告制度

1. 落实报告制度的对象包括：

(1)各部、部级机关和省级人民委员会；

(2)投资登记机关；

(3)本法规定的实施投资项目的投资商和经济组织。

2. 定期报告制度，按以下规定执行：

(1)每季度、每年度，实施投资项目的投资商和经济组织向当地投资登记机关、统计机关报告投资项目实施情况，内容包括：到位投资资金、投资经营活动结果以及有关劳动、上缴国家财政、研发投资、环境保护与治理、活动领域专项指标的信息。

(2)每季度、每年度，投资登记机关向计划与投资部和省级人民委员会报告接收、签发、变更、吊销投资登记证情况及管理权限内投资项目的活动情况。

(3)每季度、每年度，省级人民委员会综合当地的投资情况并上报计划与投资部。

(4)每季度、每年度，各部、部级机关报告签发、变更、吊销投资登记证或管理权限内具有同等法律效力的其他证照(如有)的情况；报告涉及部门管理权限的投资活动，报送计划与投资部综合上报政府总理。

(5)每季度、每年度，计划与投资部向政府总理报告全国的投资情况、本条第 1 款规定的机关落实投资报告制度情况的评估报告。

3. 机关、投资商和经济组织通过国家投资信息系统提交书面报告。

4. 本条第 1 款规定的机关、投资商和经济组织应国家主管部门的要求进行非常规报告。

5. 对于豁免签发投资登记证的投资项目，投资商在实施投资项目前向投资登记机关报告。

第73条　在国外的投资活动报告制度

1. 落实报告制度的机关、组织和个人包括：

(1)依法管理对外投资活动的各部、部级机关及企业的国有资本代表机关；

(2)本法规定的实施对外投资项目的投资商。

2. 本条第1款第(1)项规定的对象,按以下规定落实报告制度：

(1)定期每年度依职权拟定对外投资活动管理情况报告,并报送计划与投资部综合上报政府总理；

(2)定期每年度,计划与投资部向政府总理报告对外投资情况。

3. 投资商按以下规定落实报告制度：

(1)自投资项目按投资东道国的法律规定获批或获准之日起60日内,投资商应向计划与投资部、越南国家银行、越南驻投资东道国代表机构书面报告在国外的投资活动实施情况,并附批准投资项目文件或在投资东道国享有投资活动权利的证明材料复印件；

(2)定期每季度、每年度,投资商向计划与投资部、越南国家银行和越南驻投资东道国代表机构提交投资项目活动情况报告；

(3)自取得税务清缴报告或投资东道国法律规定的具有同等法律效力的文件之日起6个月内,投资商向计划与投资部、越南国家银行、财政部、越南驻投资东道国代表机构、本法及有关法律规定的国家主管部门提交投资项目活动情况报告,并附财务报表、税务清缴报告或投资东道国法律规定的具有同等法律效力的文件；

(4)对使用国有资本的对外投资项目,除落实本款(1)项、第(2)项、第(3)项规定的报告制度外,投资商还应根据投入企业生产经营的国有资本管理使用法律的规定落实投资报告制度。

4. 本条第2款和第3款规定的报告,通过国家投资信息系统以书面形式提交。

5. 本条第1款规定的机关和投资商,应国家主管部门提出的与国家管理工作或投资项目相关的要求,进行非常规报告。

第 74 条　投资促进活动

1. 政府指导拟定并组织落实投资促进政策和方向，按行业、区域和合作方推动符合不同时期社会经济发展战略、规划、计划和目标的投资活动并为其提供便利；保障落实跨区域、跨行业、商业促进与旅游促进相结合的投资促进计划和活动。

2. 计划与投资部拟定并组织落实国家投资促进计划和项目；协调跨区域、跨省投资促进活动；监测、监督和评估全国的投资促进效果。

3. 各部、部级机关、省级人民委员会在其权责范围内，拟定并组织落实所属管理领域和地域内符合社会经济发展战略、规划、计划和国家投资促进计划的投资促进计划与项目。

4. 拟定并组织落实投资促进计划的经费，由国家财政和其他合法资助拨付。

5. 政府规定本条细则。

第七章　施 行 条 款

第 75 条　补充修订关于投资经营的法律的若干条款

1. 补充修订经律字第 40/2019/QH14 号补充修订的律字第 65/2014/QH13 号《住房法》的若干条款：

(1) 补充修订第 21 条第 2 款如下：

2. 具有保证金或关于保证金义务的银行担保，根据投资法律的规定实施项目。

(2) 补充修订第 22 条第 2 款第(3)项如下：

(3) 根据《投资法》的规定批准投资商。批准多名投资商的，根据《建设法》的规定确定投资人。

政府规定本条细则。

(3) 补充修订第 170 条第 2 款如下：

2. 对属于《投资法》规定的批准投资主张的其他住房建设项目，

适用《投资法》的规定。

(4)补充修订第175条第7款如下：

7. 组织有关住房建设与管理的专门业务培训；对颁发公寓房管理培训结业证作出规定；规定并承认公寓房分级事项。

(5)废除第22条第3款和第171条。

2. 补充修订律字第66/2014/QH13号《不动产经营法》的若干条款如下：

(1)补充修订第10条第1款如下：

1. 经营不动产的组织和个人应设立企业或合作社(以下简称企业)，但本条第2款规定的情形除外。

(2)补充修订第50条如下：

第50条　准予转让全部或部分不动产项目的权限

1. 对根据《投资法》的规定批准投资商或签发投资登记证的不动产项目，转让全部或部分不动产项目的权限和手续适用《投资法》的规定。

2. 对不属于本条第1款规定的不动产项目，准予转让全部或部分不动产项目的权限按以下规定执行：

(1)对省级人民委员会决定投资的不动产项目，省或直辖市人民委员会(以下简称省级人民委员会)决定准予转让全部或部分不动产项目；

(2)对政府总理决定投资的不动产项目，政府总理决定准予转让全部或部分不动产项目。

(3)在第51条第1款前补充段落如下：

本法第50条第2款规定的转让全部或部分不动产项目的手续，按以下规定执行：

3. 补充修订经律字第35/2018/QH14号和律字第39/2019/QH14号补充修订的律字第55/2014/QH13号《环境保护法》第25条第2款的若干条款如下：

(1)补充修订第25条第2款第(1)项如下：

(1)对本法第18条规定的对象,主管部门根据环境影响初评报告批准投资主张;投资商在环境影响评估报告获批后才能实施项目。

对于公共投资项目,主管部门根据环境影响初评报告,决定投资主张;对本法第18条规定的对象,根据环境影响评估决定投资。政府详细规定环境影响初评报告的对象和内容。

(2)补充修订第25条第2款第(5)项如下:

(5)对不属于本款第(1)项、第(2)项、第(3)项、第(4)项规定对象的项目,主管部门根据环境影响初评报告签发投资登记证,但应投资商请求签发投资登记证的情形除外;投资商在环境影响评估报告获批后才能实施项目。

4. 补充修订经律字第32/2013/QH13号和律字第71/2014/QH1号补充修订的律字第14/2008/QH12号《企业所得税法》的若干条款如下:

(1)在第13条第5款后补充第5a款如下:

5a. 对《投资法》第20条第2款规定的投资项目,政府总理决定适用不超过本条第1款规定的优惠税率50%的减税优惠税率;适用优惠税率的期限不得超过本条第1款规定的优惠税率适用期限的1.5倍,且可延长不超过15年,但不得超过投资项目的期限。

(2)在第14条第1款后补充1a款如下:

1a. 对《投资法》第20条第2款规定的投资项目,政府总理决定适用不超过6年的免税优惠且减少后续13年内应缴税款的50%。

5. 补充修订经律字第31/2009/QH12号和律字第35/2018/QH14号补充修订的律字第62/2006/QH11号《电影法》的若干条款如下:

(1)废除第14条、第15条和第30条第3款。

(2)删除第55条中第“14”后的数字“14”和逗号。

(3)废除经律字第77/2015/QH13号、律字第35/2018/QH14号和律字第40/2019/QH14号补充修订的律字第30/2009/QH12号

《城市规划法》第10条和第43条第2款第(1)项。

第76条 施行条款

1. 本法自2021年1月1日起生效施行,但本条第2款的规定除外。

2. 本法第75条第3款的规定自2020年9月1日起生效施行。

3. 经律字第90/2015/QH13号、律字第03/2016/QH14号、律字第04/2017/QH14号、律字第28/2018/QH14号、律字第42/2019/QH14号补充修订的律字第67/2014/QH14号《投资法》,自本法生效之日起废止,但律字第67/2014/QH14号《投资法》第75条除外。

4. 国家居民数据库接入国家投资登记数据库、国家企业注册登记数据库的,越南公民办理《投资法》《企业法》规定的行政手续时,可以使用个人标识码代替居民身份证、公民身份信息卡、护照和其他合法个人证件的复印件。

5. 法律规范文件援引《投资法》规定的关于决定批准项目、决定投资主张的规定的,适用本法关于批准投资主张的相关规定。

第77条 过渡条款

1. 本法生效施行前已取得投资许可证、投资优惠证、投资证、投资登记证的投资商,按照投资许可证、投资优惠证、投资证、投资登记证实施投资项目。

2. 凡属下列情形之一的投资项目,投资商无须按照本法的规定办理批准投资主张手续:

(1)在本法生效施行前,投资商经国家主管部门根据关于投资、住房、城市和建设的法律规定决定投资主张、批准投资主张或批准投资;

(2)在本法生效施行前,根据关于投资、住房、城市、建设和投资商的法律规定已经依法开展实施的豁免批准投资主张、决定投资主张、批准投资、签发投资登记证的投资项目;

(3)在本法生效施行前,投资商已中标、拍得土地使用权;

（4）在本法生效施行前，已取得投资优惠证、投资许可证、投资证、投资登记证的投资项目。

3. 变更本条第2款规定的投资项目且变更内容属于本法规定的批准投资主张的，应按本法的规定办理批准投资主张或变更投资主张手续。

4. 2015年7月1日前依法已开展实施或获批、获准实施且属于本法规定的保障实施的投资项目，无须提供保证金或关于保证金义务的银行担保。本法生效施行后，投资商调整投资项目目标、实施进度、变更土地使用目的的，应按本法的规定提供保证金或有关保证金的银行担保。

5. 本法生效施行前签订的提供追债服务的合同，自本法生效施行之日起终止效力；合同各方当事人可以根据民事法律和相关法律的其他规定清算提供追债服务的合同。

6. 被准许适用优于本法第9条颁布的目录规定的市场准入条件的合资经济组织，可继续适用已取得的投资登记证规定的条件。

7. 本法第44条第3款的规定，适用于本法生效施行前取得划拨土地的投资项目和未取得划拨土地的投资项目。

8. 法律规定办理行政手续的文件应包括投资登记证或批准投资主张文件，但投资项目不属于本法规定的签发投资登记证、批准投资主张的情形，投资商无须提交投资登记证或批准投资主张文件。

9. 为工业区的劳动者建设住房和公共便利服务工程划拨地块存在困难的地方，国家主管部门可以调整工业区建设规划（2014年7月1日前设立的工业区），以便保留部分地块为工业区的劳动者建设住房和公共便利服务工程。

调整规划后，为工业区的劳动者建设住房和公共便利服务工程的土地应位于工业区地域范围外，并确保关于建设的法律和其他相关法律规定的环境安全距离。

10. 对外投资活动的过渡，按以下规定执行：

(1)2015 年 7 月 1 日前签发的对外投资许可证、投资证中关于对外投资项目运营期的规定无效；

(2)取得对外投资许可证、对外投资证、对外投资登记证以实施本法规定的附条件的对外投资行业内的对外投资项目的投资商，继续适用已取得的对外投资许可证、对外投资证、对外投资登记证。

11. 自本法生效施行之日起，根据已经律字第 90/2015/QH13 号、律字第 03/2016/QH14 号、律字第 04/2017/QH14 号、律字第 28/2018/QH14 号、律字第 42/2019/QH14 号补充修订的律字第 67/2014/QH13 号《投资法》的规定受理的超过处理期限仍未答复的有效文件，继续适用经律字第 90/2015/QH13 号、律字第 03/2016/QH14 号、律字第 04/2017/QH14 号、律字第 28/2018/QH14 号、律字第 42/2019/QH14 号补充修订的律字第 67/2014/QH13 号《投资法》的规定。

12. 政府规定本条细则。

本法于 2020 年 6 月 17 日召开的越南社会主义共和国第十四届国会第九次会议审议通过。

国会主席

阮氏金银

《投资法》经律字第 03/2022/QH15 号《〈公共投资法〉〈公私合作模式投资法〉〈投资法〉〈住房法〉〈竞标法〉〈电力法〉〈企业法〉〈特别消费税法〉若干条款补充修订法》补充修订，该法自 2022 年 3 月 1 日起生效施行。由 2022 年 1 月 11 日越南社会主义共和国第十五届国会第一次特别会议通过。该法的过渡性条款如下：

自本法生效施行之日起，申请批准、变更属已经律字第 72/2020/QH14 号补充修订的律字第 61/2020/QH14 号《投资法》第 31 条规定的政府总理批准投资主张、现属于本法第 3 条规定的省级人民委员会批准投资主张的住房（用以出售、出租、租售）和市区投资建设项目投资主张的有效文件，按照已经律字第 72/2020/QH14 号补充修订的律字第 61/2020/QH14 号《投资法》的规定已受理且超过处理期限仍未答复的，继续依照已经律字第 72/2020/QH14 号补充修订的律字第 61/2020/QH14 号《投资法》的规定执行。

知识产权法

律字第 50/2005/QH11 号

越南社会主义共和国第十一届国会第八次会议根据第十届国会第十次会议于 2001 年 11 月 25 日作出的补充修订《越南社会主义共和国宪法》(1992 年)的第 51/2001/QH10 号决议颁行本法。

第一编　总　　则

第 1 条　调整范围

本法调整著作权与著作邻接权、工业产权、植物品种及其保护权。

第 2 条　适用对象

本法适用于越南的组织或个人、符合本法与越南社会主义共和国参加的国际条约所规定条件的外国组织或个人。

第 3 条　知识产权客体

1. 著作权的客体包括文学、艺术、科学作品；著作邻接权的客体包括演出、录音录像制品、广播节目、数字节目卫星信号。

2. 工业产权客体包括发明、工业品外观设计、半导体集成电路布图设计、商业秘密、商标、商号和地理标志。

3. 植物品种权的客体包括育种材料和收获材料。

第4条　术语解释

本法中的术语作如下解释。

1. 知识产权，系指组织或个人对知识财产的权利，包括著作权与著作权邻接权、工业产权和植物品种权。

2. 著作权，系指组织或个人对其创作或所有的作品的权利。

3. 著作权邻接权（以下简称邻接权），系指组织或个人对演出、录音录像制品、广播节目或数字节目卫星信号的权利。

4. 工业产权，系指组织或个人对其发明或所有的发明、工业品外观设计、半导体集成电路布图设计、商业秘密、商标、商号和地理标志的权利，以及反不正当竞争的权利。

5. 植物品种权，系指组织或个人对其培育或发现、开发，或享有所有权的植物品种的权利。

6. 知识产权主体，系指知识产权权利人或受让知识产权的组织或个人。

7. 作品，系指以任何工具或形式表现的文学、艺术、科学领域的创作成果。

8. 演绎作品，系指翻译、临摹、改编、改写、整理、注释或选编作品。

9. 已发表的作品或录音录像制品，系指经著作权人或邻接权人同意，向公众发行合理数量复制件的作品或录音录像制品。

10. 复制，系指以任何工具或形式制作一份或多份作品或录音录像制品复制件，包括以电子形式制作复制件。

11. 广播，系指以有线或者无线工具，包括在公众选择的时间和地点，通过卫星以公众能够接收的方式，向公众出传播作品、演出、录音录像制品、广播节目的声音、图像或音像。

12. 发明，系指运用自然规律解决特定问题的产品或工艺形式的技术方案。

13. 工业品外观设计，系指以形状、线条、颜色或其结合体现的产品外观。

14. 半导体集成电路，系指元件中至少包含一个源元件且部分或全部互连，整体形成在一块半导体材料之中或之上，执行电子功能的成品或半成品形式的产品。集成电路是IC、芯片、微电子电路的代名词。

15. 半导体集成电路布图设计（以下简称布图设计），系指半导体集成电路中电路元件及其互连的三维布置。

16. 商标，系指用以区分不同组织或个人的商品或服务的标志。

17. 集体商标，系指用以区分商标权人组织成员与非成员组织或个人的商品或服务的标志。

18. 证明商标，系指商标权人许可其他组织或个人在其商品或服务中使用，以证明该商品或服务的原产地、原料、材料、商品生产方式或服务提供方式、商标商品或服务的质量、精准性、安全性或其他特征的商标。

19. 联合商标，系指同一主体注册的用于同类、近似或关联产品或服务的相同或近似的商标。

20. 驰名商标，系指越南境内的消费者广泛熟知的商标。

21. 商号，系指组织或个人在经营活动中使用的与同一经营领域和区域的其他经营主体进行区分的名称。

本款规定的经营区域，系指经营主体拥有合作伙伴、客户或声誉的地区。

22. 地理标志，系指标明产品出产自具体地区、地点、领土或国家的标志。

23. 商业秘密，系指自金融或智力投资活动中获取的未披露且可能用于经营活动的信息。

24. 植物品种，系指属同一最低植物分类等级，形态一致且繁殖周期稳定，可通过基因型或给定基因型组合产生的性状表达进行识别，并可通过至少一种可遗传的性状与其他任一植物种群进行区分的植物分组。

25. 保护凭证，系指国家主管部门授予组织或个人以设立对发明、工业品外观设计、布图设计、商标或地理标志的工业产权或植物品种权的证书。

26. 繁殖材料，系指能够长成用于繁殖或栽培的新植物的植物或其部分。

27. 收获材料，系指从繁殖材料的栽培中获得的植物或其部分。

第5条　法律适用

1. 本法未作规定的涉及知识产权的民事问题，适用《民法》的规定。

2. 本法与其他法律关于知识产权的规定不一致的，适用本法。

3. 越南社会主义共和国参加的国际条约与本法的规定不一致的，适用该国际条约。

第6条　知识产权产生与设立的依据

1. 著作权，自作品创作完成并以一定物质形式呈现时起产生，不区分内容、质量、形式、工具、语言、是否发表和是否登记。

2. 邻接权，自演出、录音录像制品、广播节目、数字节目卫星信号有形化或展示且不侵犯著作权时起产生。

3. 设立工业产权：

(1)发明、工业品外观设计、布图设计、商标的工业产权，基于国家主管部门按照本法规定的登记手续或承认越南社会主义共和国参加的国际条约规定的登记手续，决定授予保护凭证而设立。

驰名商标的工业产权因使用而设立，不取决于登记手续。

地理标志的工业产权，基于国家主管部门按照本法或越南社会主义共和国参加的国际条约规定的登记手续，决定授予保护凭证而设立。

(2)字号的工业产权，基于合法使用该字号设立。

(3)商业秘密的工业产权，基于合法持有商业秘密并实施保密工作设立。

(4)反不正当竞争权，基于商业竞争活动设立。

4. 植物品种权，基于国家主管部门按照本法规定的登记手续，决定授予植物品种保护凭证而设立。

第7条 知识产权的限制

1. 知识产权主体仅在本法规定的范围和期限内行使其权利。

2. 行使知识产权不得损害国家利益、公共利益、其他组织或个人的合法权益，不得违反相关法律的其他规定。

3. 在保障国防、安全、民生和本法规定的国家、社会的其他利益的情形下，国家有权禁止或限制知识产权主体行使其权利，或强制知识产权主体以适当条件许可其他组织或个人使用其一项或多项权利；对属于国家秘密的发明，权利的限制按照政府的规定执行。

第8条 国家的知识产权政策

1. 在协调知识产权主体的利益与公共利益的基础上，承认并保护组织或个人的知识产权；不保护违背社会道德、公共秩序、危害国防和安全的知识产权客体。

2. 鼓励和促进智力资产的创造和利用，为社会经济发展和人民物质精神生活的改善作出贡献。

3. 对服务于公益的知识产权受让和利用给予财政支持；鼓励国内外组织或个人为创造性活动和知识产权保护提供资助。

4. 优先投资培养、培训从事知识产权保护及其科学技术研究应用的干部、公职人员队伍和有关对象。

5. 调动社会资源投资以提高知识产权保护体系的能力，适应社会经济发展和融入全球经济的要求。

第9条 组织或个人保护知识产权的权利和责任

依据本法和相关法律的其他规定，组织或个人有权采取法律允许的措施保护其知识产权，并有责任尊重其他组织或个人的知识产权。

第 10 条　国家知识产权管理的内容

1. 拟定并指导落实知识产权保护战略和政策。

2. 颁布并组织落实知识产权相关法律文件。

3. 组织知识产权管理机构，培养、培训知识产权干部。

4. 授予并办理著作权登记证、邻接权登记证、工业产权客体保护凭证、植物品种保护凭证相关手续。

5. 监察、检查知识产权法律的实施；处理关于知识产权的投诉举报并处理知识产权侵权行为。

6. 组织知识产权动态信息和统计。

7. 组织管理知识产权鉴定活动。

8. 教育、宣传或普及关于知识产权的知识和法律。

9. 知识产权国际合作。

第 11 条　国家知识产权管理的职责

1. 政府统一对知识产权进行国家管理。

2. 科技部对政府负责，配合文化体育与旅游部、农业与农村发展部实施国家知识产权管理和国家工业产权管理。

文化体育与旅游部在职权范围内实施国家著作权与邻接权管理。

农业与农村发展部在职权范围内实施国家植物品种权管理。

3. 各部、部级机关、政府部门在职权范围内配合科技部、文化体育与旅游部、农业与农村发展部、省或直辖市人民委员会实施关于知识产权的国家管理。

4. 各级人民委员会依权限在地方实施关于知识产权的国家管理。

5. 政府具体规定科技部、文化体育与旅游部、农业与农村发展部、各省或直辖市人民委员会关于知识产权的国家管理职权。

第 12 条　知识产权费用

组织或个人在依本法和相关法律的规定办理知识产权相关手

续时须缴费。

第二编　著作权与邻接权

第一章　著作权与邻接权的保护条件

第一节　著作权保护条件

第13条　受著作权保护的作者或著作权人

1. 受著作权保护的组织或个人，包括作品的直接创作者、本法第37条至第42条规定的著作权人。

2. 本条第1款规定的作者或著作权人，包括越南的组织或个人；持有在越南首次发表未在其他任何国家发表的作品，或自该作品在其他国家首次发表之日起30日内同时在越南发表的外国组织或个人；依照越南社会主义共和国参加的国际条约，其作品在越南受保护的外国组织或个人。

第14条　受著作权保护的作品类型

1. 受保护的文学、艺术和科学作品，包括：

(1) 以文字或其他符号呈现的文学作品、科学作品、教科书、教材和其他作品；

(2) 讲稿、演讲稿和其他发言稿；

(3) 报纸作品；

(4) 音乐作品；

(5) 舞台作品；

(6) 电影作品和以类似方法创作的作品（以下简称电影作品）；

(7) 造型艺术作品和实用美术作品；

(8) 摄影作品；

(9) 建筑作品；

(10)与地形、建筑或科学作品有关的平面图、草图、地图和图纸;

(11)民间文学艺术作品;

(12)计算机程序和数据汇编。

2. 在不侵犯创作衍生作品的原作品著作权的前提下,衍生作品才能受本条第1款的规定保护。

3. 本条第1款和第2款规定的受保护作品,须由作者以其智力劳动直接创作且不得复制他人的作品。

4. 政府就本条第1款规定的作品类型作出具体指导。

第15条　不受著作权保护的客体

1. 时事新闻报道。

2. 法律规范文件、行政文件、司法领域的其他文件及其官方译本。

3. 程序、系统、活动方法、概念、原理和数据。

第二节　邻接权的保护条件

第16条　受邻接权保护的组织或个人

1. 演员、歌手、乐手、舞者和表演文学艺术作品的其他人员(以下统称表演者)。

2. 本法第44条第1款规定的演出权利人组织或个人。

3. 首次有形化演出的声音、图像或其他声音、图像的组织或个人(以下统称录音录像制作者)。

4. 发起并实施广播的组织(以下称广播组织者)。

第17条　受邻接权保护的客体

1. 以下演出受邻接权保护:

(1)越南公民在越南或国外的演出;

(2)外国人在越南的演出;

(3)在本法第 30 条规定的受保护录音录像制品中有形化的演出;

(4)未在本法第 31 条规定的受保护的已广播录音录像制品中有形化的演出;

(5)受越南社会主义共和国参加的国际条约保护的演出。

2. 以下录音录像制品受邻接权保护:

(1)越南籍录音录像制作者的录音录像制品;

(2)受越南社会主义共和国参加的国际条约保护的录音录像制作者的录音录像制品。

3. 以下广播节目、数字节目卫星信号受邻接权保护:

(1)越南籍广播组织者的广播节目、数字节目卫星信号;

(2)受越南社会主义共和国参加的国际条约保护的广播组织者的广播节目、数字节目卫星信号。

4. 演出、录音录像制品、广播节目、数字节目卫星信号,仅在不侵犯著作权的前提下才能受本条第 1 款、第 2 款和第 3 款规定的保护。

第二章　著作权与邻接权的内容、限制和保护期

第一节　著作权的内容、限制和保护期

第 18 条　著作权

本法所规定的作品著作权,包括人身权和财产权。

第 19 条　人身权

人身权包括以下权利。

1. 命名作品。

2. 在作品上署真名或笔名;公布或使用作品时标注真名或笔名。

3. 发表作品或许可他人发表作品。

4. 保护作品的完整性,不允许他人以任何形式修改、删减或歪曲,侵犯作者的名誉、声誉。

第 20 条　财产权

1. 财产权包括以下权利:

(1)创作衍生作品;

(2)公开表演作品;

(3)复制作品;

(4)发行或进口作品的原件或复制件;

(5)以有线、无线、电子信息网或其他任何技术方式向公众发行作品;

(6)出租电影作品、计算机程序的原件或复制件。

2. 本条第 1 款规定的各项权利,由作者、独占著作权人行使或依本法的规定许可他人行使。

3. 组织或个人行使本条第 1 款和本法第 19 条第 3 款规定的某项、多项或全部权利时,应征求著作权人许可并支付版税、报酬或其他物质利益。

第 21 条　电影作品和舞台作品的著作权

1. 从事导演、编剧、拍摄、剪辑、音乐创作、美术设计、声音设计、照明、片场美工、道具设计、视觉特效及其他对电影作品作出创造性工作的人员,享有本法第 19 条第 1 款、第 2 款和第 4 款规定的权利和约定的其他权利。

从事导演、编剧、编舞、音乐创作、美术设计、声音设计、照明、舞台美工、道具设计、视觉特效及其他对舞台作品作出创造性工作的人员,享有本法第 19 条第 1 款、第 2 款和第 4 款规定的权利和约定的其他权利。

2. 投资经费和物质技术条件制作电影作品、舞台作品的组织或个人,为享有本法第 19 条第 3 款和第 20 条规定的各项权利的权利人。

3. 本条第 2 款规定的组织或个人有义务向本条第 1 款规定的人员支付版税、报酬和约定的其他物质利益。

第 22 条 计算机程序和数据汇编的著作权

1. 计算机程序,是以命令、代码、图表或任何其他形式表达的指令集合,嵌入计算机可读取的设备时可使计算机执行工作或实现指定的具体结果。

以源代码或机器代码的形式表达的计算机程序,类似文学作品受到保护。

2. 数据汇编,是以选取、排列电子资料或其他形式的资料表达的创造性集合。

数据汇编的著作权保护不包含该资料,不侵犯该资料的著作权。

第 23 条 民间文学艺术作品的著作权

1. 民间文学艺术作品,是指根据某一群体或数名个体的传统,反映群体的愿望,表现其社会和文化特征、标准和价值,以模仿或其他方式传承的集体创作。民间文学艺术作品包括:

(1) 故事、诗歌和对联。

(2) 曲调和旋律。

(3) 舞蹈、戏剧、仪式和游戏。

(4) 图形、绘画、雕刻、乐器、建筑模型及以任何物质形式表达的其他艺术产品。

2. 组织或个人使用民间文学艺术作品时,应参照其来源并保存其真正价值。

第 24 条 文学、艺术和科学作品的著作权

本法第 14 条第 1 款规定的文学、艺术和科学作品的著作权保护,由政府作出具体规定。

第 25 条 使用已发表作品无须许可、支付版税或报酬的情形

1. 使用已发表的作品，无须许可、支付版税或报酬的情形包括：

(1)为个人科学研究或教学目的复制作品；

(2)为评论或说明，不曲解作者观点合理引用作品；

(3)在报纸或期刊、广播电台或电视台、纪录片发表的文章中，不曲解作者观点引用作品；

(4)为学校教学，不曲解作者观点以非商业目的引用作品；

(5)图书馆为存档研究目的，复制作品；

(6)在文化生活、宣传动员活动中，以不收取任何费用的形式表演舞台作品或其他表演艺术作品；

(7)为时事报道或教学目的，直接对表演录音录像；

(8)为介绍作品，拍摄或电视转播在公共场所陈列的造型作品、建筑作品、摄影作品和实用美术作品；

(9)为盲人将作品转写为盲文或其他语言；

(10)进口他人作品的复制件供个人使用。

2. 组织或个人使用本条第 1 款规定的作品，不得影响作品的正常利用，不得损害作者或著作权人的权利；应当注明作者姓名、作品来源和出处。

3. 本条第 1 款第(1)项、第(5)项的规定不适用于建筑作品、造型作品和计算机程序。

第 26 条 使用已发表作品无须许可但须支付版税或报酬的情形

1. 广播组织者使用已发表作品进行任何赞助、广告或收费形式的广播，无须许可，但须自使用之日起向著作权人支付版税或报酬。版税、报酬或其他物质利益的标准和支付方式，由各方商定。协商不成的，按照政府的规定执行或依法向法院提起诉讼。

广播组织者使用已发表作品进行无赞助、广告或任何收费形式的广播，无须许可，但须按照政府的规定自使用之日起向著作权人支付版税或报酬。

2. 组织或个人使用本条第 1 款规定的作品，不得影响作品的正常利用，不得损害作者或著作权人的权利；应当注明作者姓名、作品来源和出处。

3. 本条第 1 款的规定不适用于电影作品。

第 27 条 著作权的保护期

1. 本法第 19 条第 1 款、第 2 款和第 4 款规定的人身权受无期限保护。

2. 本法第 19 条第 3 款规定的人身权和第 20 条规定的财产权的保护期，规定如下：

(1) 电影作品、摄影作品、实用美术作品、匿名作品的保护期为自作品首次发表之日起 75 年。电影作品、摄影作品和实用美术作品自有形化之日起 25 年内未发表的，保护期限为自有形化之日起 100 年；匿名作品的作者信息公开时，保护期按本款第(2)项的规定计算。

(2) 不属于本款第(1)项规定的作品，保护期为作者终生及其死亡后 50 年；合作作品的保护期截止于最后一位共同作者死亡后第 50 年。

(3) 本款第(1)项、第(2)项规定的保护期，截止于著作权保护期届满当年的 12 月 31 日 24 时。

第 28 条 著作权侵权行为

1. 占有文学、艺术和科学作品的著作权。

2. 冒充作者。

3. 未经作者许可，擅自发表或发行作品。

4. 未经共同作者许可，擅自发表或发行作品。

5. 以任何方式修改、删减或歪曲作品，侵犯作者名誉、荣誉。

6. 未经作者或著作权人许可，擅自复制作品，但本法第 25 条第 1 款第(1)项、第(5)项规定的情形除外。

7. 未经创作衍生作品的原作品作者或著作权人许可，创作衍生作品，但本法第 25 条第 1 款第（9）项规定的情形除外。

8. 未经著作权人许可使用作品，未依法支付版税或报酬和其他物质利益，但本法第 25 条第 1 款规定的情形除外。

9. 出租作品，但未向作者或著作权人支付版税或报酬和其他物质利益。

10. 未经著作权人许可，拷贝或制造复制件，发行、展示或通过信息网络和数字技术工具向公众传播作品。

11. 未经著作权人许可，出版作品。

12. 故意取消或停用著作权人为保护其作品的著作权而采取的技术措施。

13. 故意删除、修改作品中的权利管理电子信息。

14. 知道或应当知道该设备将停用著作权人为保护其作品的著作权而采取的技术措施，而制造、组装、改造、发行、进口、出口、销售或租赁设备。

15. 制作并销售伪造作者署名的作品。

16. 未经著作权人许可，出口、进口或发行作品的复制件。

第二节 邻接权的内容、限制和保护期

第 29 条 表演者权

1. 表演者为投资人的，对演出享有人身权和财产权；表演者非投资人的，表演者对演出享有人身权，投资人对演出享有财产权。

2. 人身权包括以下各项权利：

（1）表演或发行录音录像制品、广播演出时表明表演者身份；

（2）保护表演形象的完整性，不允许他人以任何侵犯表演者名誉、荣誉的形式修改、删减或歪曲作品。

3. 财产权包括专有行使或许可他人行使的以下各项权利：

（1）在录音录像制品中有形化其现场演出；

（2）直接或间接复制其已在录音录像制品中有形化的演出；

(3)以公众可以获取的方式向公众广播或以其他方式发行其未有形化的演出,但以广播为目的的演出除外;

(4)以销售、租赁或发行的形式,通过公众可以获取的任何技术方式向公众发行其演出的原件或复制件。

4. 组织或个人行使本条第3款所规定的权利,应依法或在法律未作规定的情形下按约定向表演者支付报酬。

第30条　录音录像制作者的权利

1. 录音录像制作者可专有行使或许可他人行使以下各项权利:

(1)直接或间接复制其录音录像制品;

(2)以销售、租赁或公众可以获取的任何技术方式向公众发行其录音录像制品的原件或复制件。

2. 向公众发行其录音录像制品时享受物质利益。

第31条　广播组织者的权利

1. 广播组织者可以专有行使或许可他人行使以下各项权利:

(1)广播、转播其广播节目;

(2)向公众发行其广播节目;

(3)有形化其广播节目;

(4)复制其广播节目的有形化版本。

2. 录音录像或向公众发行其广播节目时享有物质利益。

第32条　使用邻接权无须许可、支付版税或报酬的情形

1. 使用邻接权,无须许可、支付版税或报酬的情形包括:

(1)为个人科研目的自行复制作品;

(2)为教学目的自行复制作品,但为教学目的发表的演出、录音录像制品、广播节目除外;

(3)为新闻报道合理援引;

(4)广播组织者享有广播权时,为广播目的自行制作临时复制件。

2. 组织或个人行使本条第 1 款所规定的权利，不得影响演出、录音录像制品、广播节目的利用，不得侵犯表演者、录音录像制作者、广播组织者的权利。

第 33 条　使用邻接权无须许可但须支付版税或报酬的情形

1. 组织或个人直接或间接使用以商业目的发表的录音录像制品进行任何有赞助、广告或收费形式的广播，无须许可，但须自使用时起按约定向作者、著作权人、表演者、录音录像制作者、广播组织者支付版税或报酬；协商不成的，按照政府的规定执行或依法向法院提起诉讼。

组织或个人直接或间接使用以商业目的发表的录音录像制品进行任何无赞助、广告或收费形式的广播，无须许可，但须自使用时起按照政府的规定向作者、著作权人、表演者、录音录像制作者、广播组织者支付版税或报酬。

2. 组织或个人在经营或商业活动中使用已发表的录音录像制品，无须许可，但须自使用时起按照约定向作者、著作权人、表演者、录音录像制作者、广播组织者支付版税或报酬；协商不成的，按照政府的规定执行或依法向法院提起诉讼。

3. 组织或个人行使本条第 1 款和第 2 款规定的权利，不得影响演出以及录音录像制品、广播节目的正常利用，不得侵犯表演者、录音录像制作者或广播组织者的权利。

第 34 条　邻接权的保护期

1. 表演者的权利，自演出有形化之年的次年起保护 50 年。

2. 录音录像制作者的权利，自发表之年的次年起保护 50 年，或未发表的录音录像制品录制完成之年的次年起保护 50 年。

3. 广播组织者的权利，自制作广播节目之年的次年起保护 50 年。

4. 本条第 1 款、第 2 款和第 3 款规定的保护期，截止于邻接权保护期届满当年的 12 月 31 日 24 时。

第 35 条　邻接权侵权行为

1. 占有表演者、录音录像制作者或广播组织者的权利。

2. 冒充表演者、录音录像制作者或广播组织者。

3. 未经表演者、录音录像制作者或广播组织者许可，发表、制作或发行有形化的演出、录音录像制品或广播节目。

4. 以任何侵犯表演者名誉、荣誉的形式修改、删减或歪曲演出。

5. 未经表演者、录音录像制作者或广播组织者许可，复制、摘录有形化的演出、录音录像制品或广播节目。

6. 未经邻接权人许可，擅自删除或修改权利管理电子信息。

7. 故意取消或停用邻接权人为保护其邻接权而采取的技术措施。

8. 知道或应当知道权利管理电子信息未经邻接权人许可被删除或修改，而向公众广播、发行以及为发行目的进口已有形化的演出、演出或录音录像制品的复制件。

9. 知道或应当知道该设备非法解码数字节目卫星信号，而制造、组装、改造、发行、进口、出口、销售或租赁设备。

10. 未经合法发行人许可，故意接收或转发数字节目卫星信号。

第三章　著作权人与邻接权人

第 36 条　著作权人

著作权人为享有本法第 20 条规定的一项、多项或全部财产权的组织或个人。

第 37 条　著作权人为作者

作者使用其时间、经费、物质技术条件创作作品的，享有本法第 19 条规定的人身权和第 20 条规定的财产权。

第 38 条　著作权人为共同作者

1. 共同作者使用其时间、经费、物质技术条件共同创作作品的，共同享有本法第19条规定的人身权和第20条规定的财产权。

2. 本条第1款规定的创作作品的共同作者,单独创作的部分可以分割独立使用且不侵犯其他共同作者创作的部分的,可以对单独创作的部分享有本法第19条和第20条规定的各项权利。

第39条　著作权人为分配作者任务或与作者签订合同的组织或个人

1. 将作品创作任务分配给其所属作者的组织,为本法第19条第3款和第20条规定的权利人,但合同另有约定的除外。

2. 与作者签订作品创作合同的组织或个人,为本法第19条第3款和第20条规定的权利人,但合同另有约定的除外。

第40条　著作权人为继承人

根据继承法律的规定继承著作权的组织或个人,为本法第19条第3款和第20条规定的权利人。

第41条　著作权人为权利受让人

1. 按照合同约定受让本法第19条第3款和第20条规定的一项、多项或全部权利的组织或个人,为著作权人。

2. 管理匿名作品的组织或个人,在作者身份明确之前享有著作权。

第42条　著作权人为国家

1. 国家为以下作品的著作权人:

(1)匿名作品,但本法第41条第2款规定的情形除外;

(2)保护期未满,著作权人死亡且无继承人、继承人拒绝继承或无继承权的作品;

(3)著作权人将其所有权转让给国家的作品。

2. 政府对国家所有的作品使用作出具体规定。

第 43 条　公众所有的作品

1. 本法第 27 条规定的保护期届满的作品，属于公众所有。

2. 任何组织或个人均有权使用本条第 1 款规定的作品，但应尊重本法第 19 条规定的作者的人身权。

3. 政府对公众所有的作品的使用作出具体规定。

第 44 条　邻接权人

1. 组织或个人使用其时间、资金和物质技术条件进行演出的，为该演出的权利人，但与当事人另有约定的除外。

2. 组织或个人使用其时间、资金和物质技术条件制作录音录像制品的，为该录音录像制品的权利人，但与当事人另有约定的除外。

3. 广播组织者为其广播节目的权利人，但与当事人另有约定的除外。

第四章　转让著作权与邻接权

第一节　转让著作权与邻接权

第 45 条　转让著作权与邻接权的一般规定

1. 转让著作权与邻接权，系指著作权人或邻接权人按照合同或相关法律的规定将本法第 19 条第 3 款、第 20 条、第 29 条第 3 款、第 30 条和第 31 条所规定的各项权利的所有权转让给其他组织或个人。

2. 作者不得转让本法第 19 条规定的人身权，但作品的发表权除外；表演者不得转让本法第 29 条第 2 款规定的人身权。

3. 共同所有的作品、演出、录音录像制品或广播节目，转让须经全体共有人同意；共同所有的作品、演出、录音录像制品或广播节目，单独创作的部分可以分割使用的，著作权人或邻接权人有权将独自创作部分的著作权与邻接权转让给其他组织或个人。

第 46 条　著作权与邻接权转让合同

1. 著作权与邻接权转让合同应书面订立并包括以下主要内容：

(1)转让人和受让人的完整名称和详细地址；

(2)转让依据；

(3)价金和结算方式；

(4)各方的权利和义务；

(5)违约责任。

2. 著作权与邻接权转让合同的履行、修订、终止和撤销，适用民事法律的规定。

第二节　著作权与邻接权许可使用

第 47 条　著作权与邻接权许可使用的一般规定

1. 著作权与邻接权许可使用，系指著作权人或邻接权人许可其他组织或个人在一定期限内使用本法第 19 条第 3 款、第 20 条、第 29 条第 3 款、第 30 条和第 31 条规定的一项、多项或全部权利。

2. 作者不得许可使用本法第 19 条规定的人身权，但作品的发表权除外；表演者不得许可使用本法第 29 条第 2 款规定的人身权。

3. 共同所有的作品、演出、录音录像制品、广播节目，著作权与邻接权许可使用须经全体共有人同意；共同所有的作品、演出、录音录像制品、广播节目，单独创作的部分可以分割使用的，著作权人或邻接权人可以将独自创作部分的著作权与邻接权许可给其他组织或个人使用。

4. 取得著作权与邻接权许可使用的组织或个人，经著作权人或邻接权人同意，可以许可其他组织或个人使用。

第 48 条　著作权与邻接权许可使用合同

1. 著作权与邻接权许可使用合同应书面订立并包括以下主要内容：

(1)转让人和受让人的完整名称和详细地址；

(2)许可使用依据;

(3)权利转让范围;

(4)价金和结算方式;

(5)各方的权利和义务;

(6)违约责任。

2. 著作权与邻接权许可使用合同的履行、修订、终止和撤销,适用民事法律的规定。

第五章　著作权与邻接权登记证书

第49条　著作权与邻接权登记

1. 著作权与邻接权登记,系指作者、著作权人或邻接权人向国家主管部门提交申请和附件材料(以下统称申请),以记录作者、作品、著作权人或邻接权人的信息。

2. 申请授予著作权登记证书或邻接权登记证书,不是享有本法规定的著作权与邻接权的强制性手续。

3. 取得著作权登记证书或邻接权登记证书的组织或个人,发生争议时不承担其著作权与邻接权的举证责任,但有相反证据的情形除外。

第50条　著作权与邻接权登记申请

1. 作者、著作权人或邻接权人可以直接或委托其他组织或个人申请著作权与邻接权登记。

2. 著作权与邻接权登记申请包括:

(1)著作权与邻接权登记申请表。

登记申请表应以越南文填写并由作者、著作权人或邻接权人或受托人签名,载明申请人、作者、著作权人或邻接权人的信息;作品、演出、录音录像制品或广播节目的内容概要;登记衍生作品的,应载明创作衍生作品的原作者和作品的名称;发表时间、地点和方式;对申请信息的保证责任。

文化体育与旅游部规定著作权与邻接权登记表的模板。

(2)申请著作权登记的作品复制件两份或申请邻接权客体登记的有形化版本复制件两份。

(3)申请人取得授权的委托书。

(4)申请人因遗赠、受让或继承取得申请权的证明材料。

(5)共同作者创作的作品,提供共同作者的同意书。

(6)著作权与邻接权为共同所有的,提供共有人同意书。

3. 本条第2款第(3)项、第(4)项、第(5)项、第(6)项规定的材料,应以越南文填写;以外文填写的,应翻译成越南文。

第51条　授予著作权登记证书或邻接权登记证书的权限

1. 国家著作权与邻接权管理机关有权授予著作权登记证书或邻接权登记证书。

2. 授予著作权登记证书或邻接权登记证书的主管国家机关,有权重新授予、变更或撤销证书。

3. 重新授予、变更或撤销著作权登记证书或邻接权登记证书的条件、程序和手续,由政府作出具体规定。

4. 文化体育与旅游部规定著作权登记证书或邻接权登记证书的模板。

第52条　授予著作权登记证书或邻接权登记证书的期限

国家著作权与邻接权管理机关自收到有效申请之日起15个工作日内,应向申请人授予著作权登记证书或邻接权登记证书。拒绝授予著作权登记证书或邻接权登记证书的,应书面通知申请人。

第53条　著作权登记证书或邻接权登记证书的效力

1. 著作权登记证书或邻接权登记证书在越南境内有效。

2. 国家著作权与邻接权管理机关在本法生效实施前授予的著作权登记证书或邻接权登记证书,继续有效。

第 54 条　著作权与邻接权登记与公示

1. 著作权登记证书或邻接权登记证书记录在国家著作权与邻接权登记簿。

2. 授予、重新授予、变更或撤销著作权登记证书或邻接权登记证书的决定,应在著作权与邻接权公告中公示。

第 55 条　重新授予、变更或撤销著作权登记证书或邻接权登记证书

1. 著作权登记证书或邻接权登记证书遗失或损毁,或著作权人或邻接权人变更的,由本法第 51 条第 2 款规定的主管部门重新授予或变更著作权登记证书或邻接权登记证书。

2. 取得著作权登记证书或邻接权登记证书的不是作者、著作权人或邻接权人,或已登记的作品、录音录像制品、广播节目不属于受保护客体的,由本法第 51 条第 2 款规定的国家主管部门撤销著作权登记证书或邻接权登记证书。

3. 组织或个人发现著作权登记证书或邻接权登记证书的授予违反本法规定的,有权请求国家著作权与邻接权管理机关撤销著作权登记证书或邻接权登记证书。

第六章　著作权与邻接权的代表与咨询服务机构

第 56 条　著作权与邻接权集体代表组织

1. 著作权与邻接权集体代表组织,系指由作者、著作权人或邻接权人协商成立的依法保护著作权与邻接权的非营利组织。

2. 著作权与邻接权集体代表组织,按照作者、著作权人或邻接权人的委托实施以下活动:

(1)管理著作权与邻接权;就受托权利的特许使用费、报酬和其他物质利益的许可、收费和分配进行谈判。

(2)保护成员的合法权益;产生争议时组织调解。

3. 著作权与邻接权集体代表组织具有以下权利和任务：

(1)开展创作激励活动和其他社会活动；

(2)与相应的国际组织和各国的组织就著作权与邻接权保护开展合作；

(3)向国家主管部门定期或不定期报告集体代表活动；

(4)法律规定的其他权利和任务。

第57条　著作权与邻接权咨询服务机构

1. 著作权与邻接权咨询服务机构依法设立并开展活动。

2. 著作权与邻接权咨询服务机构，应作者、著作权人或邻接权人的要求实施以下活动：

(1)就与著作权与邻接权法律规定有关的问题提供咨询；

(2)受托代表作者、著作权人或邻接权人办理著作权与邻接权登记手续；

(3)受托参与涉及著作权与邻接权；保护作者、著作权人或邻接权人合法权益的其他法律关系。

第三编　工业产权

第七章　工业产权的保护条件

第一节　发明的保护条件

第58条　受发明保护的一般条件

1. 符合下列条件的发明，授予发明专利保护：

(1)具有新颖性；

(2)具有创造性；

(3)具有工业应用性。

2. 不属于普通常识且符合以下条件的发明，授予实用新型专利保护：

(1)具有新颖性；

(2)具有工业应用性。

第59条 不作为发明保护的客体

下列客体不作为发明保护：

1. 科学发现或理论、数学方法。

2. 为实施脑力活动，驯养家畜，玩游戏，商业经营的方案、计划、规则和方法；计算机程序。

3. 信息介绍。

4. 仅具有美学特性的解决方案。

5. 植物品种或动物品种。

6. 除微生物以外的主要具有生物性质的植物或动物生产过程。

7. 人畜疾病的预防、诊断和治疗方法。

第60条 发明的新颖性

1. 发明在申请日前或优先权日前，未曾在国内外以使用、书面描述或其他任何形式公开披露的，视为具有新颖性。

2. 发明仅被负有保密义务的特定人员知晓的，视为尚未公开披露。

3. 本法第86条规定的登记权人、直接或间接通过登记权人掌握发明信息的人公开披露的发明，自披露之日起12个月内在越南提交发明登记申请的，不视为丧失新颖性。

4. 本条第3款的规定也适用于国家工业产权管理机关未依法公布或无登记权的人提交的工业产权登记申请或工业产权保护凭证中披露的发明。

第61条 发明的创造性

1. 申请日前或优先权日前已在国内外以使用、书面描述或其他任何形式公开披露的技术方案，构成发明进步且相应技术领域内的普通技术人员无法轻易创造的发明,视为具有创造性。

2. 技术方案为依照本法第 60 条第 3 款和第 4 款的规定披露的发明的,不得作为评估该发明创造性的依据。

第 62 条　发明的工业应用性

可实现产品批量生产制造,或重复运用作为发明内容的工艺且取得稳定结果的发明,视为具有工业应用性。

第二节　工业品外观设计的保护条件

第 63 条　受工业品外观设计保护的一般条件

1. 具有新颖性。

2. 具有创造性。

3. 具有工业应用性。

第 64 条　不作为工业品外观设计保护的客体

1. 由产品的技术特性决定的产品外观。

2. 民用或工业建设工程的外观。

3. 在产品使用过程中不可见的产品外观。

第 65 条　工业品外观设计的新颖性

1. 工业品外观设计在申请日前或优先权日前,与已在国内外以使用、书面描述或其他任何形式公开披露的工业品外观设计有显著区别的,视为具有新颖性。

2. 两项工业品外观设计仅在外观特征上存在不易识别和记忆的差异,且不能用于整体区分两项工业品外观设计的,不视为具有显著区别。

3. 工业品外观设计仅被负有保密义务的特定人员知晓的,视为尚未公开披露。

4. 工业品外观设计自下列情形公开之日起 6 个月内提交登记申

请的，不视为丧失新颖性：

(1)未经本法第86条规定的登记权人许可，被他人公开；

(2)由本法第86条规定的登记权人以科学报告的形式公开；

(3)由本法第86条规定的登记权人在越南国家博览会、官方或官方认可的国际博览会上展示。

第66条 工业品外观设计的创造性

申请日前或优先权日前已经在国内外以使用、书面描述或其他任何形式公开披露，且相应技术领域内的普通技术人员无法轻易创造的工业品外观设计，视为具有创造性。

第67条 工业品外观设计的工业应用性

可用作模版以工业或手工方式批量制造具有该外观的产品的工业品外观设计，视为具有工业应用性。

第三节 布图设计的保护条件

第68条 受布图设计保护的一般条件

1. 具有原创性。

2. 具有商业新颖性。

第69条 不作为布图设计保护的客体

1. 半导体集成电路的操作原理、工序、系统和方法。

2. 半导体集成电路存储的信息或软件。

第70条 布图设计的原创性

1. 符合下列条件的布图设计，视为具有原创性：

(1)属于设计人的创造性劳动成果；

(2)创造出布图设计时尚未为布图设计的设计人、半导体集成电路制造商广泛知晓。

2. 由多个要素和普通连接组合成的布图设计，只有该整体组合具有本条第 1 款规定的原创性的,才被视为具有原创性。

第 71 条 布图设计的商业新颖性

1. 布图设计在申请日前尚未在世界任何地方进行商业利用的,视为具有商业新颖性。

2. 自本法第 86 条规定的登记权人或其被许可人在世界任何地方首次进行商业利用之日起 2 年内提交申请的布图设计,不视为丧失商业新颖性。

3. 本条第 2 款规定的布图设计的商业利用,是指以商业目的公开发行按照该布图设计生产的半导体集成电路或存储半导体集成电路的商品的行为。

第四节 商标的保护条件

第 72 条 受商标保护的一般条件

1. 以一种或多种颜色表示的字母、文字、图画或图像形式的可见标志,包括三维图形或前述要素的组合。

2. 能够区分商标所有权人的商品或服务与其他主体的商品或服务。

第 73 条 不作为商标保护的标志

1. 与他国的国旗、国徽相同或混淆性相似的标志。

2. 与越南国家机关、政治组织、社会政治组织、行业社会政治组织、社会组织、行业社会组织或国际组织的标识、旗帜、徽章、缩写名称或完整名称相同或混淆性相似的标志,但经该机关或组织许可的除外。

3. 与越南或外国领导人、民族英雄或知名人士的真实姓名、别名、笔名或形象相同或混淆性相似的标志。

4. 国际组织要求不得使用的与其证明章、校验章或保证章相同或混淆性相似的标志,但该组织将其注册为证明标志的除外。

5. 对商品或服务的原产地、性能、功能、质量、价值或其他特征造成误导、混淆或欺骗消费者的标志。

第 74 条 商标的显著性

1. 由一个或多个容易辨别、容易记忆的要素构成，或由多种要素组合成容易辨别、容易记忆的一个整体，且不属于本条第 2 款规定的商标，视为具有显著性。

2. 下列标志不具有商标的显著性：

（1）简单的形状和几何图形、数字、字母或非通用语言的文字，但这些标志已作为商标使用并被广泛接受的情形除外；

（2）已广泛长期使用并被大众熟知的商品或服务的任何语言的标志、常规符号、图形或通用名称；

（3）表明时间、地点、生产方法、类别、数量、质量、特征、成分、功能、价值或其他描述商品或服务特征的标志，但在申请前经由使用已获得显著性的情形除外；

（4）描述经营主体的法律地位和业务领域的标志；

（5）表明商品或服务原产地的标志，但该标志已作为商标使用并被普遍接受，或按照本法的规定注册为集体商标或证明商标的情形除外；

（6）与基于在先申请日或优先权日的相同或类似商品或服务注册的商标相同或混淆性相似的联合商标以外的标志，包括根据越南社会主义共和国参加的国际条约提交的商标注册申请；

（7）在申请日前或优先权日前，与他人已广泛使用并被普遍接受的相同或近似商品或服务的商标相同或混淆性相似的标志；

（8）与他人在相同或近似商品或服务上注册的失效不超过 5 年的商标相同或混淆性相似的标志，但商标失效理由为本法第 95 条第 1 款第（4）项规定的未使用商标的情形除外；

（9）与他人在带有驰名商标的商品或服务相同或相似的商品或服务上注册的，或在不同商品或服务上注册的被认定为驰名商标的商标相同或混淆性相似的标志，使用该标志可能会影响驰名商标的显著性或为利用该驰名商标的信誉注册商标；

(10)与他人当前使用的商号相同或近似的标志，使用此标志可能会使消费者对商品或服务的来源产生混淆；

(11)与受保护的地理标志相同或近似的标志，使用此标志可能就商品原产地误导消费者；

(12)与受保护的葡萄酒或烈性酒的地理标志相同；含有、意译或音译自地理标志的标志，将此标志注册用于非源于该地理标志所标示地理区域的葡萄酒和烈酒；

(13)与他人早于商标注册的在先申请日或优先权日而受保护的工业品外观设计相同或无显著差异的标志。

第75条　驰名商标的认定标准

1. 通过购买或使用带有该商标的商品或服务，或通过广告而知道该商标的消费者数量。

2. 带有该商标的商品或服务流通的地域范围。

3. 销售带有该商标的商品或提供服务的营业额，或已销售商品或已提供服务的数量。

4. 商标的持续使用期限。

5. 带有商标的商品或服务享有的广泛声誉。

6. 保护商标的国家数量。

7. 承认该商标为驰名商标的国家数量。

8. 商标的转让价款、许可价款或投资出资价值。

第五节　商号的保护条件

第76条　受商号保护的一般条件

持有商号的经营主体与同业务领域和同经营地区的其他经营主体具有显著差异的，商号受到保护。

第77条　不作为商号保护的客体

国家机关、政治组织、社会政治组织、行业社会政治组织、社会组织、行业社会组织或与经营活动相关的其他主体的名称，不作为商号保护。

第78条　商号的显著性

符合下列条件的商号，视为具有显著性：

(1)包含专有名称，但因使用而众所周知的情形除外。

(2)不与同业务领域和同经营地区的其他人在先使用的商号相同或混淆性相似。

(3)不与使用商号前受保护的其他人的商标或地理标志相同或混淆性相似。

第六节　地理标志的保护条件

第79条　受地理标志保护的一般条件

1. 地理标志产品出产于地理标志所标示的地区、地点、领土或国家。

2. 地理标志产品具有主要因地理标志所标示地区、地点、领土或国家的地理条件而享有的声誉、质量或特性。

第80条　不作为地理标志保护的客体

1. 根据越南境内有关消费者的认知，已成为商品通用名的名称或标志。

2. 在该国不受保护或不再受保护、不再使用的外国地理标志。

3. 与受保护商标、申请日或优先权日更早的商标登记申请中的商标相同或者近似的地理标志，使用该地理标志可能对商品的商业来源造成混淆。

4. 就带有该地理标志的产品的真实地理来源误导消费者的地理标志。

第 81 条　地理标志产品的声誉、质量和特征

1. 地理标志产品的声誉，基于消费者对该产品的信任度和消费者对该产品的知晓和选择程度认定。

2. 地理标志产品的质量和特性应以可由技术工具或专家采用相应的检测方法进行检测的一个或多个定性或定量指标或物理、化学、微生物方面可感知的标准认定。

第 82 条　与地理标志相关的地理条件

1. 与地理标志相关的地理条件，是指对地理标志产品的信誉、质量和特性具有决定性意义的自然和人为因素。

2. 自然因素包括气候、水文、地质、地形、生态系统和其他自然条件。

3. 人为因素包括生产者的技能、专业知识及当地的传统生产工艺。

第 83 条　地理标志的地理区域

地理标志的地理区域应以文字和地图明确划定界限。

第七节　商业秘密的保护条件

第 84 条　受商业秘密保护的一般条件

1. 不广为人知且不易获得。

2. 在经营活动中使用时，能够使商业秘密持有人比未持有或未使用该商业秘密的人具有优势。

3. 由其权利人采取必要措施予以保密，使其不被泄露或易于获取。

第 85 条　不作为商业秘密保护的客体

1. 个人身份秘密。

2. 国家管理秘密。

3. 国防安全秘密。

4. 与经营无关的其他秘密信息。

第八章 设立发明、工业品外观设计、布图设计、商标和地理标志的工业产权

第一节 登记发明、工业品外观设计、布图设计、商标和地理标志

第 86 条 发明、工业品外观设计和布图设计的登记权

1. 下列组织或个人享有发明、工业品外观设计和布图设计的登记权：

(1) 通过其努力和经费完成发明、工业品外观设计和布图设计的发明人或设计人；

(2) 以工作分配或聘用形式向发明人或设计人提供经费、物质便利的组织或个人，但各方另有约定且不违反本条第 2 款规定的情形除外。

2. 使用国家预算提供的物质技术条件和经费创造的发明、工业品外观设计和布图设计的登记权，由政府作出规定。

3. 共同创造或投资创造发明、工业品外观设计、布图设计的多个组织或个人均享有登记权，仅在全体组织或个人同意的前提下才能行使。

4. 本条规定的登记权人有权依法以书面合同、遗赠或继承的方式将登记权转让给其他组织或个人，包括已提交登记申请的情形。

第 87 条 商标注册权

1. 组织或个人有权为其生产的商品或提供的服务注册商标。

2. 生产者不在其产品上使用该商标且不反对注册的前提下，从事合法商业活动的组织或个人有权为其投入市场的由他人生产的

产品注册商标。

3. 依法设立的集体组织有权根据集体商标使用章程注册集体商标,供其成员使用;对商品或服务的原产地标志,由在当地从事生产经营的组织或个人构成的集体组织享有注册权。其他表明越南地方特产地理来源的地名或标志,须经国家主管部门的许可。

4. 具有监管和认证商品或服务的质量、特性、原产地或其他相关标准的职能的组织,在不从事该商品或服务生产经营的前提下有权注册证明商标。其他表明越南地方特产地理来源的地名或标志,经国家主管部门许可。

5. 符合下列条件的,两个或两个以上的组织或个人有权共同注册一个商标,成为商标共有人:

(1)应以全体共有人的名义使用该商标,或用于全体共有人均参与生产经营的商品或服务;

(2)使用该商标不会使消费者对商品或服务的来源产生混淆。

6. 在受让的组织或个人符合登记权人相应条件的前提下,本条第1款、第2款、第3款、第4款和第5款规定的登记权人,包括提出登记申请的人,有权以书面合同、继承或遗赠的形式依法将登记权转让给其他组织或个人。

7. 在越南社会主义共和国参加的禁止商标权人的代表人或代理人注册该商标的国际条约的缔约方受保护的商标,未经商标权人同意,其代表人或代理人不得注册该商标,但有正当理由的情形除外。

第88条　地理标志的注册权

越南地理标志的注册权属于国家。

国家许可生产地理标志产品的组织或个人、代表该组织或个人的集体组织、地理标志所标示地区的行政管理机关行使地理标志注册权。行使地理标志注册权的人不得成为该地理标志的权利人。

第89条　申请登记设立工业产权的方式

1. 越南的组织或个人、在越南有永久住所的外国人、在越南有生产经营场所的外国组织或个人,直接或通过其在越南的合法代表申请登记设立工业产权。

2. 非在越南有永久住所的外国人、在越南无生产经营场所的外国组织或个人,通过其在越南的合法代表申请登记设立工业产权。

3. 工业产权的设立登记申请,向国家工业产权管理机关提交纸质文件或以电子形式在线提交申请。

第 90 条　先申请原则

1. 对相同或类似发明、相同或无显著差异的工业品外观设计提交多份注册申请的,仅授予满足授予保护凭证条件的申请中享有优先权或申请日最早的有效申请。

2. 多人对相同或类似产品或服务申请注册相同或混淆性相似的商标,或同一人为相同产品或服务注册相同商标的,仅授予满足授予保护凭证条件的申请中享有优先权或申请日最早的有效申请。

3. 本条第 1 款和第 2 款规定的注册申请同时满足授予保护凭证的条件且优先权日或申请日相同的,仅授予所有申请人协商一致的唯一申请人;未达成一致的,拒绝授予保护凭证。

第 91 条　优先原则

1. 满足下列条件的,发明、工业品外观设计或商标的登记申请人有权在同一客体初次保护登记申请的基础上主张享有优先权:

(1)已在越南或越南社会主义共和国参加的规定优先权日的国际条约的缔约方或与越南协议适用类似条约的国家或地区,提交初次申请;

(2)申请人是越南公民,或在越南或本款第(1)项规定的其他国家居住或具有生产经营场所的其他国家的公民;

(3)申请书中明确享受优先权的主张,并附受理初次申请的机关认证的初次申请复印件;

(4)在越南社会主义共和国参加的国际条约规定的期限内提交申请。

2. 在注明申请内容所对应的在先申请内容的前提下，申请人有权在发明、工业品外观设计或商标登记申请中根据不同的在先申请主张享受优先权。

3. 享有优先权的工业产权登记申请，初次提交申请的日期为优先权日。

第92条　保护凭证

1. 保护凭证记载发明、工业品外观设计、布图设计或商标的权利人（以下简称保护权人）；发明人或工业品外观设计、布图设计或商标的设计人；保护客体、保护范围和保护期限。

2. 地理标志保护凭证记载地理标志管理组织、有权使用地理标志的组织或个人、受保护的地理标志、地理标志产品的特殊特征、地理标志所标示地区的地理条件和地理区域的特殊特征。

3. 保护凭证包括发明专利、实用新型专利、工业品外观设计专利、半导体集成电路布图设计登记证书、商标注册证书和地理标志登记证书。

第93条　保护凭证的效力

1. 保护凭证在越南境内具有效力。

2. 发明专利的有效期自授予之日起至申请日后20年届满。

3. 实用新型专利的有效期自授予之日起至申请日后10年届满。

4. 工业品外观设计专利的有效期自授予之日起至申请日后5年届满，可连续续展两次，每期5年。

5. 半导体集成电路布图设计登记证书的有效期自授予之日起至下列日期中最早的日期届满：

（1）申请日后10年期满；

（2）布图设计在世界任何地方首次由登记权人或其被许可人进行商业利用之日起10年期满；

（3）布图设计完成之日后15年期满。

6. 商标注册证书的有效期自授权日起至申请日后10年期满，可以连续多次续展，每期10年。

7. 地理标志注册证书自授权之日起无限期有效。

第94条 保护凭证效力的维持和续展

1. 为维持发明专利、实用新型专利的效力，保护权人须缴纳有效期维持费。

2. 为延长工业品外观设计专利、商标注册证书的效力，保护权人须缴纳续展费。

3. 维持或续展保护凭证有效期的收费标准和程序，由政府作出规定。

第95条 终止保护凭证的效力

1. 下列情形，终止保护凭证的效力：

(1)保护权人未按规定缴纳有效期维持费或续展费；

(2)保护权人声明放弃工业产权；

(3)保护权人不再存续或商标注册证书持有人不再从事商业活动且无合法继承人；

(4)在申请终止商标效力前，商标权人或其被许可人无正当理由连续5年未使用商标，但在申请终止商标效力前至少3个月开始使用或恢复使用的情形除外；

(5)集体商标注册证书持有人对集体商标使用章程的实施未进行监督或监督不力的；

(6)证明商标注册证书持有人违反证明商标使用章程或对证明商标使用章程的实施未进行监督或监督不力的；

(7)对地理标志产品的声誉、质量或特性具有决定意义的地理条件发生变化，导致其丧失声誉、质量或特性的。

2. 发明保护权人未在规定期限内缴纳有效期维持费的，期限届满时，保护凭证的有效期自未缴纳有效期维持费首年的第一天起自动终止。国家工业产权管理机关录入国家工业产权登记簿并在《工业产权公报》公示。

3. 保护权人声明放弃本条第 1 款第(2)项规定的工业产权的,国家工业产权管理机关决定自收到声明之日起终止保护凭证的效力。

4. 在缴纳费用的前提下,组织或个人有权就本条第 1 款第(3)项、第(4)项、第(5)项、第(6)项、第(7)项规定的情形请求国家工业产权管理机关终止保护凭证的效力。

国家工业产权管理机关根据对终止保护凭证效力申请的审查结果和当事人的意见,作出终止保护凭证效力的决定或通知驳回申请。

5. 本条第 1 款、第 3 款和第 4 款的规定,也适用于终止商标国际注册的效力。

第 96 条　撤销保护凭证的效力

1. 下列情形,撤销保护凭证的全部效力:

(1)登记申请人不具有登记权且未受让发明、工业品外观设计、布图设计或商标的登记权;

(2)工业产权的客体当授予保护凭证时不满足保护条件。

2. 保护凭证部分内容不满足保护条件的,撤销该部分效力。

3. 在缴纳费用的前提下,组织或个人有权就本条第 1 款和第 2 款规定的情形请求国家工业产权管理机关撤销保护凭证的效力。

行使保护凭证撤销请求权的时效为整个保护期。对于商标,时效为自授予之日起 5 年,但因申请人未如实申报而授予保护凭证的情形除外。

4. 国家工业产权管理机关根据对撤销保护凭证效力申请的审查结果和当事人的意见,作出撤销全部或部分保护凭证效力的决定或通知驳回申请。

5. 本条第 1 款、第 2 款、第 3 款和第 4 款的规定,也适用于撤销商标国际注册的效力。

第97条　修改保护凭证

1. 在缴纳费用的前提下，保护权人有权请求国家工业产权管理机关修改保护凭证中的下列信息：

(1)修正关于创作者或保护权人姓名和地址的错误。

(2)修改地理标志特征、特殊质量或地理区域的描述；修改集体商标使用章程、证明商标使用章程。

2. 应保护权人的请求，国家工业产权管理机关应修正因其过错造成的保护凭证中的错误。在此情形下，保护权人无须缴纳费用。

3. 保护权人有权请求国家工业产权管理机关缩小工业产权的范围。在此情形下，应对相应工业产权登记申请进行实质复审，且申请人应缴纳复审费用。

第98条　国家工业产权登记簿

1. 国家工业产权登记簿是记录本法规定的发明、工业品外观设计、布图设计、商标和地理标志的工业产权的设立、变更和转让的文件。

2. 授予保护凭证的决定；保护凭证的主要内容；变更、终止或撤销保护凭证效力的决定；登记工业产权转让合同的决定，均应录入国家工业产权登记簿。

3. 国家工业产权登记簿由国家工业产权管理机关编制和保存。

第99条　公布关于保护凭证的决定

工业产权保护凭证的授予、终止、撤销或修改的决定，由国家工业产权管理机关自作出决定之日起60日内在《工业产权公报》公示。

第二节　工业产权登记申请

第100条　工业产权登记申请的一般要求

1. 工业产权登记申请包括下列文件：

(1)按规定模板制作的登记申请表；

(2)鉴别本法第 102 条至第 106 条规定的工业产权登记保护客体的文件、样品和信息；

(3)授权代表人的委托书；

(4)享有他人登记权的证明文件；

(5)主张享有优先权的证明文件；

(6)缴费凭证。

2. 申请人与国家工业产权管理机关之间的工业产权登记申请和交易文件，除下列文件外，应使用越南语制作，但应按国家工业产权管理机关的要求翻译成越南语：

(1)授权委托书；

(2)登记权证明文件；

(3)优先权证明文件；

(4)支持申请的其他文件。

3. 工业产权登记申请中的优先权证明文件包括：

(1)受理机关认证的初次申请的复制件；

(2)享有他人优先权的优先权转让凭证。

第 101 条　工业产权登记申请的统一性要求

1. 每件工业产权登记申请只能请求授予一个工业产权客体一份保护凭证，但本条第 2 款、第 3 款和第 4 款规定的情形除外。

2. 每件登记申请可以请求授予技术上相互联系而形成单一共同发明思想的一组发明一份发明专利或一份实用新型专利。

3. 下列情形，每件登记申请可以请求授予多个工业品外观设计一份工业品外观设计专利：

(1)由表达单一共同发明思想且共同使用或用于共同目的多个产品构成的成套产品的工业品外观设计；

(2)伴随一个或多个工业品外观设计变体，表达单一共同发明思想且与该工业品外观设计没有显著差异的工业品外观设计。

4. 每件登记申请可以请求对用于一种或多种不同商品或服务的商标授予一份商标注册证书。

第102条 发明登记申请的要求

1. 发明登记申请中识别登记保护的发明的文件,包括发明说明书及其摘要。发明说明书包括发明的说明部分和保护范围。

2. 发明的说明部分须满足下列条件:

(1)充分清楚地披露发明的性质,以所属技术领域的普通技术人员能够实现为准;

(2)须进一步阐明发明性质的,对附图作简要说明;

(3)阐明发明的新颖性、创造性和工业应用性。

3. 发明的保护范围,应当以确定发明权利范围所必需和充分的技术规范的组合形式表达,并与发明的说明部分和附图一致。

4. 发明的摘要必须公开发明性质的主要内容。

第103条 工业品外观设计登记申请的要求

1. 工业品外观设计登记申请中识别登记保护的工业品外观设计的文件,包括工业品外观设计的说明、图片和照片。工业品外观设计说明书包括工业品外观设计的说明部分和保护范围。

2. 工业品外观设计的说明部分须满足下列条件:

(1)充分披露、表达工业品外观设计性质的所有特征,指明与已知工业品外观设计差异最小的新特征,并与图片和照片一致;

(2)工业品外观设计登记申请包含多个变体的,说明部分须充分表达这些变体并指明主要变体与其他变体之间的区别;

(3)申请中所述的工业品外观设计是成套产品的,说明部分须充分表达每件产品的特征。

3. 工业品外观设计的保护范围须明确界定需要保护的特征,包括新的特征、不同于已知类似工业品外观设计的特征。

4. 图片和照片须充分体现工业品外观设计的特征。

第104条 布图设计登记申请的要求

1. 布图设计的图片和照片。

2. 按照布图设计生产的半导体集成电路的功能和结构信息。

3. 按已进行商业利用的布图设计生产的半导体集成电路样品。

第 105 条　商标注册申请的要求

1. 商标注册申请中识别注册保护的商标的文件、样本和信息包括：

(1)商标样本和带有商标的商品或服务清单；

(2)集体商标使用章程或证明商标使用章程。

2. 应对商标样本进行描述，以明确商标的构成要素和商标的整体含义(如有)；商标由象形文字的字词组成的，须进行音译；商标由外语字词组成的，须翻译成越南语。

3. 商标注册申请中所列的商品或服务，须按照国家工业产权管理机关公布的《关于商标注册用商品和服务国际分类的尼斯协定》进行分类，以便商标注册。

4. 集体商标使用章程包括以下主要内容：

(1)商标权利人集体组织的名称、地址、成立和活动的依据；

(2)成为集体组织成员的标准；

(3)允许使用商标的组织或个人名单；

(4)商标使用条件；

(5)对违反商标使用章程行为的处置措施。

5. 证明商标使用章程主要包括以下内容：

(1)商标权利人组织或个人；

(2)使用商标的条件；

(3)商标证明的商品或服务的特征；

(4)商品或服务特征的评估方法与商标使用的监管方法；

(5)商标使用人须对商标的证明和保护支付的费用(如有)。

第 106 条　地理标志登记申请的要求

1. 地理标志登记申请中识别登记保护的地理标志的文件、样本和信息包括：

(1)地理标志的名称或标志；

(2)地理标志产品；

(3)地理标志产品的特性、质量或声誉的说明书，以及对产品的特性、质量或声誉有决定性影响的自然条件的特征要素(以下简称特征说明书)；

(4)地理标志所标示地理区域的地图；

(5)外国的地理标志，应提供证明地理标志在原产国受到保护的文件。

2. 特征说明书须具有以下主要内容：

(1)相应类型产品的描述，包括原材料以及产品的物理、化学、微生物和可感知特性；

(2)地理标志所标示地理区域的识别方法；

(3)证明产品产自本法第 79 条的规定所定义的地理区域的证据；

(4)描述当地稳定的生产加工方法；

(5)关于产品的特性或特殊质量或声誉与本法第 79 条规定的地理条件之间的关系的信息；

(6)关于产品特性或质量的自行检查机制的信息。

第 107 条　工业产权相关手续中的委托代理

1. 授权办理保护凭证的设立、维持、续展、修改、终止或撤销效力的手续的，应制作书面委托书。

2. 委托书应具备以下主要内容：

(1)委托人和受托人的完整名称和地址；

(2)委托范围；

(3)委托期限；

(4)订立委托书的日期；

(5)委托人的签名或印章(如有)。

3. 未注明期限的委托书视为无限期有效，委托人声明终止委托时方才终止效力。

第三节 工业产权登记申请与授予保护凭证的手续

第 108 条 受理工业产权登记申请与申请日

1. 工业产权国家管理机关仅受理至少包含下列文件和信息的工业产权登记申请：

(1) 发明、工业品外观设计、布图设计、商标或地理标志登记申请，其中包括足以识别申请人的信息以及商标样本、带有商标的商品或服务清单。

(2) 发明登记申请具有包括保护范围的说明书；工业品外观设计登记申请具有照片、图纸或说明书；地理标志登记申请具有地理标志产品特性说明书。

(3) 申请的缴费凭证。

2. 申请日为国家工业产权管理机关受理申请之日或根据国际条约申请的国际申请日。

第 109 条 工业产权登记申请的形式审查

1. 对工业产权登记申请进行形式审查，评估其有效性。

2. 下列情形的工业产权登记申请，视为无效申请：

(1) 不符合形式要求；

(2) 申请中所述客体不属于受保护的客体；

(3) 申请人不具有登记权，包括登记权属于多个组织或个人但其中一人或多人不同意申请的情形；

(4) 以违反本法第 89 条规定的申请方式申请；

(5) 申请人未缴纳费用。

3. 属于本条第 2 款规定的工业产权登记申请，国家工业产权管理机关办理以下手续：

(1) 通知拟驳回有效申请，其中应说明理由并指定申请人更正错误或对拟驳回通知提出异议的期限；

(2)申请人未更正或未按要求更正错误,或未对本款第(1)项规定的拟驳回通知提出合理异议的,通知驳回有效申请;

(3)对布图设计申请,通知拒绝授予半导体集成电路布图设计证书;

(4)申请人更正错误后符合要求或对本款第(1)项规定的拟驳回有效申请提出合理异议的,办理本条第4款规定的手续。

4. 对不属于本条第2款或本条第3款第(4)项规定情形的工业产权登记申请,国家工业产权管理机关出具受理有效申请的通知,或依照本法第108条的规定对布图设计登记申请办理授予保护凭证并录入国家工业产权登记簿的手续。

5. 依照本条第3款的规定被驳回的商标注册申请,视为未提交申请,但作为主张享有优先权依据的情形除外。

第110条　公布工业产权登记申请

1. 国家工业产权管理机关受理的有效工业产权登记申请,按照本条的规定在《工业产权公报》公示。

2. 发明登记申请应自申请日或优先权日起第19个月或应申请人的要求提前公布。

3. 工业品外观设计登记申请、商标注册申请或地理标志登记申请,应自其经受理为有效申请之日起2个月内公布。

4. 布图设计登记申请,直接在国家工业产权管理机关以准许查询、不得复制的方式公布;对于申请中的秘密信息,仅允许主管部门和办理撤销保护凭证效力或处理侵权行为过程中的当事人查阅。

布图设计登记申请的主要信息和布图设计保护凭证,应自授予保护凭证之日起2个月内公布。

第111条　发明登记申请或工业品外观设计登记申请公布前的保密

1. 发明登记申请或工业品外观设计登记申请在《工业产权公报》公示前,国家工业产权管理机关应对申请信息保密。

2. 国家工业产权管理机关的干部、公职人员泄露发明登记申请或工业品外观设计登记申请信息的，将受纪律处分；信息泄露给申请人造成损失的，应依法赔偿。

第 112 条　第三方对授予保护凭证的异议

自工业产权登记申请在《工业产权公报》公示之日起至决定授予保护凭证之前，任何第三方均有权向国家工业产权管理机关就授予或不授予保护凭证提出异议。异议应以书面形式提出并附证明材料或援引信息来源。

第 113 条　发明登记申请的实质审查要求

1. 在缴纳实质审查费用的前提下，发明登记申请人或任何第三人自申请日或优先权日起 42 个月内均可请求国家工业产权管理机关对申请进行实质审查。

2. 对授予实用新型专利的发明登记申请进行实质审查的请求期限，为自申请日或优先权日起 36 个月。

3. 未在本条第 1 款和第 2 款规定的期限内提出实质审查请求的，该期限届满视为撤回发明登记申请。

第 114 条　工业产权登记申请的实质审查

1. 对下列工业产权登记申请进行实质审查，按保护条件评估是否授予申请客体保护凭证，并确定相应的保护范围：

（1）经受理为有效的发明登记申请且按规定提出实质审查请求；

（2）经受理为有效的工业品外观设计登记申请、商标注册申请或地理标志登记申请。

2. 布图设计登记申请不予实质审查。

第 115 条　工业产权登记申请的修订、补充、分案和转换

1. 国家工业产权管理机关拒绝授予或决定授予保护凭证之前，申请人享有以下各项权利：

（1）修订或补充申请；

(2)分案申请；

(3)请求记录变更申请人名称或地址；

(4)根据合同、遗赠、继承或主管部门的决定转让申请的，请求记录变更申请人；

(5)将请求授予发明专利的发明登记申请转换为授予实用新型专利的发明登记申请，反之亦然。

2. 办理本条第1款规定手续的申请人须缴纳费用。

3. 工业产权登记申请的修订或补充，不得扩大申请中已经公开披露或载明的客体范围，不得改变申请登记客体的性质，同时须保证申请的统一性。

4. 分案申请的，以分案申请的申请日为原申请的申请日。

第116条　撤回工业产权登记申请

1. 国家工业产权管理机关决定授予或拒绝授予保护凭证之前，申请人有权通过实名书面声明撤回工业产权登记申请，或通过委托书明确授权的工业产权代理服务机构撤回工业产权登记申请。

2. 自申请人声明撤回申请时起，终止与该申请有关的一切手续；已缴付的与尚未开始办理的手续有关的费用，应按申请人的要求退还。

3. 所有公布前被撤回或视为撤回的发明或工业品外观设计登记申请以及所有已撤回的商标注册申请，均视为从未申请，但作为主张享有优先权依据的情形除外。

第117条　拒绝授予保护凭证

1. 拒绝授予下列发明、工业品外观设计、商标或地理标志登记申请保护凭证：

(1)有理由认定申请客体不完全满足保护条件；

(2)申请符合授予保护凭证的条件，但不属于本法第90条第1款规定的具有最早申请日或优先权日的申请；

(3)属于本法第90条第2款规定的未经所有申请人一致同意

的申请。

2. 拒绝授予不符合本法第 109 条规定的形式条件要求的布图设计登记申请保护凭证。

3. 属于本条第 1 款和第 2 款规定的工业产权登记申请,国家工业产权管理机关办理以下手续:

(1)通知拟拒绝授予保护凭证,其中应说明理由并指定申请人提出异议的期限;

(2)申请人未对本款第(1)项规定的拟拒绝通知提出异议或异议不合理的,通知拒绝授予保护凭证;

(3)申请人对本款第(1)项规定的拟拒绝通知提出合理异议的,根据本法第 118 条的规定授予保护凭证并录入国家工业产权登记簿。

4. 对拟授予保护凭证有异议的,应就异议事项对相应工业产权登记申请进行复审。

第 118 条　授予保护凭证与录入登记簿

对不属于本法第 117 条第 1 款、第 2 款和第 3 款第(2)项规定的拒绝授予保护凭证的工业产权登记申请,申请人已缴纳费用的,国家工业产权管理机关决定授予保护凭证并录入国家工业产权登记簿。

第 119 条　处理工业产权登记申请的期限

1. 自申请日起 1 个月内对工业产权登记申请进行形式审查。

2. 在下列期限内对工业产权登记申请进行实质审查:

(1)申请公布之前提出实质审查请求的发明,自公布之日起 18 个月内;公布申请之后提出实质审查请求的,自收到实质审查请求之日起 18 个月内。

(2)对于商标,自公布申请之日起 9 个月内。

(3)对于工业品外观设计,自公布申请之日起 7 个月内。

(4)对于地理标志,自公布申请之日起 6 个月内。

3. 工业产权登记申请的复审期限为初审期限的 2/3,情况复杂的可以延长,但不得超过初审期限。

4. 申请人补充修订申请的期限不计入本条第 1 款、第 2 款和第 3 款规定的期限内;处理补充修订申请的期限不得超过本条第 1 款和第 2 款规定期限的 1/3。

第四节 国际申请书与国际申请及其办理

第 120 条 国际申请及其处理

1. 根据越南社会主义共和国参加的国际条约提交的工业产权登记申请,统称为国际申请。

2. 国际申请及其处理应遵守有关国际条约的规定。

3. 政府按照本章规定的原则,指导实施国际条约中关于国际申请及其处理程序与手续的规定。

第 121 条 地理标志国际申请及其处理

1. 请求根据越南社会主义共和国正在谈判的国际条约承认并保护地理标志的申请,称为国际申请。

2. 对于提交国家工业产权管理机构的地理标志登记申请中的地理标志,公布国际申请、处理第三人的异议或评估其保护条件,适用本法的规定。

第九章 工业产权的权利人、内容和限制

第一节 工业产权的权利人和内容

第 122 条 工业产权客体的权利人

1. 发明、工业品外观设计、布图设计的权利人,是指经主管部门授予工业产权客体保护凭证的组织或个人。

商标权人,是指经主管部门授予商标保护凭证,或持有经主管

部门承认的国际注册商标或驰名商标的组织或个人。

2. 商号权利人,是指在商业活动中合法使用该商号的组织或个人。

3. 商业秘密权利人,是指依法取得并保守该商业秘密的组织或个人。受雇方或执行分配任务方在实施受雇工作或分配任务过程中获取的商业秘密,属于雇主或委托方所有,但各方另有约定的除外。

4. 越南地理标志的权利人为国家。

国家授予组织或个人在相应地区生产地理标志产品并投放市场的地理标志使用权。国家直接行使地理标志管理权,或授予代表所有被授予地理标志使用权的组织或个人利益的组织。

第 123 条　发明人、工业品外观设计或布图设计的设计人及其权利

1. 发明人、工业品外观设计或布图设计的设计人,是指直接创造出工业产权客体的人。两人以上共同创造出工业产权客体的,为共同创作者。

2. 发明人、工业品外观设计或布图设计的设计人的人身权包括以下各项权利:

(1)在发明专利、实用新型专利、工业品外观设计专利或半导体集成电路布图设计证书上署名为发明人或设计人;

(2)在发表或介绍发明、工业品外观设计或布图设计的文件中被承认为发明人或设计人。

3. 发明人、工业品外观设计或布图设计的设计人的财产权是本法第 136 条规定的获得报酬的权利。

第 124 条　工业产权客体权利人的权利

1. 工业产权客体的权利人享有以下各项财产权:

(1)根据本法第 125 条和第十章的规定使用或许可他人使用工业产权客体;

(2)根据本法第 126 条的规定禁止他人使用工业产权客体;

(3)根据本法第十章的规定处置工业产权客体。

2. 本法第 122 条第 4 款规定的经国家授予地理标志使用权或管理权的组织或个人,享有以下各项权利:

(1)被授予地理标志管理权的组织,有权根据本条第 1 款第(1)项的规定许可他人使用该地理标志;

(2)被授予地理标志使用权的组织或个人、被授予地理标志管理权的组织,有权根据本条第 1 款第(2)项的规定禁止他人使用该地理标志。

第 125 条　使用工业产权客体

1. 使用发明是指实施下列行为:

(1)制造受保护的产品;

(2)应用受保护的工艺;

(3)利用受保护或按照受保护工艺制造的产品的功效;

(4)流通、宣传、提供、储存本款第(3)项规定的产品以供流通;

(5)进口本款第(3)项规定的产品。

2. 使用工业品外观设计是指实施下列行为:

(1)制造具有受保护的工业品外观设计的产品;

(2)流通、宣传、提供、储存本款第(1)项规定的产品以供流通;

(3)进口本款第(1)项规定的产品。

3. 使用布图设计是指实施下列行为:

(1)复制布图设计;按照受保护的布图设计制造半导体集成电路。

(2)销售、租赁、广告、提供或储存受保护的布图设计;按照布图设计制造的半导体集成电路或包含按照受保护的布图设计制造的半导体集成电路的商品。

(3)进口受保护的布图设计、按照布图设计制造的半导体集成电路或包含按照受保护的布图设计制造的半导体集成电路的商品的复制品。

4. 使用商业秘密是指实施下列行为：

(1) 利用商业秘密生产产品、提供服务或货物贸易；

(2) 销售、宣传销售、储存销售或进口应用商业秘密制造的产品。

5. 使用商标是指实施下列行为：

(1) 在商品、商品包装、经营工具、服务工具或商业活动中的交易文件上加贴受保护的商标；

(2) 流通、提供、宣传销售或储存销售带有受保护商标的商品；

(3) 进口带有受保护商标的商品或服务。

6. 使用商号，是指在商业活动中使用商号命名，或在交易文件、招牌、产品、商品、商品包装和提供服务或广告的工具中体现商号的以商业为目的实施的行为。

7. 使用地理标志是指实施下列行为：

(1) 在商品、商品包装、经营工具或商业活动中的交易文件上加贴受保护的地理标志；

(2) 流通、提供、宣传销售或储存销售带有受保护地理标志的商品；

(3) 进口带有受保护地理标志的商品。

第 126 条　禁止他人使用工业产权客体的权利

1. 不属于本条第 2 款和第 3 款规定的使用情形的，工业产权客体的权利人、被授予地理标志使用权或管理权的组织或个人，有权禁止他人使用该工业产权客体。

2. 工业产权客体的权利人、被授予地理标志使用权或管理权的组织或个人，无权禁止他人实施下列行为：

(1) 为个人需要或非商业目的，或为评估、分析、研究、教学、测试、试制或收集信息以办理产品生产、进口、流通许可手续的目的，使用发明、工业品外观设计或布图设计；

(2) 流通、进口、合法利用投入市场（包括海外市场）的产品的功效，但非由商标权人或其被许可人投放海外市场的产品除外；

(3)为维持过境越南或暂时停留在越南境内的外国运输工具的活动,使用发明、工业品外观设计或布图设计。

(4)在先使用人依据本法第135条的规定使用发明或工业品外观设计;

(5)根据本法第146条和第147条的规定,经国家主管部门许可使用发明;

(6)在不知道或不应当知道该布图设计受到保护的情况下使用布图设计;

(7)在地理标志登记申请日前已对商标进行诚实保护的,使用与受保护的地理标志相同或近似的商标;

(8)诚实使用人名;描述商品或服务的类型、数量、质量、功效、价值、原产地和其他属性的标志。

3. 商业秘密的权利人无权禁止他人实施下列行为:

(1)披露或使用在不知道或不应当知道已被他人非法获取的情况下获取的商业秘密;

(2)根据本法第129条第1款的规定披露秘密数据以保护公众;

(3)以非商业目的使用本法第129条规定的秘密数据;

(4)披露或使用独立获得的商业秘密;

(5)在分析者或评估者与商业秘密权利人或产品销售者无其他约定的前提下,披露或使用通过分析或评估合法销售的产品获得的商业秘密。

第127条　发明专利、工业品外观设计专利或布图设计专利侵权行为

下列行为被视为侵犯发明、工业品外观设计和布图设计权利人的权利:

(1)未经权利人许可,使用有效保护期内的发明、工业品外观设计或与该受保护的工业品外观设计无显著差异的工业品外观设计、受保护的布图设计或任何其原始部分。

(2)使用发明、工业品外观设计和布图设计,未按本法第132条关于临时权利的规定给予补偿。

第128条　商业秘密权侵权行为

1. 下列行为被视为侵犯商业秘密权:

(1)实施违反商业秘密合法控制人采取的保密措施的行为,获取或取得与商业秘密有关的信息;

(2)未经商业秘密权利人许可,泄露或使用与商业秘密有关的信息;

(3)违反保密合同或者欺骗、引诱、收买、胁迫、引诱、滥用负有保密义务的人员的信任,获取、取得或披露商业秘密;

(4)实施违反主管部门采取的保密措施的行为,获取或取得与产品流通或经营许可申请人的商业秘密有关的信息;

(5)已经知道或不应当知道商业秘密已被涉及本款第(1)项、第(2)项、第(3)项、第(4)项所规定行为的其他人获取,而使用或披露该商业秘密;

(6)未履行本法第129条规定的保密义务。

2. 本条第1款所规定的商业秘密合法控制人,包括商业秘密的权利人、合法被许可人和商业秘密管理人。

第129条　实验数据的保密义务

1. 法律规定药品、农化产品的经营、流通许可申请人必须提供试验结果或其他经不懈努力取得的属于商业秘密的数据,申请人要求保密的,主管部门有义务采取必要措施保护此数据不会被用于不健康的商业目的,也不会被披露,但为保护公众必须披露的情形除外。

2. 自申请中的秘密数据提交本条第1款规定的主管部门至申请人取得许可之日起5年届满,未经数据提供者同意,该部门不得许可任何后续申请人在其申请中使用该秘密数据,但本法第126条第3款第(4)项规定的情形除外。

第130条　商标权、商号权和地理标志权侵权行为

1. 未经商标权人许可而实施的下列行为，视为侵犯商标权：

（1）将与受保护商标相同的标志用于与该商标附属注册清单上的商品或服务相同的商品或服务；

（2）将与受保护商标相同的标志用于与该商标附属注册清单上的商品或服务近似或相关的商品或服务，可能会对商品或服务的来源产生混淆的；

（3）将与受保护商标近似的标志用于与该商标附属注册清单上的商品或服务相同、相似或相关的商品或服务，可能对商品或服务的来源产生混淆的；

（4）在任何商品或服务上使用与驰名商标相同或近似的标志，或驰名商标的意译或音译标志，包括与驰名商标商品或服务清单中的商品或服务不同、不相似或无关的商品或服务，可能会对商品或服务的来源产生混淆，或对该标志的使用者与驰名商标权利人之间的关系产生误解的。

2. 将与他人在先使用的商号相同或近似的商业标志用于同类或相似类型的商品或服务，导致对该商号的经营实体、经营场所或商业活动产生混淆的所有行为，均被视为侵犯商号权。

3. 下列行为被视为侵犯地理标志权：

（1）将受保护的地理标志用于产自地理标志所标示地理区域但不满足地理标志产品的特性和质量标准的产品；

（2）利用地理标志产品的声誉、信誉，将受保护的地理标志用于与地理标志产品相似的产品；

（3）将任何与受保护地理标志相同或近似的标志用于非产自地理标志所标示地理区域的产品，误导消费者认为其产自该地理区域；

（4）将受保护的葡萄酒或烈酒地理标志用于非产自地理标志所标示地理区域的葡萄酒或烈酒，包括标明商品的真正原产地或以意译、音译形式使用地理标志，或辅之使用“类别”“型号”“类型”“模仿”等词。

第131条 不正当竞争行为

1. 下列行为被视为不正当竞争行为：

（1）使用对经营业主体、经营活动、商品或服务的商业来源造成混淆的商业标志；

（2）使用对商品或服务的来源、生产方法、性能、质量、数量或其他特征或对提供商品或服务的条件造成混淆的商业标志；

（3）使用者为商标权人的代表人或代理人，未经商标权人同意且无正当理由，使用在越南社会主义共和国参加的禁止商标权人的代表人或代理人使用此商标的国际条约的缔约方受保护的商标；

（4）以占有域名；利用或损害相应商标、商号或地理标志的声誉信誉为目的，注册、占有使用权或使用与他人受保护的商号、商标或本人无使用权的地理标志相同或容易混淆的域名。

2. 本条第1款规定的商业标志，是指作为商品或服务商业指南的标志和信息，包括商标、商号、商业符号、商业口号、地理标志、商品外包装设计和商品标签。

3. 本条第1款规定的使用商业标志的行为，包括在商品、商品外包装、服务工具、商业交易文件或广告工具上加贴商业标志的行为；销售、广告销售、储存销售或进口加贴此商业标志的商品。

第132条 发明、工业品外观设计或布图设计的临时权利

1. 发明或工业品外观设计的登记申请人知道该发明或工业品外观设计被他人在不具有在先使用权的情况下用于商业目的的，有权书面通知该使用人其已申请登记，其中载明申请日和《工业产权公报》的公示日期，以便后者停止或继续使用。

2. 在授予半导体集成电路布图设计证书之前已被登记权人或其被许可人进行商业利用的布图设计，登记权人知道该布图设计被他人用于商业目的的，有权书面通知该使用人其享有注册权，以便后者停止或继续使用。

3. 本条第 1 款和第 2 款规定的被通知人,在收到通知后继续使用该发明、工业品外观设计或布图设计的,发明、工业品外观设计或布图设计的权利人取得发明专利、实用新型专利、工业品外观设计专利或半导体集成电路布图设计证书时,有权要求该使用人在相应使用范围和期限内支付与许可价款相当的补偿。

第二节 工业产权的限制

第 133 条 工业产权的限制因素

根据本法的规定,工业产权受到以下因素的限制。

1. 对发明或工业品外观设计的在先使用权。

2. 权利人的义务,包括:

(1) 向发明人、工业品外观设计或布图设计的设计人支付报酬;

(2) 使用发明或商标。

3. 根据国家主管部门的决定许可发明使用权。

第 134 条 以国家名义使用发明

1. 为公共和非商业目的、国防、安全、疾病防治、人民营养健康及满足其他社会迫切需要等目的,各部委、部级机关有权代表国家使用或许可其他组织或个人在其权限范围内使用发明,无须本法第 146 条和第 147 条规定的发明权人或其排他性许可合同的被许可人(以下简称发明独占使用权人)的许可。

2. 本条第 1 款规定的发明的使用,仅限于本法第 147 条第 1 款规定的使用权许可范围和条件,但利用国家的物质技术条件或财政经费创造的发明除外。

第 135 条 发明或工业品外观设计的在先使用权

1. 在发明或工业品外观设计登记申请的申请日或优先权日(如果有)之前,已使用或准备使用与登记申请中的发明或工业品外观设计相同但独立创造完成发明或工业品外观设计的人(以下简称在先使用权人),在取得保护凭证后,其有权在已使用或已准备使用的范围和数量内继续使用该发明或工业品外观设计,无须受保护的发明或工业品外观设计权利人许可或向其支付补偿。行使发明或工业品外观设计的在先使用权,不视为侵犯发明或工业品外观设计权利人的权利。

2. 发明或工业品外观设计的在先使用权人不得将该权利转让给他人,但与使用或准备使用该发明或工业品外观设计的生产经营场所一并转让的情形除外。未经发明或工业品外观设计权利人许可,在先使用权人不得扩大使用范围和数量。

第136条　向发明人、工业品外观设计或布图设计的设计人支付报酬的义务

1. 发明、工业品外观设计或布图设计的权利人,根据本条第2款和第3款的规定向其发明人或设计人支付报酬,但各方另有约定的除外。

2. 权利人向发明人或设计人支付的最低报酬,按以下规定执行:

(1)权利人使用发明、工业品外观设计或布图设计所获利润的10%;

(2)权利人许可使用发明、工业品外观设计或布图设计历次收费总额的15%。

3. 发明、工业品外观设计或布图设计由多位创作者共同完成的,本条第2款规定的报酬额度适用于所有共同创作者。报酬的分配,由共同创作者自行约定。

4. 向发明人、工业品外观设计或者布图设计的设计人支付报酬的义务贯穿于该发明、工业品外观设计或布图设计的保护期内。

第137条　发明或商标的使用义务

1. 发明权利人有义务生产受保护的产品或应用受保护的工艺,以满足国防、安全、疾病防治和人民营养健康的需要或其他社会迫切需要。当具有本款规定的需要,但发明权利人不履行该义务时,国家主管部门可以根据本法第146条和第147条的规定,未经发明权利人准许,许可他人使用该发明。

2. 商标权人有义务连续使用商标。受让人按照商标使用合同使用商标,也被视为商标权人的商标使用行为。连续5年以上不使用商标的,根据本法第95条的规定终止商标登记证的效力。

第138条 许可使用主发明以使用从属发明的义务

1. 从属发明,是指基于另一发明创造的发明(以下简称主发明),仅在使用主发明的前提下才能使用。

2. 能够证明从属发明相比主发明具有重大技术进步且具有显著经济意义的,从属发明的权利人有权请求主发明的权利人以合理的商业条件和价款许可该主发明。

如主发明的权利人无正当理由不满足从属发明权利人的请求的,国家主管部门可以根据本法第146条和第147条的规定,未经主发明权利人准许,许可从属发明权利人该发明的使用权。

第十章 工业产权许可

第一节 工业产权转让

第139条 工业产权转让的一般规定

1. 工业产权转让,是指工业产权权利人将其所有权转让给其他组织或个人。

2. 工业产权转让必须订立书面合同(以下简称工业产权转让合同)。

第140条 工业产权转让的限制条件

1. 工业产权权利人只能在其保护范围内转让其权利。

2. 地理标志权不得转让。

3. 商号权只能在转让该商号名下全部经营场所和商业活动时一并转让。

4. 商标权的转让不得对带有该商标的商品或服务的特性或来源造成混淆。

5. 商标权只能转让给符合该商标注册权人条件的组织或个人。

第 141 条　工业产权转让合同的内容

1. 转让人和受让人的完整名称和地址。

2. 转让依据。

3. 转让价款。

4. 转让人和受让人的权利和义务。

第二节　许可工业产权客体

第 142 条　许可工业产权客体的一般规定

1. 许可工业产权客体使用权,是指工业产权客体的权利人许可其他组织或个人在其使用权范围内使用该工业产权客体。

2. 许可工业产权客体必须订立书面合同(以下简称工业产权客体使用合同)。

第 143 条　许可工业产权客体的限制

1. 不得许可地理标志或商号使用权。

2. 集体商标使用权不得许可给集体商标权人成员以外的组织或个人。

3. 被许可人不得与第三方签订再许可合同,但许可人准许的情形除外。

4. 商标被许可人有义务在其商品和商品包装上注明该商品是根据商标许可合同生产的。

5. 排他性合同的发明的被许可人有义务按照本法第 137 条第 1 款的规定,以与发明权利人相同的方式使用该发明。

第 144 条　工业产权客体使用合同类型

1. 排他性合同，是指在许可范围和期限内，被许可人对被许可使用的工业产权客体享有排他性使用权，许可人不得与任何第三方签订工业产权客体许可合同，许可人经被许可人准许才能使用该工业产权客体。

2. 非排他性合同，是指在许可范围和期限内，许可人仍有权使用工业产权客体并与他人订立非排他性工业产权客体许可合同。

3. 工业产权客体再许可合同，是指许可人为另一合同中工业产权客体的被许可人的合同。

第 145 条　工业产权客体许可合同的内容

1. 工业产权客体许可合同应当具有以下主要内容：

(1)许可人和被许可人的完整名称和地址；

(2)许可依据；

(3)合同类型；

(4)许可范围，包括使用权限制和地域限制；

(5)合同期限；

(6)许可价款；

(7)许可人和被许可人的权利和义务。

2. 工业产权客体许可合同不得具有不合理限制被许可人权利的条款，特别是下列非源于许可人权利的条款：

(1)禁止被许可人改进商标以外的工业产权客体；强制被许可人无偿向许可人转让对被许可工业产权客体的改进或改进的工业产权的登记权、所有权。

(2)直接或间接限制被许可人将根据工业产权客体许可合同生产的商品或提供的服务出口到许可人不享有相应工业产权或享有排他性商品进口权的地区。

(3)非因保证被许可人生产的商品或提供的服务的质量，强迫被许可人向许可人或许可人指定的第三方购买全部或一定比例的原材料、零部件或设备。

(4)禁止被许可人就工业产权或许可人的许可权的效力提起诉讼。

3. 凡属于本条第2款规定情形的合同条款,当然无效。

第三节　发明使用权的强制许可

第146条　发明使用权强制许可的依据

1. 下列情形,根据本法第148条第1款规定的国家主管部门的决定将发明的使用权许可给其他组织或个人,无须发明独占使用权人的同意:

(1)为公共和非商业目的,或为国防、安全、疾病防治、人民营养健康或为满足其他社会迫切需要的目的;

(2)自发明申请登记之日起4年届满且自授予发明专利权之日起3年期满后,发明独占使用权人不履行本法第137条第1款和第143条第5款规定的发明使用义务;

(3)需要使用发明的人,在合理期限内努力与发明独占使用权人就适当的价款和商业条件进行协商,但未能达成一致的;

(4)发明独占使用权人被认为实施了竞争法禁止的限制竞争行为。

2. 本条第1款规定的许可依据不复存在且不可能复现,并终止使用权不会损害被许可人的,发明独占使用权人有权要求终止使用权。

第147条　根据强制决定许可发明使用权的限制条件

1. 根据国家主管部门的决定许可的发明使用权,应符合以下条件:

(1)被许可的使用权是非排他性的。

(2)被许可的使用权仅限于足以实现许可目标的范围和期限且主要针对国内市场,但本法第146条第1款第(4)项规定的情形除外。对于半导体技术领域的发明,其许可只能用于公共和非商业目的或根据竞争法的规定处置限制竞争行为。

(3)被许可人不得将该权利转让或再许可给他人,但与其营业场所一并转让的情形除外。

(4)被许可人必须根据具体情形下该使用权的经济价值,在政府规定的补偿范围内给予发明独占使用权人适当补偿。

2. 除本条第1款规定的条件外,本法第138条第2款规定的被许可的发明使用权还须具备以下条件:

(1)主发明的独占使用权人也可以合理条件被许可使用从属发明;

(2)主发明的被许可人不得转让该权利,但与从属发明的所有权利一并转让的情形除外。

第148条 根据强制决定许可发明使用权的权限和程序

1. 科技部在审查本法第146条第1款第(2)项、第(3)项、第(4)项规定的使用权许可请求的基础上,作出发明使用权许可决定。

具有本法第146条第1款第(1)项规定的情形的,各部、部级机关在征求科技部意见后,就属于其权限内的发明作出许可决定。

2. 发明许可决定应根据本法第147条的规定载明使用范围和条件。

3. 决定许可发明使用权的国家主管部门,应将其决定及时通知发明独占使用权人。

4. 对决定许可或拒绝许可的决定,可依法申诉或提起诉讼。

5. 政府就本条规定的发明使用权许可程序作出具体规定。

第四节 工业产权许可合同登记

第149条 工业产权许可合同的效力

1. 根据本法第6条第3款第(1)项的规定登记设立的工业产权,工业产权许可合同经国家工业产权主管部门登记后生效。

2. 根据本法第6条第3款第(1)项的规定登记设立的工业产

权，工业产权客体使用合同按照各方的约定生效。

3. 本条第 2 款规定的工业产权客体使用合同，除商标使用合同外，须在国家工业产权主管部门登记后才能对第三方发生法律效力。

4. 许可人的工业产权效力终止的，工业产权客体使用合同的效力当然终止。

第 150 条　工业产权许可合同登记档案

1. 按规定模板制作的登记申请书。

2. 合同原件或其有效副本。

3. 转让工业产权情形下的保护凭证原件。

4. 共有人的书面同意或任一共有人不同意共有工业产权转让的书面说明。

5. 缴费凭证。

6. 通过代理人提交档案的委托书。

第 151 条　工业产权许可合同登记档案的处理

工业产权客体使用合同或工业产权转让合同登记档案的接收和处理的程序、手续，由政府作出规定。

第十一章　工业产权代理

第 152 条　工业产权代理服务

1. 工业产权代理服务包括：

(1)代表组织或个人在国家主管部门设立并保障实施工业产权；

(2)就与工业产权的设立和实施手续有关的问题提供咨询；

(3)与工业产权的设立和实施手续有关的其他服务。

2. 工业产权代理人包括提供工业产权代理服务的组织(以下简称工业产权代理服务机构)和在该组织从事工业产权代理业务的个

人(以下简称工业产权代理人)。

第153条 工业产权代理权的范围

1. 工业产权代理服务机构只能在其被授权范围内提供服务,经委托人书面同意后,可以再次授权给其他工业产权代理服务机构。

2. 工业产权代理服务机构已将未完成的代理工作合法授权给其他工业产权代理服务机构的,其有权放弃工业产权代理活动。

3. 工业产权代理人不得从事下列活动:

(1)同时作为工业产权纠纷当事人的代理人;

(2)未经委托方许可,撤回保护凭证申请、声明放弃保护或撤回对设立工业产权的申诉;

(3)欺诈或强迫客户签订和履行工业产权代理服务合同。

第154条 工业产权代理的职责

1. 工业产权代理具有以下职责:

(1)根据在国家工业产权主管部门登记的服务收费标准,明确告知与工业产权的设立和实施手续有关的收费和费率、服务费和费率。

(2)对其代理案件有关的信息和文件保密。

(3)真实、完整地告知设立并保障实施工业产权的国家主管部门的所有通知和要求的信息;及时向被代理人交付保护凭证和其他决定。

(4)及时满足设立和保障实施工业产权的国家主管部门对被代理人的要求,以保护被代理人的合法权益。

(5)必要时,向设立和保障实施工业产权的国家主管部门通报变更被代理人名称、地址和其他信息。

2. 工业产权代理服务机构就工业产权代理人以其名义实施的代理活动,对被代理人承担民事责任。

第155条 提供工业产权代理服务的条件

符合下列条件的组织,可以作为工业产权代理服务机构提供工业产权代理服务。

1. 依法设立并经营的企业、合作社、律师执业组织、科技服务机构,但在越南执业的外国律师执业组织除外。

2. 商业登记证或营业登记证(以下统称商业登记证)载明具有工业产权代理服务职能。

3. 组织负责人或其委托人应具备本法第156条第1款规定的工业产权代理服务执业条件。

第156条　工业产权代理服务的执业条件

1. 符合下列条件的个人,可以从事工业产权代理业务:

(1)具有工业产权代理服务执业证书;

(2)就职于某个工业产权代理服务机构。

2. 符合下列条件的个人,授予工业产权代理服务执业证书:

(1)具有完全民事行为能力的越南公民;

(2)在越南有永久住所;

(3)取得大学毕业证;

(4)直接从事工业产权法律领域的工作连续5年以上,或直接在国家或国际工业产权机构从事工业产权登记申请审查工作连续5年以上,或毕业于主管部门认可的工业产权法律培训班;

(5)不属于设立并保障实施工业产权的国家主管部门的在职干部或公职人员;

(6)通过主管部门组织的工业产权代理业务考核。

3. 工业产权法律培训、工业产权代理业务考核、授予工业产权代理服务执业证书的程序,由政府作出规定。

第157条　备案或注销工业产权代理服务机构名称与吊销工业产权代理服务执业证书

1. 符合本法第155条和第156条规定的工业产权代理服务经营条件、执业条件的组织或个人,国家工业产权管理部门应其请求,在国家工业产权代理名册登记备案并在《工业产权公报》公示。

2. 有理由确认工业产权代理不再具备本法第155条和第156条规定的经营条件或者执业条件的，国家工业产权主管部门在国家工业产权登记簿中注销该工业产权代理的名称并在《工业产权公报》公示。

3. 工业产权代理服务机构违反本法第153条第3款和第154条规定的，依法进行处理。

4. 工业产权代理人在执业中出现专业失误或违反本法第153条第3款第(3)项和第154条第1款第(1)项的规定的，视其违规行为的性质和严重程度，处以警告、罚款或吊销工业产权代理服务执业证书。

第四编 植物品种权

第十二章 植物品种权的保护条件

第158条 受植物品种权保护的组织或个人

1. 受植物品种权保护的组织或个人，是指培育或发现、开发植物品种，或投资培育或发现、开发植物品种，或受让植物品种权的组织或个人。

2. 本条第1款规定的组织或个人，包括越南的组织或个人、与越南社会主义共和国签订植物品种保护协定的缔约方的组织或个人、在越南拥有永久住所或在越南设立植物品种生产经营场所的外国组织或个人、在与越南社会主义共和国签订植物品种保护协定的缔约方拥有永久住所或设立植物品种生产经营场所的组织或个人。

第159条 受保护植物品种的一般条件

受保护的植物品种，是指经过培育或发现、开发，属于农业和农村发展部公布的国家植物品种保护名录，具有新颖性、特异性、一致性、稳定性且具备适当名称的植物品种。

第160条 植物品种的新颖性

植物品种的繁殖材料或收获产品尚未被本法第165条规定的登记权人或其被许可人在申请日前1年在越南境内，或用材树种、藤本植物申请日前6年、其他植物品种申请日前4年在越南境外，以开发植物品种为目的出售或以其他方式销售的，视为具有新颖性。

第161条 植物品种的特异性

1. 与提交申请时或优先权日众所周知的其他植物品种有显著区别的植物品种，视为具有特异性。

2. 本条第1款规定的众所周知的植物品种，是指下列植物品种：

(1)植物品种的繁殖材料或收获材料在保护登记申请时已在任何国家的市场上广泛使用；

(2)植物品种已在任何国家受到保护或载入其植物品种名录；

(3)植物品种属于保护登记申请或任何国家植物品种名录登记申请的客体，且申请未被驳回的。

第162条 植物品种的一致性

相关特征表现相同的植物品种，视为具有一致性，但在繁殖过程中某些具体特征在可预期范围内变异的情形除外。

第163条 植物品种的稳定性

植物品种在重复繁殖或在重复特定繁殖周期结束后，其相关特征仍能保持最初说明的表现且未发生变化的，视为具有稳定性。

第164条 植物品种名称

1. 登记人应向国家植物品种权管理机构为植物品种指定一个适当的名称，该名称应与越南社会主义共和国签订植物品种保护协议的任何缔约方保护登记的名称相同。

2. 植物品种的名称与同一物种或类似物种中众所周知的其他植物品种的名称有明显区别的，视为适当名称。

3. 下列情形中,植物品种名称被视为不当名称:

(1)仅由数字组成,但这些数字与该品种的特征或育种有关的除外;

(2)违反社会道德;

(3)容易对该品种的特征或特性造成误解;

(4)容易对育种人的身份造成误解;

(5)在植物品种的保护登记申请公布之前,与受保护的商标、商号或地理标志相同或混淆性相似;

(6)影响其他组织或个人的在先权利。

4. 组织或个人出售或者向市场投放植物品种繁殖材料的,应使用保护凭证记载的植物品种名称,包括保护期限届满后。

5. 与商标、商号或地理标志相结合的植物品种名称与已登记销售或投放市场的植物品种名称相同时,该名称仍须具有可识别性。

第十三章 设立植物品种权

第一节 设立植物品种权

第 165 条 植物品种权登记

1. 本法第 158 条规定的组织或个人,直接或通过其在越南的合法代表提交植物品种权登记申请(以下简称保护登记申请)。

2. 符合下列条件的组织,可以作为植物品种权代理服务机构提供植物品种权代理服务:

(1)依法设立并经营的越南企业、合作社、律师执业组织、科技服务机构,但在越南执业的外国律师执业组织除外;

(2)商业登记证或营业登记证(以下统称商业登记证)载明具有植物品种权代理服务职能。

3. 组织负责人或其委托人,应符合本条第 4 款和第 5 款规定的植物品种权代理服务执业条件。

4. 符合下列条件的个人，可以从事植物品种权代理业务：

(1)具有植物品种权代理服务执业证书；

(2)就职于植物品种权代理服务机构。

5. 符合下列条件的个人，授予工业产权代理服务执业证书：

(1)具有完全民事行为能力的越南公民；

(2)在越南有永久住所；

(3)取得大学毕业证；

(4)直接从事植物品种权相关法律工作连续 5 年以上，或直接在国家或国际植物品种权机构从事植物品种权登记申请审查工作连续 5 年以上，或毕业于主管部门认可的植物品种权法律培训班；

(5)不属于设立和保障实施植物品种权的国家主管部门的在职干部或公职人员；

(6)通过主管部门组织的工植物品种权代理业务考核。

6. 政府对提出申请的合法代表和植物品种权代表服务机构作出具体规定。

第 166 条 植物品种权的登记申请方式

1. 越南的组织或个人，或在越南有永久住所或植物品种生产经营场所的外国组织或个人，直接或通过其在越南的合法代表提交植物品种权登记申请(以下简称保护登记申请)。

2. 在越南无永久住所或无植物品种生产经营场所的外国组织或个人，通过其在越南的合法代表提交保护登记申请。

第 167 条 植物品种的申请在先原则

1. 两个以上当事人在不同日期就同一植物品种单独提出保护登记申请的，植物品种保护凭证仅授予最早申请的有效登记人。

2. 同一天对同一植物品种提出多项保护登记申请的，植物品种保护凭证仅授予所有登记人协商一致的唯一申请登记人；登记人未达成一致的，国家植物品种权管理机构将在确定首个培育或发现、开发该植物品种的培育人的基础上审查并授予其保护凭证。

第 168 条　保护登记申请的优先原则

1. 在与越南社会主义共和国签订植物品种保护协议的国家就同一植物品种提出保护登记申请之日起 12 个月内，登记人可主张享有优先权。初次申请日不计入该期限。

2. 为享有优先权，登记人应在其保护登记申请中提出优先权主张。在提交登记申请后 3 个月内，登记人应出示经主管机关认证的初次申请文件复印件及证明两份申请为同一植物品种的样品或其他证据，并缴纳费用。登记人有权自优先权期限届满之日起 2 年内，或在初次申请被驳回或撤回后根据所申请植物品种的种类，在适当的期限内，依据本法第 177 条和第 179 条的规定，向国家植物品种权管理机构提供必要的信息、文件或资料进行审查。

3. 享有优先权的保护登记申请，优先权日为初次申请日。

4. 在本条第 1 款规定的期限内，再次提出申请、公布或使用初次申请客体的植物品种的，不作为驳回优先权保护登记申请的理由。

第 169 条　植物品种保护凭证和国家植物品种保护名录

1. 植物品种保护凭证载明植物品种的名称和种类、权利人（以下简称保护权人）的名称、培育人的名称和植物品种权保护期。

2. 国家植物品种权管理机构将保护凭证的授予及其内容录入国家植物品种保护名录并存档。

第 170 条　植物品种保护凭证的效力

1. 植物品种保护凭证在越南境内有效。

2. 植物品种保护凭证自授予之日起至用材树种、藤本植物品种保护凭证有效期 25 年内或其他植物品种保护凭证有效期 20 年内有效。

3. 可以根据本法第 171 条和第 172 条的规定终止或撤销植物品种保护凭证的效力。

第 171 条　植物品种保护凭证有效期的终止和恢复

1. 下列情形，可以终止植物品种保护凭证的效力：

(1)受保护的植物品种不再满足证书授予时的一致性和稳定性条件；

(2)保护权人未按规定缴纳有效期维持费；

(3)保护权人未按规定提供植物品种维持和存储所需的文件和繁殖材料；

(4)保护权人未按照国家植物品种权管理机构的要求更改植物品种名称。

2. 对本条第 1 款第(1)项、第(3)项、第(4)项规定的情形，国家植物品种权管理机构作出终止植物品种保护凭证效力的决定。

3. 对本条第 1 款第(2)项规定的情形，缴纳有效期维持费期限截止后，国家植物品种权管理机构作出自未缴纳有效期维持费的下一有效年度的第一日起终止植物品种保护凭证效力的决定。

4. 对本条第 1 款第(1)项规定的情形，任何组织或个人均有权请求国家植物品种权管理机构终止植物品种保护凭证的效力。

国家植物品种权管理机构根据对终止效力请求的审查结果和当事人的意见，作出终止证书效力或不予受理的决定。

5. 对本条第 1 款规定的情形，国家植物品种权管理机构在专业刊物上刊登公告并说明终止理由，同时通知保护权人。自通知之日起 30 日内，保护权人有权向国家植物品种权管理机构提出对被终止原因进行补救的申请，并缴纳恢复植物品种保护凭证效力的费用。对本条第 1 款第(2)项、第(3)项、第(4)项规定的情形，保护权人应在提出请求之日起 90 日内对被终止原因进行补救。国家植物品种权管理机构审查恢复保护凭证的效力并在专业刊物上公示。

对本条第 1 款第(1)项规定的情形，植物品种保护凭证的效力在其权利人能够证明该植物品种满足一致性和稳定性条件并经国家植物品种权管理机构认证后恢复。

第 172 条 撤销植物品种保护凭证的效力

1. 下列情形,撤销植物品种保护凭证的效力:

(1)以无登记权人的名义提交的植物品种保护登记申请,但该植物品种权转让给登记权人的情形除外;

(2)受保护的植物品种在授予植物品种保护凭证时不满足新颖性或特异性条件;

(3)基于登记人实施的技术试验结果授予植物品种保护凭证的植物品种,不满足一致性或稳定性条件。

2. 在植物品种保护凭证有效期内,任何组织或个人均有权向国家植物品种权管理机构申请撤销植物品种保护凭证的效力。

国家植物品种权管理机构根据对撤销效力请求的审查结果和当事人的意见,作出撤销植物品种保护凭证效力或不予受理的决定。

3. 植物品种保护凭证被撤销效力的,所有基于该保护凭证的交易均无效。无效交易依据《民法典》的规定办理。

第 173 条 植物品种保护凭证变更与重新授予

1. 保护权人有权向国家植物品种权管理机构请求修改或更正关于其名称或地址的错误,并缴纳费用。因国家植物品种权管理机构的过错导致的错误,其应改正,保护权人无须缴费。

2. 保护凭证遗失或毁损的,保护权人有权要求国家植物品种权管理机构重新授予植物品种保护凭证并缴纳费用。

第 174 条 公布关于植物品种保护凭证的决定

授予、重新授予、终止或撤销效力、变更植物品种保护凭证的决定,由国家植物品种权管理机构自作出决定之日起 60 日内在植物品种专业刊物上公示。

第二节 登记保护申请及其办理手续

第175条 保护登记申请及其办理手续

1. 保护登记申请包括以下文件：

(1)按规定模板制作的登记申报表；

(2)按规定格式制作的照片和技术声明；

(3)通过代理人申请的授权委托书；

(4)登记人受让登记权的证明材料；

(5)主张享有优先权的证明材料；

(6)缴费凭证。

2. 登记人与国家植物品种权管理机构之间的保护登记申请或交易文件必须用越南语填写，下列材料可以用其他语言填写但应按国家植物品种权管理机构的要求翻译成越南语：

(1)授权委托书；

(2)登记权证明材料；

(3)优先权证明材料；

(4)支持申请的其他文件。

3. 植物品种权保护登记申请的优先权证明材料包括：

(1)经受理机关认证的初次申请的复制件；

(2)取得他人权利的，应提供转让、继承或遗赠优先权的文件。

4. 每份申请只能登记保护一个植物品种。

第176条 保护登记申请的受理与申请日

1. 国家植物品种权管理机构只受理具备本法第175条第1款规定的全部材料的保护登记申请。

2. 申请日为国家植物品种权管理机构受理申请之日。

第177条 保护登记申请的形式审查

1. 国家植物品种权管理机构应当在收到申请后15日内对申请

进行形式审查,以确定申请的有效性。

2. 下列保护登记申请被视为无效申请:

(1)不符合规定的形式要求;

(2)申请中的植物品种不属于植物品种保护名录中的植物品种;

(3)由无登记权的人提交的申请,包括登记权属于多个组织或个人,但未取得全体组织或个人同意的情形。

3. 国家植物品种权管理机构办理下列手续:

(1)对本条第 2 款第(2)项、第(3)项规定的情形,通知拒绝受理并说明理由;

(2)对本条第 2 款第(1)项规定的情形,通知登记人在收到通知后 30 日内更正错误;

(3)登记人未更正错误或未对本款第(2)项规定的通知提出合理异议的,通知拒绝受理;

(4)申请有效或登记人已按要求更正错误,或对本条第(2)项规定的通知提出合理异议的,通知受理申请,要求登记人将品种样品提交给检测机构进行技术检测并办理本法第 179 条规定的手续。

第 178 条　公布保护登记申请

1. 经受理为有效申请的,国家植物品种权管理机构自受理之日起 90 日内,在植物品种专业刊物上公示。

2. 申请的公开内容包括申请编号、申请日、代理人(如有)、登记人、权利人、植物品种名称、植物种类名称、受理为有效申请的日期。

第 179 条　保护登记申请的实质审查

1. 国家植物品种权管理机构对受理的有效申请进行实质审查。审查内容包括:

(1)审查植物品种的新颖性和名称是否适当;

(2)审查植物品种的技术检验结果。

2. 技术检验,是指为确定植物品种的特异性、一致性和稳定性而进行的各项试验。

技术检验由国家主管部门或有能力进行植物品种检验的组织或个人,按照农业与农村发展部的规定进行。

国家植物品种权管理机构可以使用已有的技术检验结果。

3. 技术检验结果的审查期限为自收到技术检验结果之日起 90 日。

第 180 条　保护登记申请的补充修订

1. 国家植物品种权管理机构通知拒绝授予或决定授予植物品种保护凭证前,登记人享有以下权利:

(1)在不改变性质的前提下补充修订保护登记申请;

(2)要求记录变更登记人姓名或地址;

(3)要求记录因合同转让、继承、遗赠导致的登记人变更。

2. 要求办理本条第 1 款规定手续的申请人须缴纳费用。

第 181 条　保护登记申请的撤回

1. 国家植物品种权管理机构决定授予或拒绝授予植物品种保护凭证前,登记人可以撤回保护登记申请。撤回申请须以书面形式提出。

2. 自登记人撤回保护登记申请之日起,与该申请有关的一切后续程序将终止;与尚未办理的手续有关的缴费,应按登记人的要求退还。

第 182 条　第三人对授予植物品种保护凭证的异议

自植物品种保护登记申请在植物品种专业刊物上公示之日起至作出授予植物品种保护凭证决定前,任何第三人均有权就国家植物品种权管理机构授予植物品种保护凭证提出异议。意见须以书面形式提出,并附证明材料和证据。

第 183 条　拒绝授予植物品种保护凭证

植物品种不符合本法第 177 条和第 179 条所规定条件的,驳回保护登记申请,拒绝授予植物品种保护凭证。拒绝授予植物品种保护凭证的,国家植物品种权管理机构办理下列手续。

1. 通知拟拒绝授予植物品种保护凭证并说明理由,指定登记人更正错误或对拟拒绝通知提出异议的期限。

2. 登记人未更正错误且未对本条第 1 款规定的拟拒绝通知提出合理异议的,通知拒绝授予植物品种保护凭证。

3. 登记人更正错误或对本条第 1 款规定的拟拒绝通知提出合理异议的,办理本法第 184 条规定的手续。

第 184 条　授予植物品种保护凭证

根据本法第 183 条的规定,保护登记申请未被驳回且登记人缴费的,国家植物品种权管理机构决定授予植物品种保护凭证并录入国家植物品种保护名录。

第 185 条　授予或拒绝授予植物品种保护凭证的申诉

1. 登记人或任何第三人均有权对授予或拒绝授予植物品种保护凭证的决定提出申诉。

2. 对决定授予或拒绝授予植物品种保护凭证的申诉的处理,适用关于申诉或上诉的法律规定。

第十四章　植物品种权的内容和限制

第一节　植物品种权的内容

第 186 条　植物品种培育人的权利

1. 在植物品种保护凭证、国家植物品种保护名录和植物品种公开文件中登记培育人的名称。

2. 依照本法第 192 条第 1 款第(1)项的规定获取报酬。

第 187 条　保护权人的权利

1. 保护权人有权行使或许可他人行使与受保护植物品种的繁

殖材料有关的以下权利：

(1)生产或育种；

(2)为育种目的加工；

(3)销售；

(4)出售或开展其他营销活动；

(5)出口；

(6)进口；

(7)为实施本款第(1)项、第(2)项、第(3)项、第(4)项、第(5)项、第(6)项规定的行为进行储存。

2. 本条第1款规定的植物品种保护权人的权利，适用于非法使用受保护植物品种的繁殖材料而收获的材料，但保护权人有适当的时机行使其对繁殖材料的权利但未行使的情形除外。

3. 根据本法第189条的规定禁止他人使用植物品种。

4. 根据本法第十五章的规定，继承、遗赠或转让植物品种权。

第188条　保护权人权利的延伸

1. 主要源自受保护植物品种的植物品种，但受保护植物品种源自其他受保护植物品种的情形除外。

仍保留受保护品种的基因型或基因型组合所产生的性状表达的植物品种，视为主要源自受保护植物品种，但因受保护品种的影响产生的变异除外。

2. 与受保护植物品种无显著差异的植物品种。

3. 植物品种的生产需要重复使用受保护植物品种。

第189条　植物品种权侵权行为

1. 未经保护权人许可，擅自利用或使用保护权人的权利。

2. 将与受保护植物品种相同或近似的名称，用于与受保护植物品种同类或密切相关的植物品种。

3. 使用受保护的植物品种，但未按本法第190条的规定支付报酬。

第 190 条 植物品种的临时权利

1. 植物品种的临时权利,是源自保护登记申请公布之日起至植物品种保护凭证授予之日的植物品种保护登记人的权利。未取得植物品种保护凭证的,保护登记人不享有此项权利。

2. 植物品种保护登记人知道登记保护的植物品种被他人用于商业目的的,有权书面通知使用者该植物品种已申请保护登记,并载明植物品种保护登记的申请日和公布日期,以便其停止或继续使用植物品种。

3. 使用者收到本条第 2 款规定的通知后仍继续使用植物品种的,植物品种保护权人在取得证书后,有权要求使用者支付相当于相应使用范围和使用期限内许可价款的补偿款。

第二节 植物品种权的限制

第 191 条 植物品种保护权人的权利限制

1. 下列行为不视为侵犯受保护的植物品种权:

(1)为个人和非商业目的使用植物品种;

(2)为实验目的使用植物品种;

(3)使用植物品种培育其他植物品种,但本法第 188 条规定的情形除外;

(4)个体生产户使用受保护植物品种的收获产品,在其土地上自行进行下一季的育种和栽培。

2. 植物品种权,不适用于保护权人或其被许可人在越南国内外市场销售或者以其他方式投入市场的植物品种的材料相关的行为,但下列行为除外:

(1)与进一步繁殖此植物品种有关的行为;

(2)与将具有繁殖能力的植物品种材料出口到该植物品种的属或种不受保护的国家有关的行为,但为消费目的出口的情形除外。

第192条　植物品种保护权人与培育人的义务

1. 保护权人具有以下各项义务：

(1)按约定向植物品种培育人支付报酬；无约定的，报酬标准应遵守法律规定。

(2)按规定缴纳植物品种保护凭证有效期维持费。

(3)为储存受保护的植物品种，向国家植物品种权管理机构提供受保护植物品种的繁殖材料，并按规定维护受保护植物品种的稳定性。

2. 植物品种培育人有义务帮助保护权人维护受保护植物品种的繁殖材料。

第十五章　植物品种权许可

第193条　植物品种使用权许可

1. 植物品种使用权许可，是指保护权人许可他人实施属于其植物品种使用权的一项或多项行为。

2. 共有植物品种使用权的，许可须经全体共有人同意。

3. 植物品种使用权许可须订立书面合同。

4. 植物品种使用权许可合同不得包含不合理限制被许可人权利的条款，尤其是非源于许可人对相应植物品种的权利或非出于保护该权利的限制性条款。

第194条　使用权许可合同当事人的权利

1. 许可人有权准许或不准许被许可人再许可给第三方。

2. 被许可人享有以下各项权利：

(1)许可人准许的，将使用权许可给第三方；

(2)要求许可人对造成损害的第三方侵权行为采取适当的必要措施；

(3)自收到许可人不实施本款第(2)项所规定的要求之日起3个月内，采取必要措施阻止第三方的侵权行为。

第 195 条 转让植物品种权

1. 转让植物品种权,是指植物品种保权人将该植物品种的全部权利转让给受让人。受让人自国家植物品种权管理机构依法定程序登记转让合同之日起成为植物品种保护权人。

2. 共有植物品种权的,转让须经全体共有人同意。

3. 转让植物品种权应订立书面合同。

4. 转让使用国家财政创造的植物品种权,适用《技术转让法》的规定。

第 196 条 植物品种使用权强制许可的依据和条件

1. 下列情形,根据本法第 197 条第 1 款规定的国家主管部门的决定将植物品种使用权许可给其他组织或个人,无须保护权人或独占使用权被许可人的同意(以下简称植物品种独占权人)。

(1)为公共利益和非商业目的;为国防、安全、粮食安全和人民营养健康服务或满足其他社会迫切需要使用植物品种。

(2)有使用植物品种需求和能力的人,已在合理期限内尽力与植物品种独占权人就适当的价款和商业条件进行协商,但未就签订植物品种使用合同达成协议。

(3)植物品种独占权人被视为实施了竞争法禁止的限制竞争行为。

2. 本条第 1 款规定的许可依据不复存在且不可能复现时,在终止使用权不会对被许可人造成损害的前提下,植物品种独占权人有权请求终止使用权许可。

3. 根据国家主管部门的决定许可的植物品种使用权,须符合下列条件:

(1)被许可的使用权是非排他性的;

(2)被许可的使用权仅限于足以实现许可目标的范围和期限内,且主要针对国内市场,但本条第 1 款第(3)项规定的情形除外;

(3)被许可人不得将使用权转让或再许可给他人,但与其经营场所一并转让的情形除外;

(4)被许可人须根据该使用权在具体情形下的经济价值,在政府规定的补偿范围内适当补偿植物品种独占权人。

4. 政府具体规定植物品种强制许可的情形和本条第 3 款第(4)项规定的补偿范围。

第 197 条　植物品种使用权强制许可的权限和手续

1. 农业与农村发展部基于对本法第 196 条第 1 款规定的使用权许可申请的审查,作出属于其管理领域的植物品种使用权许可决定。

各部委、部级机关在参考农业与农村发展部关于本法第 196 条第 1 款规定情形的咨询意见的基础上,作出属于其管理领域的植物品种使用权许可决定。

2. 植物品种使用权许可决定,应根据本法第 196 条第 3 款的规定设定使用范围和条件。

3. 作出植物品种许可决定的国家主管部门应及时将该决定通知植物品种独占权人。

4. 对许可或拒绝许可植物品种使用权的决定,可依法申诉或提起诉讼。

5. 政府对本条规定的植物品种使用权许可程序作出具体规定。

第 198 条　植物品种使用权强制许可情形下保护权人的权利

1. 获得与使用权的经济价值相当或合同约定范围和期限内许可使用权的价款相当的补偿。

2. 在强制许可条件不复存在且变更、撤销或终止其效力不会损害被强制许可人的情形下,请求国家植物品种权管理机构变更、终止或撤销使用权强制许可的效力。

第五编　知识产权保护

第十六章　知识产权保护的一般规定

第 199 条　自行保护的权利

1. 知识产权主体有权采取以下措施保护其知识产权:

(1)采取技术措施防止知识产权侵权行为;

(2)要求实施知识产权侵权行为的组织或个人终止侵权行为,公开道歉或整改,并赔偿损失;

(3)请求国家主管部门根据本法和其他有关法律的规定处理知识产权侵权行为;

(4)提起诉讼或仲裁,维护其合法权益。

2. 因知识产权侵权行为遭受损失,或发现知识产权侵权行为给消费者或社会造成损害的组织或个人,有权请求国家主管部门依照本法及其他有关法律的规定处理知识产权侵权行为。

3. 因不正当竞争行为遭受或可能遭受损失的组织或个人,有权请求国家主管部门采取本法第 203 条规定的民事措施和竞争法规定的行政措施。

4. 经法院判决未实施侵权行为的知识产权侵权案件中的被告组织或个人,有权请求法院强制原告给付聘请律师的合理支出或法律规定的其他支出。

5. 组织或个人滥用知识产权保护程序对其他组织或个人造成损害的,受损害的组织或个人有权请求法院强制滥用程序的一方赔偿因滥用程序造成的损害,其中包括聘请律师的合理支出。滥用知识产权保护程序的行为,包括故意超越程序范围或目标的行为。

第 200 条　知识产权侵权行为的救济措施

1. 侵犯其他组织或个人知识产权的组织或个人,视其侵权行为的性质和严重程度,采取民事、行政或刑事救济措施。

2. 必要时,国家主管部门可以根据本法和其他有关法律的规定,采取临时紧急措施、知识产权进出口管控措施或行政处罚预防和保障措施。

第 201 条　知识产权侵权行为的救济权限

1. 各级法院、监察机关、市场管理部门、海关部门、公安机关、人民委员会有权在其职权范围内救济知识产权侵权行为。

2. 适用民事或刑事措施,属于法院的职权范围。必要时,法院可以采取法律规定的临时紧急措施。

3. 适用行政措施，属于监察机关、公安机关、市场管理部门、海关部门和各级人民委员会的职权范围。必要时，前述机关可依法采取行政处罚预防和保障措施。

4. 适用知识产权进出口管制措施，属于海关部门的职权范围。

第 202 条　知识产权鉴定

1. 知识产权鉴定，是指本条第 2 款和第 3 款规定的组织或个人运用其专业知识和专长，对与知识产权有关的问题作出评估和结论。

2. 除在越南执业的外国律师组织外，符合下列条件的企业、合作社、事业单位、律师执业组织，可以开展知识产权鉴定活动：

(1) 具有符合法律规定的组织鉴定活动要求的人员和物质技术基础；

(2) 商业登记证和经营登记证记载其具有开展知识产权鉴定活动的职能；

(3) 机构负责人或其委托人，具有知识产权鉴定员证。

3. 具备以下条件的个人，由国家主管部门授予知识产权鉴定员证：

(1) 具有完全民事行为能力的越南公民；

(2) 在越南有永久住所；

(3) 具有良好的道德品质；

(4) 具有与申请鉴定员证相关专业大学以上学历，在该领域从事专业实务活动 5 年以上且通过鉴定业务考核。

4. 处理知识产权侵权行为的国家主管部门，当办理受理案件时有权要求进行知识产权鉴定。

5. 知识产权主体及其他相关组织或个人，有权要求进行知识产权鉴定以维护其合法权益。

6. 政府对知识产权鉴定机构和活动作出具体规定。

第十七章 知识产权侵权的民事救济

第203条 民事措施

法院采取下列民事措施,处理知识产权侵权组织或个人。

1. 强制终止侵权行为。

2. 强制公开道歉或整顿。

3. 强制履行民事义务。

4. 强制赔偿损失。

5. 对主要用于知识产权侵权商品生产经营的货物、原料、材料和工具,在不影响知识产权主体行使其权利的前提下,强制进行销毁、分销或用于非商业目的。

第204条 当事人的举证权利和义务

1. 知识产权侵权诉讼的原告或被告享有《民事诉讼法》第79条和本条规定的举证权利和义务。

2. 原告通过以下证据证明其是知识产权主体:

(1)著作权登记证、邻接权登记证或保护凭证的复印件;国家著作权与邻接权登记簿、国家工业产权登记簿或国家保护植物品种名录的摘录。

(2)无著作权登记证或邻接权登记证的,提供设立著作权与邻接权依据的必要证据;证明对商业秘密、商号或驰名商标享有权利的必要证据。

(3)根据合同许可使用权的,提供知识产权客体许可合同复制件。

3. 原告应提供关于知识产权侵权行为或不正当竞争行为的证据。

4. 在产品生产工艺发明侵权诉讼中,被告在下列情形下须证明其产品是根据有别于受保护的工艺生产的:

(1)根据受保护工艺生产的产品是新产品;

(2)根据受保护工艺生产的产品不是新产品,但发明权利人认为被告的产品是根据受保护的工艺生产的,发明权利人虽已采取适当措施仍未能确定被告使用的工艺。

5. 知识产权侵权诉讼的一方当事人能够举证证明其主张的适当证据在对方当事人控制下,其无法获取的,有权请求法院强制后者提供该证据。

6. 原告请求损害赔偿的,须证明其实际损害并举证说明根据本法第 206 条认定损害赔偿的依据。

第 205 条 知识产权侵权损害的认定原则

1. 知识产权侵权行为造成的损害包括:

(1) 物质损害,包括财产损失、收入和利润减少、商机损失、阻止和补救损害的合理支出。

(2) 精神损害,包括对文学、艺术和科学著作的作者、表演者;发明、工业设计或布图设计的创作者;植物品种的培育人造成的名誉、尊严、荣誉、声誉和其他精神损失。

2. 损害程度以知识产权主体因知识产权侵权行为遭受的实际损失认定。

第 206 条 知识产权侵权损害赔偿标准的认定依据

1. 原告能够证明知识产权侵权行为对其造成物质损害的,有权请求法院根据以下依据决定赔偿标准:

(1) 原告减少的利润未计入物质损害总额的,以金钱计算的物质损害总额加上被告因知识产权侵权行为所获利润;

(2) 假定原告在被告实施的侵权行为范围内,根据知识产权客体使用合同许可被告使用权的价款;

(3) 知识产权主体依法提出的其他计算方式认定的物质损害;

(4) 无法根据本款第(1)项、第(2)项、第(3)项的规定认定物质损害赔偿标准的,由法院根据损害程度认定物质损害赔偿标准,但不得超过 5 亿越南盾。

2. 原告能够证明知识产权侵权行为对其造成精神损害的,有权请求法院根据损害程度决定500万至5000万越南盾的赔偿。

3. 除本条第1款和第2款规定的损害赔偿外，知识产权主体还有权请求法院强制实施知识产权侵权行为的组织或个人支付聘请律师的合理费用。

第207条 请求法院采取临时紧急措施的权利

1. 知识产权主体在提起诉讼时或提起诉讼后，在下列情形中有权请求法院采取临时措施：

(1)存在对知识产权主体造成无法补救的损害的风险；

(2)涉嫌侵犯知识产权的商品或与知识产权侵权行为有关的证据，如未得到及时保护很可能会被藏匿或被销毁。

2. 法院在听取被采取临时紧急措施的当事人的意见之前，应本条第1款规定的知识产权主体的请求决定采取临时紧急措施。

第208条 临时紧急措施

1. 对涉嫌侵犯知识产权的商品或该商品的原料、材料或者生产经营工具，采取下列临时紧急措施：

(1)没收；

(2)扣押；

(3)查封、禁止改变原状、禁止转移；

(4)禁止转让所有权。

2. 根据《民事诉讼法》的规定采取其他临时紧急措施。

第209条 请求采取临时紧急措施申请人的义务

1. 请求采取临时紧急措施的申请人，有义务以本法第204条第2款规定的材料或证据证明本法第207条第1款规定的请求权。

2. 被采取临时紧急措施的人未侵犯知识产权的，请求采取临时紧急措施的申请人有义务对造成的损害进行赔偿。为确保履行该项义务，请求采取临时紧急措施的申请人须以下列方式缴纳保证金：

(1)相当于采取临时紧急措施的商品价值20%的金额，或在无法确定该货物价值的情况下至少缴纳2000万越南盾；

(2)银行或其他信用机构出具的担保契约。

第210条 撤销适用临时紧急措施

1.《民事诉讼法》第123条第1款规定的情形或被采取临时紧急措施的人能够证明临时紧急措施的适用无正当依据的，法院作出撤销临时紧急措施的决定。

2.撤销临时紧急措施的，法院应审查并退回请求申请临时紧急措施的申请人根据本法第209条第2款的规定缴纳的保证金。采取临时紧急措施的请求无正当依据且对被采取临时紧急措施的人造成损害的，法院应强制申请人赔偿。

第211条 适用临时紧急措施的权限和手续

采取临时紧急措施的权限和手续，适用《民事诉讼法》第一编第八章的规定。

第十八章 知识产权侵权的行政和刑事救济、知识产权相关商品的进出口管控

第一节 知识产权侵权的行政和刑事救济

第212条 给予行政处罚的知识产权侵权行为

1.对实施下列知识产权侵权行为的组织或个人给予行政处罚：

(1)实施知识产权侵权行为，对创作者、权利人、消费者或社会造成损害；

(2)生产、进口、运输或交易本法第214条规定的假冒知识产权商品或指派他人实施该行为；

(3)生产、进口、运输、交易或存储带有假冒商标或地理标志的印记、标签或其他物品，或指派他人实施该行为。

2.政府对行政处罚的知识产权侵权行为、处罚形式、处罚力度

及处罚手续作出具体规定。

3. 对实施知识产权不正当竞争行为的组织或个人,根据竞争法的规定给予行政处罚。

第 213 条 追究刑事责任的知识产权侵权行为

根据刑事法律的规定,对实施构成犯罪的知识产权侵权行为的个人追究刑事责任。

第 214 条 假冒知识产权商品

1. 本法规定的假冒知识产权商品,包括本条第 2 款规定的假冒商标商品和假冒地理标志商品(以下简称假冒商标商品)及本条第 3 款规定的冒牌商品。

2. 假冒商标商品,是指未经商标权人或地理标志管理组织许可,在商品或外包装上加贴与受保护的商标或地理标志相同或无法区分的商标或标志。

3. 冒牌商品,是指未经著作权人或邻接权人许可生产的复制品。

第 215 条 行政处罚形式及其补救措施

1. 实施本法第 212 条第 1 款规定的知识产权侵权行为的组织或个人,责令终止侵权行为并给予下列主要处罚:

(1)警告;

(2)罚款。

2. 根据侵权行为的性质和严重程度,对实施知识产权侵权行为的组织或个人,还可以给予下列附加处罚:

(1)没收假冒知识产权商品、主要用于生产经营假冒知识产权商品的原料、材料或工具;

(2)在一定期限内停止侵权领域的业务活动。

3. 除本条第 1 款和第 2 款规定的处罚形式外,还可以责令侵犯知识产权的组织或个人采取以下一种或多种补救措施:

(1)在不影响知识产权主体利用其权利的前提下,对假冒知识产权商品及主要用于生产经营假冒知识产权商品的原料、材料和工具进行强制销毁、分销或强制用于非商业目的；

(2)将侵犯知识产权的过境商品强制运出越南领土，或排除商品侵权元素后强制再出口假冒知识产权商品、主要用于生产经营假冒知识产权商品的工具、进口原材料和材料。

4. 对知识产权侵权行为的行政处罚力度和权限，适用行政处罚法的规定。

第216条　行政处罚预防和保障措施

1. 下列情形中，组织或个人有权请求主管部门采取本条第2款规定的行政处罚预防和保障措施：

(1)知识产权侵权行为存在对消费者或社会造成严重损害的风险；

(2)侵权物证存在被藏匿或侵权个人或组织有逃避责任迹象的风险；

(3)确保行政处罚决定的执行。

2. 按照行政手续对知识产权侵权行为采取的行政处罚预防和保障措施包括：

(1)暂时拘留人员；

(2)暂时扣押侵权货物、物证或工具；

(3)搜身；

(4)搜查交通工具或物品，搜查藏匿侵权商品、物证或工具的场所；

(5)行政处罚法律规定的其他行政预防措施。

第二节　知识产权相关商品的进出口管控

第217条　知识产权相关商品的进出口管控措施

1. 知识产权相关商品的进出口管控措施包括：

(1)对涉嫌侵犯知识产权的商品暂停办理海关手续；

(2)查验发现存在侵犯知识产权迹象的商品。

2. 暂停办理涉嫌侵犯知识产权商品的海关手续，是指应知识产权主体的请求采取的措施,以便其收集有关货物批次的信息和证据来行使侵权行为救济、临时紧急措施或行政处罚预防和保障措施请求权。

3. 查验发现存在侵犯知识产权迹象的商品,是指应知识产权主体的请求采取的措施,以便其收集信息来行使暂停办理海关手续请求权。

4. 在适用本条第 2 款和第 3 款规定的措施过程中,发现本法第 214 条的规定的假冒知识产权商品的,海关部门有权利和责任根据本法第 215 条和第 216 条的规定采取行政救济措施。

第 218 条 请求采取知识产权相关商品进出口管控措施申请人的义务

1. 请求采取知识产权相关商品进出口管控措施的申请人履行以下义务:

(1)提供本法第 204 条第 2 款规定的材料或证据证明其是知识产权主体;

(2)提供足以认定涉嫌侵犯知识产权或发现存在知识产权侵权迹象的商品的信息;

(3)依法向海关提出书面请求并缴费;

(4)发现受管控商品未侵犯知识产权的,赔偿被管控人的损失并支付产生的其他费用。

2. 为确保履行本条第 1 款第(4)项规定的义务,请求暂停办理海关手续的申请人须以下列方式缴纳保证金:

(1)相当于需要采取暂停办理海关手续措施的货物价值 20%的金额,或在无法认定货物价值的情形下至少缴纳 2000 万越南盾;

(2)银行或其他信用机构出具的担保契约。

第 219 条 暂停办理海关手续措施的适用程序

1. 请求暂停办理海关手续的申请人已充分履行本法第 218 条规定的义务的,海关部门作出暂停办理货物海关手续的决定。海关部门自作出采取行政措施的决定之日起30日内,向知识产权主体提供发货人、出口商、收货人或进口商的名称和地址、商品说明、商品数量、商品出产国(如知悉),以便按照本法第217条第4款的规定处理假冒商标商品和冒牌商品。

2. 暂停办理海关手续的期限为自申请人收到海关部门关于暂停办理海关手续的通知之日起10个工作日。申请人有正当理由的,在缴纳本法第218条第2款规定的保证金的前提下可以延长期限,但不得超过20个工作日。

3. 本条第2款规定的期限届满时,请求暂停办理海关手续的申请人不提起民事诉讼,且海关部门不作出给予进出口商行政违法处罚决定的,海关部门具有下列责任:

(1)继续为货物办理海关手续;

(2)强制请求暂停办理海关手续的申请人赔偿因不合理的请求给货物所有人造成的一切损失,并根据海关法律的规定向海关部门和其他有关机关、组织或个人支付货物仓储、保管及其他费用;

(3)在履行完本款第(2)项规定的赔偿和缴费义务后,向请求暂停办理海关手续的申请人退还剩余的保证金。

第220条　查验发现存在侵犯知识产权迹象的商品

知识产权主体请求查验存在侵犯知识产权迹象的商品的,海关部门发现货物存在侵犯知识产权迹象时,应及时通知申请人。申请人自收到通知之日起3个工作日内未请求暂停办理被查验货物的海关手续,且海关部门不作出适用本法第215条和第216条规定的行政措施的决定的,海关部门应继续办理货物的海关手续。

第六编　施行条款

第221条　过渡条款

1. 受本法生效前施行的法律文件保护的著作权及邻接权,当本法生效时仍在保护期内的,继续受本法保护。

2. 在本法生效前已向主管部门提交的著作权及邻接权；发明、实用创新、工业品外观设计、商标、商品原产地名称、布图设计或植物品种的登记申请，继续按照申请时生效的法律文件的规定办理。

3. 根据本法生效前施行的法律规定授予的保护凭证所赋予的一切权利和义务，以及与该保护凭证有关的维持、续展、变更、终止或撤销效力、许可、使用权转让、所有权转让、争议解决程序，适用本法的规定，但关于撤销保护凭证的依据的规定除外，其以授予保护凭证时生效的法律文件的规定为准。本规定同样适用于根据本法生效前的有效法律规定颁布的商品原产地名称登记决定、国家工业产权管理机关授予商品原产地名称地理标志登记证的手续。

4. 根据 2000 年 10 月 3 日政府关于保护商业秘密、地理标志、商号的工业产权与反不正当竞争权利保护的第 54/2000/ND-CP 号决议受保护的商业秘密和商号，继续受本法保护。

5. 自本法生效之日起，地理标志，包括根据本条第 4 款规定的决议受保护的地理标志，按照本法的规定，登记后才能受到保护。

第 222 条　施行效力

本法自 2006 年 7 月 1 日起生效施行。

第 223 条　指导实施

政府和越南最高人民法院细化和指导本法的实施。

本法于 2005 年 11 月 29 日由越南社会主义共和国第十一届国会第八次会议通过。

国会主席

阮文安

附录

《知识产权法》若干条款补充修订法案

律字第 36/2009/QH12 号

国会根据第 51/2001/QH10 号决议补充修订的《越南社会主义共和国宪法》，颁行律字第 50/2005/QH11 号《〈知识产权法〉若干条款补充修订法案》。

第 1 条　补充修订《知识产权法》若干条款

1. 补充修订第 3 条：

1. 著作权的客体包括文学、艺术、科学作品；著作邻接权的客体包括演出、录音录像制品、广播节目、数字节目卫星信号。

2. 工业产权客体包括发明、工业品外观设计、半导体集成电路布图设计、商业秘密、商标、商号和地理标志。

3. 植物品种权的客体包括育种材料和收获材料。

2. 补充修订第 4 条：

第 4 条　术语解释

本法中的术语作如下解释：

1. 知识产权，系指组织或个人对知识产权的权利，包括著作权与著作权邻接权、工业产权和植物品种权。

2. 著作权，系指组织或个人对其创作或所有的作品的权利。

3. 著作权邻接权（以下简称邻接权），系指组织或个人对演出、录音录像制品、广播节目或数字节目卫星信号的权利。

4. 工业产权，系指组织或个人对其发明或所有的发明、工业品外观设计、半导体集成电路布图设计、商业秘密、商标、商号和地理标志的权利,以及反不正当竞争的权利。

5. 植物品种权,系指组织或个人对其培育或发现、开发,或享有所有权的植物品种的权利。

6. 知识产权主体,系指知识产权权利人或受让知识产权的组织或个人。

7. 作品,系指以任何工具或形式表现的文学、艺术、科学领域的创作成果。

8. 演绎作品,系指翻译、临摹、改编、改写、整理、注释或选编作品。

9. 已发表的作品或录音录像制品,系指经著作权人或邻接权人同意,向公众发行合理数量复制件的作品或录音录像制品。

10. 复制,系指以任何工具或形式制作一份或多份作品或录音录像制品复制件,包括以电子形式制作复制件。

11. 广播,系指以有线或者无线工具,包括在公众选择的时间和地点,通过卫星以公众能够接收的方式,向公众传播作品、演出、录音录像制品、广播节目的声音、图像或音像。

12. 发明,系指运用自然规律解决特定问题的产品或工艺形式的技术方案。

13. 工业品外观设计,系指以形状、线条、颜色或综合上述要素的产品的外观。

14. 半导体集成电路,系指元件中至少有一个源元件且部分或全部互连,整体形成在一块半导体材料之中或之上,执行电子功能的成品或半成品形式的产品。集成电路是IC、芯片、微电子电路的代名词。

15. 半导体集成电路布图设计(以下简称布图设计),系指半导体集成电路中电路元件及其互连的三维布置。

16. 商标,系指用以区分不同组织或个人的商品或服务的标志。

17. 集体商标,系指用以区分商标权人组织成员与非成员组织或个人的商品或服务的标志。

18. 证明商标，系指商标权人许可其他组织或个人在其商品或服务中使用，以证明该商品或服务的原产地、原料、材料、商品生产方式或服务提供方式、带有商标的商品或服务的质量、精准性、安全性或其他特征的商标。

19. 联合商标，系指同一主体注册的用于同类、近似或相关联的产品或服务的相同或近似的商标。

20. 驰名商标，系指越南境内的消费者广泛熟知的商标。

21. 商号，系指组织或个人在经营活动中使用的名称，用于与同一经营领域和区域的其他经营主体进行区分。

本款规定的经营区域，系指经营主体拥有合作伙伴、客户或声誉的地理区域。

22. 地理标志，系指标明产品出产自具体地区、地点、领土或国家的标志。

23. 商业秘密，系指自金融、智力投资活动中获取的未披露且可能用于经营活动的信息。

24. 植物品种，系指属同一最低植物分类等级，形态一致且繁殖周期稳定，可通过基因型或给定基因型组合产生的性状表达进行识别，并通过至少一种可遗传的性状与其他任一植物种群进行区分的植物分组。

25. 保护凭证，系指国家主管部门授予组织或个人以设立对发明、工业品外观设计、半导体集成电路布图设计、商标或地理标志的工业产权或植物品种权的证书。

26. 繁殖材料，系指能够长成用于繁殖或栽培的新植物的植物或其部分。

27. 收获材料，系指从繁殖材料的栽培中获得的植物或其部分。

3. 补充修订第 7 条：

第 7 条　知识产权的限制

1. 知识产权主体仅在本法规定的范围和期限内行使其权利。

2. 行使知识产权不得损害国家利益、公共利益、其他组织或个人的合法权益,不得违反相关法律的其他规定。

3. 在保障国防、安全、民生和本法规定的国家、社会的其他利益的情形下,国家有权禁止或限制知识产权主体行使其权利,或强制知识产权主体以适当条件许可其他组织或个人使用一项或多项其权利;对属于国家秘密的发明的权利限制,按照政府的规定执行。

4. 补充修订第 8 条:

第 8 条　国家的知识产权政策

1. 在协调知识产权主体的利益与公共利益的基础上,承认并保护组织或个人的知识产权;不保护违背社会道德、公共秩序、危害国防和安全的知识产权客体。

2. 鼓励和促进智力资产的创造和利用,为社会经济发展和人民物质精神生活的改善作出贡献。

3. 对服务于公益的知识产权受让和利用给予财政支持;鼓励国内外组织或个人为创造性活动和知识产权保护提供资助。

4. 优先投资培养、培训从事知识产权保护及其科学技术研究应用的干部、公职人员队伍和有关对象。

5. 调动社会资源投资提高知识产权保护体系的能力,适应社会经济发展和融入全球经济的要求。

5. 补充修订第 14 条:

第 14 条　受著作权保护的作品类型

1. 受保护的文学、艺术和科学作品,包括:

(1) 以文字或其他符号呈现的文学作品、科学作品、教科书、教程和其他作品;

(2) 讲稿、演讲稿和其他发言稿;

(3) 报纸作品;

(4) 音乐作品;

(5) 舞台作品;

(6)电影作品和以类似方法创作的作品(以下简称电影作品);

(7)造型艺术作品和实用美术作品;

(8)摄影作品;

(9)建筑作品;

(10)与地形、建筑或科学作品有关的平面图、草图、地图和图纸;

(11)民间文学艺术作品;

(12)计算机程序和数据汇编。

2. 在不侵犯创作衍生作品的原作品著作权的前提下,衍生作品才能受本条第1款的规定保护。

3. 本条第1款和第2款规定的受保护的作品,须由作者以其智力劳动直接创作且不得复制他人的作品。

4. 政府就本条第1款规定的作品类型作出具体指导。

6. 补充修订第25条:

第25条　使用已发表作品无须许可、支付版税或报酬的情形

1. 使用已发表的作品,无须许可、支付版税或报酬的情形包括:

(1)为个人科学研究或教学目的复制作品;

(2)为评论或说明,不曲解作者观点合理引用作品;

(3)在报纸或期刊、广播电台或电视台、纪录片发表的文章中,不曲解作者观点引用作品;

(4)为学校教学,不曲解作者观点以非商业目的引用作品;

(5)图书馆为存档研究目的,复制作品;

(6)在文化生活、宣传动员活动中以不收取任何费用的形式表演舞台作品或其他表演艺术作品;

(7)为时事报道或教学目的,直接对表演录音录像;

(8)为介绍作品,拍摄或电视转播在公共场所陈列的造型作品、建筑作品、摄影作品和实用美术作品;

(9)为盲人将作品转写为盲文或其他语言;

(10)进口他人作品的复制件供个人使用。

2. 组织或个人使用本条第1款规定的作品,不得影响该作品的正常利用,不得损害作者和著作权人的权利;应当注明作者姓名、作品来源和出处。

3. 本条第1款第(1)项、第(5)项的规定不适用于建筑作品、造型作品和计算机程序。

7. 补充修订第26条:

第26条　使用已发表作品无须许可但须支付版税或报酬的情形

1. 广播组织者使用已发表作品进行任何赞助、广告或收费形式的广播,无须许可,但须自使用之日起向著作权人支付版税或报酬。版税、报酬或其他物质权利的标准和支付方式,由各方商定。协商不成的,按照政府的规定执行或依法向法院提起诉讼。

广播组织者使用已发表作品进行无赞助、广告或任何收费形式的广播,无须许可,但须按照政府的规定自使用之日起向著作权人支付版税或报酬。

2. 组织或个人使用本条第1款规定的作品,不得影响作品的正常利用,不得损害作者或著作权人的权利;应当注明作者姓名、作品来源和出处。

3. 本条第1款的规定不适用于电影作品。

8. 补充修订第27条:

第27条　著作权的保护期

1. 本法第19条第1款、第2款和第4款规定的人身权受无期限保护。

2. 本法第19条第3款规定的人身权和第20条规定的财产权的保护期如下:

(1)电影作品、摄影作品、实用美术作品、匿名作品的保护期为自作品首次发表之日起75年。电影作品、摄影作品和实用美术作品自有形化之日起25年内未发表的,保护期限为自有形化之日起100

年；匿名作品的作者信息公开时，保护期按本款第(2)项的规定计算。

(2)不属于本款第(1)项所规定类型的作品，保护期为作者终生及其死亡后50年；合作作品的保护期截止于最后一位共同作者死亡后第50年。

(3)本款第(1)项、第(2)项规定的保护期，截止于著作权保护期届满当年的12月31日24时。

9. 补充修订第30条：

第30条　录音录像制作者的权利

1. 录音录像制作者可专有行使或许可他人行使以下各项权利：

(1)直接或间接复制其录音录像制品；

(2)以销售、租赁或公众可以获取的任何技术方式向公众发行其录音录像制品的原件和复制件。

2. 录音录像制作者向公众发行其录音录像制品时享有物质利益。

10. 补充修订第33条：

第33条　使用邻接权无须许可但须支付版税或报酬的情形

1. 组织或个人直接或间接使用以商业目的发表的录音录像制品进行任何有赞助、广告或收费形式的广播，无须许可，但须自使用时起按照约定向作者、著作权人、表演者、录音录像制作者、广播组织者支付版税或报酬；协商不成的，按照政府的规定执行或依法向法院提起诉讼。

组织或个人直接或间接使用以商业目的发表的录音录像制品进行任何无赞助、广告或收费形式的广播，无须许可，但须自使用时起按照政府的规定向作者、著作权人、表演者、录音录像制作者、广播组织者支付版税或报酬。

2. 组织或个人在经营或商业活动中使用已发表的录音录像制品，无须许可，但须自使用时起按照约定向作者、著作权人、表演者、录音录像制作者、广播组织者支付版税或报酬;协商不成的,按照政府的规定执行或依法向法院提起诉讼。

3. 组织或个人行使本条第1款和第2款规定的权利,不得影响演出、录音录像制品、广播节目的正常利用,不得侵犯表演者、录音录像制作者或广播组织者的权利。

11. 补充修订第41条:

第41条 著作权人为权利受让人

1. 按照合同约定受让本法第20条和第19条第3款规定的一项、多项或全部权利的组织或个人,为著作权人。

2. 管理匿名作品的组织或个人,在确定作者身份之前享有著作权。

12. 补充修订第42条:

第42条 著作权人为国家

1. 国家为以下作品的著作权人:

(1)匿名作品,但本法第41条第2款规定的情形除外;

(2)保护期未满,但著作权人死亡且无继承人、继承人拒绝继承或无继承权的作品;

(3)著作权人将其所有权转让给国家的作品。

2. 政府对国家所有的作品使用作出具体规定。

13. 补充修订第87条:

第87条 商标注册权

1. 组织或个人有权为其生产的商品或提供的服务注册商标。

2. 生产者不在其产品上使用该商标且不反对注册的前提下,从事合法商业活动的组织或个人有权为其投入市场的由他人生产的产品注册商标。

3. 依法设立的集体组织有权根据集体商标使用章程注册集体商标,供其成员使用;对商品或服务的原产地标志,由在当地从事生产经营的组织或个人构成的集体组织享有注册权。对于其他表明越南地方特产地理来源的地名或标志,须经国家主管部门的许可。

4. 具有监管和认证商品或服务的质量、特性、原产地或其他相关标准的职能的组织,在不从事该商品或服务生产经营的前提下有权注册证明商标。对于其他表明越南地方特产地理来源的地名或标志,其登记须经国家主管部门许可。

5. 符合下列条件的,两个或两个以上的组织或个人有权共同注册一个商标,成为商标共有人:

(1)应以全体共有人的名义使用该商标,或用于全体共有人均参与生产经营的商品或服务;

(2)使用该商标不会使消费者对商品或服务的来源产生混淆。

6. 在受让组织或个人符合登记权人相应条件的前提下,本条第1款、第2款、第3款、第4款和第5款规定的登记权人,包括提出登记申请的人,有权以书面合同、继承或遗赠的形式依法将登记权转让给其他组织或个人。

7. 在越南社会主义共和国加入的禁止商标权人的代表人或代理人注册该商标的国际条约的缔约方受保护的商标,未经商标权人同意,其代表人或代理人不得注册该商标,但有正当理由的情形除外。

14. 补充修订第90条:

第90条　先申请原则

1. 对相同或类似发明、相同或无显著差异的工业品外观设计提交多份注册申请的,仅授予满足授予保护权凭证条件的申请中享有优先权或申请日最早的有效申请。

2. 多人对相同或类似产品或服务申请注册相同或混淆性相似的商标,或同一人为相同产品或服务注册相同商标的,仅授予满足授予保护权凭证条件的申请中享有优先权或申请日最早的有效申请。

3. 本条第1款和第2款规定的注册申请同时满足授予保护权凭

证的条件且优先权日或申请日相同的,仅授予所有申请人协商一致的唯一申请人;未达成一致的,拒绝授予相应客体保护凭证。

15. 补充修订第119条:

第119条 处理工业产权登记申请的期限

1. 自申请日起一个月内对工业产权登记申请进行形式审查。

2. 在下列期限内对工业产权登记申请进行实质审查:

(1) 申请公布之前提出实质审查请求的发明,自公布之日起18个月内;公布申请之后提出实质审查请求的,自收到实质审查请求之日起18个月内。

(2) 对于商标,自公布申请之日起9个月内。

(3) 对于工业品外观设计,自公布申请之日起7个月内。

(4) 对于地理标志,自公布申请之日起6个月内。

3. 工业产权登记申请的复审期限为初审期限的2/3,情况复杂的可以延长,但不得超过初审期限。

4. 申请人补充修订申请的期限不计入本条第1款、第2款和第3款规定的期限内;处理补充修订申请的期限不得超过本条第1款和第2款规定期限的1/3。

16. 补充修订第134条:

第134条 发明或工业品外观设计的在先使用权

1. 在发明或工业品外观设计登记申请的申请日或优先权日(如果有)之前,已使用或准备必要条件使用与登记申请中的发明或工业品外观设计相同但独立创造完成发明或工业品外观设计的人(以下简称在先使用权人),在取得保护凭证后,其有权在已使用或已准备使用的范围和数量内继续使用该发明或工业品外观设计,无须受保护的发明或工业品外观设计权利人许可或向其支付补偿。行使发明或工业品外观设计的在先使用权,不视为侵犯发明或工业品外观设计权利人的权利。

2. 发明或工业品外观设计的在先使用权人不得将该权利转让

给他人，但与使用或准备使用该发明或工业品外观设计的生产经营场所一并转让的情形除外。未经发明或工业品外观设计权利人许可，在先使用权人不得扩大使用范围和数量。

17. 补充修订第154条：

第154条 提供工业产权代理服务的条件

符合下列条件的组织，可以作为工业产权代理服务机构提供工业产权代理服务：

1. 依法设立并经营的企业、合作社、律师执业组织、科技服务机构，但在越南执业的外国律师执业组织除外。

2. 商业登记证或营业登记证（以下统称商业登记证）载明具有工业产权代理服务职能。

3. 组织负责人或其委托人应具备本法第155条第1款规定的工业产权代理服务执业条件。

18. 补充修订第157条：

第157条 受植物品种权保护的组织或个人

1. 受植物品种权保护的组织或个人，是指培育或发现、开发植物品种，或投资培育或发现、开发植物品种，或受让植物品种权的组织或个人。

2. 本条第1款规定的组织或个人，包括越南的组织或个人、与越南社会主义共和国签订植物品种保护协定的缔约方组织或个人、在越南拥有永久居住地址或设立植物品种生产经营场所的外国组织或个人、在与越南社会主义共和国签订植物品种保护协定的缔约方拥有永久居住地址或设立植物品种生产经营场所的组织或个人。

19. 补充修订第160条：

第160条 植物品种的特异性

1. 与提交申请时或优先权日众所周知的其他植物品种有显著区别的植物品种，视为具有特异性。

2. 本条第1款规定的众所周知的植物品种,是指下列植物品种:

(1)植物品种的繁殖材料或收获材料在保护登记申请时已在任何国家的市场上广泛使用;

(2)植物品种已在任何国家受到保护或载入植物品种名录;

(3)植物品种属于保护登记申请或任何国家植物品种名录登记申请的客体,且申请未被驳回的。

20. 补充修订第163条:

第163条 植物品种名称

1. 登记人应向国家植物品种权管理机构为植物品种指定一个适当的名称,该名称应与越南社会主义共和国签订植物品种保护协议的任何缔约方保护登记的名称相同。

2. 植物品种的名称与同一物种或类似物种中众所周知的其他植物品种的名称有明显区别的,被视为适当名称。

3. 下列情形中,植物品种名称被视为不当名称:

(1)仅由数字组成,但这些数字与该品种的特征或育种有关的除外;

(2)违反社会道德;

(3)容易对该品种的特征或特性造成误解;

(4)容易对育种人的身份造成误解;

(5)在植物品种的保护登记申请公布之前,与受保护的商标、商号或地理标志相同或混淆性相似;

(6)影响其他组织或个人的在先权利。

4. 组织或个人出售或者向市场投放植物品种繁殖材料的,应使用保护权凭证记载的植物品种名称,包括保护期限届满后。

5. 与商标、商号或地理标志相结合的植物品种名称与已登记销售或投放市场的植物品种名称相同时,该名称仍须具有可识别性。

21. 补充修订第165条:

第165条 植物品种权登记

1. 本法第157条规定的组织或个人,直接或通过其在越南的合法代表提交植物品种权登记申请(以下简称保护登记申请)。

2. 符合下列条件的组织,可以作为植物品种权代理服务机构提供植物品种权代理服务:

(1)依法设立并经营的越南企业、合作社、律师执业组织、科技服务机构,但在越南执业的外国律师执业组织除外;

(2)商业登记证或营业登记证(以下统称商业登记证)载明具有植物品种权代理服务职能。

3. 组织负责人或其委托人,应符合本条第4款和第5款规定的植物品种权代理服务执业条件。

4. 符合下列条件的个人,可以从事植物品种权代理业务:

(1)具有植物品种权代理服务执业证书;

(2)就职于植物品种权代理服务机构。

5. 符合下列条件的个人,授予工业产权代理服务执业证书:

(1)具有完全民事行为能力的越南公民;

(2)在越南有永久居住所;

(3)取得大学毕业证;

(4)直接从事植物品种权相关法律工作连续5年以上,或直接在国家或国际植物品种权机构从事植物品种权登记申请审查工作连续5年以上,或毕业于主管部门认可的植物品种权法律法规培训班;

(5)不属于设立和保障实施植物品种权的国家主管部门的在职干部或公职人员;

(6)通过主管部门组织的植物品种权代理业务考核。

6. 政府对提出申请的合法代表和植物品种权代表服务机构作出具体规定。

22. 补充修订第186条:

第186条 持有人的权利

1. 持有人有权行使或许可他人行使与受保护植物品种的繁殖材料有关的以下权利:

(1)生产或育种;

(2)为育种目的加工;

(3)销售;

(4)出售或开展其他营销活动;

(5)出口;

(6)进口;

(7)为实施本款第(1)项、第(2)项、第(3)项、第(4)项、第(5)项、第(6)项规定的行为进行储存。

2. 本条第1款规定的植物品种持有人的权利,适用于非法使用受保护植物品种的繁殖材料而收获的材料,但持有人有适当的时机行使其对繁殖材料的权利但未行使的情形除外。

3. 依照本法第188条的规定禁止他人使用植物品种。

4. 依照本法第十五章的规定,继承、遗赠或转让植物品种权。

23. 补充修订第187条:

第187条　持有人权利的延伸

下列植物品种,持有人的权利得以延伸:

1. 主要源自受保护植物品种的植物品种,但受保护植物品种源自其他受保护植物品种的情形除外。

仍保留受保护品种的基因型或基因型组合所产生的性状表达的植物品种,视为主要源自受保护植物品种,但因受保护品种的影响产生的变异除外。

2. 与受保护植物品种无显著差异的植物品种。

3. 植物品种的生产需要重复使用受保护植物品种。

24. 补充修订第190条:

第190条　植物品种持有人的权利限制

1. 下列行为不视为侵犯受保护的植物品种权:

(1)为个人和非商业目的使用植物品种;

(2)为实验目的使用植物品种;

(3)使用植物品种培育其他植物品种,但本法第187条规定的情形除外；

(4)个体生产户使用受保护植物品种的收获产品，在其土地上自行进行下一季的育种和栽培。

2. 植物品种权，不适用于持有人或其被许可人在越南国内外市场销售或者以其他方式投入市场的植物品种的材料相关的行为，但下列行为除外：

(1)与进一步繁殖此植物品种有关的行为；

(2)与将具有繁殖能力的植物品种材料出口到该植物品种的属或种不受保护的国家的有关行为，但为消费目的出口的情形除外。

25. 补充修订第194条：

第194条 转让植物品种权

1. 转让植物品种权，是指植物品种持有人将该植物品种的全部权利转让给受让人。受让人自国家植物品种权管理机构依法定程序登记转让合同之日起成为植物品种持有人。

2. 共有植物品种权的，转让须经全体共有人同意。

3. 转让植物品种权应订立书面合同。

4. 转让使用国家财政创造的植物品种的权利，适用《技术转让法》的规定。

26. 补充修订第201条：

第201条 知识产权鉴定

1. 知识产权鉴定，是指本条第2款和第3款规定的组织或个人运用其专业知识和专长，对与知识产权有关的问题作出评估和结论。

2. 符合下列条件的企业、合作社、事业单位、律师执业组织，除在越南执业的外国律师组织外，可以开展知识产权鉴定活动：

(1)具有符合法律规定的组织鉴定活动要求的人员和物质技术基础；

(2)商业登记证和经营登记证记载其具有开展知识产权鉴定活动的职能；

(3)机构负责人或其委托人,具有知识产权鉴定员证。

3. 具备以下条件的个人,由国家主管部门授予知识产权鉴定员证:

(1)具有完全民事行为能力的越南公民;

(2)在越南有永久住所;

(3)具有良好的道德品质;

(4)具有与申请鉴定员证相关专业大学以上学历,在该领域从事专业实务活动5年以上且通过鉴定业务考核。

4. 处理知识产权侵权行为的国家主管部门,在办理受理案件时有权要求进行知识产权鉴定。

5. 知识产权主体及其他相关组织或个人,有权要求进行知识产权鉴定以维护其合法权益。

6. 政府对知识产权鉴定机构和活动作出具体规定。

27. 补充修订第211条:

第211条　给予行政处罚的知识产权侵权行为

1. 对实施下列知识产权侵权行为的组织或个人给予行政处罚:

(1)实施知识产权侵权行为,对创作者、权利人、消费者或社会造成损害;

(2)生产、进口、运输或交易本法第213条规定的假冒知识产权商品或指派他人实施该行为;

(3)生产、进口、运输、交易或存储带有假冒商标或地理标志的印记、标签或其他物品,或指派他人实施该行为。

2. 政府对行政处罚的知识产权侵权行为、处罚形式、处罚力度及处罚手续作出具体规定。

3. 对实施知识产权不正当竞争行为的组织或个人,依照关于竞争法的规定给予行政处罚。

28. 补充修订第214条:

第214条　行政处罚的形式及其补救措施

1. 实施本法第211条第1款规定的知识产权侵权行为的组织或

个人,责令终止侵权行为并给予下列主要处罚:

(1)警告;

(2)罚款。

2. 根据侵权行为的性质和情节,对侵犯知识产权的组织或个人,还可以给予下列附加处罚:

(1)没收假冒知识产权商品、主要用于生产经营假冒知识产权商品的原料、材料或工具;

(2)在一定期限内停止侵权领域的业务活动。

3. 除本条第1款和第2款规定的处罚形式外,还可以责令侵犯知识产权的组织或个人采取以下一种或多种补救措施:

(1)在不影响知识产权主体利用其权利的前提下,强制销毁或分销假冒知识产权商品及主要用于生产经营假冒知识产权商品的原料、材料和工具或强制用于非商业目的;

(2)将侵犯知识产权的过境商品强制运出越南领土,或排除商品侵权元素后强制再出口假冒知识产权商品、主要用于生产经营假冒知识产权商品的工具、进口原材料和材料。

4. 对知识产权侵权行为的行政处罚力度和权限,适用行政处罚法律的规定。

29. 补充修订第218条:

第218条 暂停办理海关手续措施的适用程序

1. 请求暂停办理海关手续的申请人已充分履行本法第217条规定的义务的,海关部门作出暂停办理货物海关手续的决定。海关部门自作出采取行政措施的决定之日起30日内,向知识产权主体提供发货人、出口商、收货人或进口商的名称和地址、商品说明、商品数量、商品出产国(如知悉),以便依照本法第216条第4款的规定处理假冒商标商品和冒牌商品。

2. 暂停办理海关手续的期限为自申请人收到海关部门关于暂停办理海关手续的通知之日起10个工作日。申请人有正当理由的,在缴纳本法第217条第2款规定的保证金的前提下可以延长期限,但不得超过20个工作日。

3. 本条第2款规定的期限届满时,请求暂停办理海关手续的申请人不提起民事诉讼,且海关部门不作出给予进出口商行政违法处罚决定的,海关部门履行下列职责:

(1)继续为货物办理海关手续;

(2)强制请求暂停办理海关手续的申请人赔偿因不合理的请求给货物所有人造成的一切损失,并依照海关法律的规定向海关部门和其他有关机关、组织或个人支付货物仓储、保管及其他费用;

(3)在履行完本款第(2)项规定的赔偿和缴费义务后,向请求暂停办理海关手续的申请人退还剩余的保证金。

30. 补充修订第220条:

第220条 过渡条款

1. 受本法生效前施行的法律文件保护的著作权和邻接权,本法生效时仍在保护期内的,继续受本法保护。

2. 在本法生效前已向主管部门提交的著作权和邻接权、发明、实用创新、工业品外观设计、商标、商品原产地名称、布图设计或植物品种的登记申请,继续按照申请时生效的法律文件的规定办理。

3. 根据本法生效前施行的法律规定授予的保护权凭证所赋予的一切权利和义务,以及与该保护权凭证有关的维持、续展、变更、终止效力、撤销、许可、使用权转让、所有权转让、争议解决程序,按照本法的规定执行,但关于撤销保护凭证的依据的规定除外,其以授予保护权凭证时生效的法律文件的规定为准。本规定同样适用于根据本法生效前的法律规定颁布的商品原产地名称登记决定、国家工业产权管理机关授予商品原产地名称地理标志登记证的手续。

4. 根据2000年10月3日政府关于保护商业秘密、地理标志、商号的工业产权与反不正当竞争权利保护的第54/2000/ND-CP号决议受保护的商业秘密和商号,继续受本法保护。

5. 自本法生效之日起,地理标志,包括根据本条第4款规定的决议受保护的地理标志,依照本法的规定登记后才能受到保护。

第2条

律字第50/2005/QH11号《知识产权法》第11条第2款、第3款和第5款、第50条第2款第(1)项和第51条第4款中的“文化信息部”替换为“文化体育与旅游部”。

第3条

1. 本法自2010年1月1日起生效施行。

2. 政府细化和指导本法指定条款的实施,并指导本法的其他必要内容以满足国家管理的要求。

本法于2009年6月19日由越南社会主义共和国第十一届国会第八次会议审议通过。

国会主席

阮富仲

《保险经营法》《知识产权法》若干条款补充修订法案

律字第 42/2019/QH14 号

国会根据《越南社会主义共和国宪法》颁行经律字第 61/2010/QH12 号补充修订的律字第 24/2000/QH10 号《保险经营法》、经律字第 36/2009/QH12 补充修订的律字第 50/2005/QH11 号《知识产权法》的若干条款补充修订法案。

……

第 2 条　补充修订《知识产权法》若干条款

1. 补充修订第 6 条第 3 款第(1)项：

(1)发明、工业品外观设计、布图设计、商标的工业产权，基于国家主管部门依本法规定的登记手续或承认越南社会主义共和国参加的国际条约规定的登记手续，决定授予保护凭证设立。

驰名商标的工业产权基于使用设立，不取决于登记手续。

地理标志的工业产权，基于国家主管部门依本法或越南社会主义共和国参加的国际条约规定的登记手续，决定授予保护凭证设立。

2. 补充修订第 60 条第 3 款并在第 3 款后补充第 4 款

3. 本法第 86 条规定的登记权人、直接或间接通过登记权人掌握发明信息的人公开披露的发明，自披露之日起 12 个月内在越南提交发明登记申请的，不视为丧失新颖性。

4. 本条第3款的规定也适用于国家工业产权管理机关未依法公布或无登记权的人提交的工业产权登记申请或工业产权保护权凭证中披露的发明。

3. 补充修订第61条：

第61条 发明的创造性

1. 根据申请日前或优先权日前已在国内外以使用、书面描述或其他任何形式公开披露的技术方案，构成发明进步且相应技术领域内的普通技术人员无法轻易创造的发明，视为具有创造性。

2. 技术方案为依照本法第60条第3款和第4款的规定披露的发明的，不得作为评估该发明创造性的依据。

4. 补充修订第80条若干条款

(1)补充修订第1款：

1. 根据越南境内有关消费者的认知，已成为商品通用名的名称或标志。

(2)补充修订第3款：

3. 与受保护、申请日或优先权日更早的商标登记申请中的商标相同或者近似的地理标志，使用该地理标志可能对商品的商业来源造成混淆的。

5. 在第89条第2款后补充第3款：

3. 工业产权的设立登记申请，向国家工业产权管理机关提交纸质文件或向在线系统提交电子申请。

6. 补充修订第八章第四节的名称：

第四节 国际申请书与国际申请及其办理

7. 在第八章第四节第120条后补充第120a条

第120a条 地理标志国际申请及其处理

1. 请求根据越南社会主义共和国正在谈判的国际条约承认并

保护地理标志的申请,称为国际申请。

2. 对于提交国家工业产权管理机构的地理标志登记申请中的地理标志,公布国际申请、处理第三人异议、评估国际申请中地理标志的保护条件,按照本法的相应规定执行。

8. 补充修订第136条第2款:

2. 商标权人有义务连续使用商标。受让人按照商标使用合同使用商标,也被视为商标权人的商标使用行为。连续5年以上不使用商标的,依照本法第95条的规定终止商标登记证的效力。

9. 补充修订第148条:

第148条 工业产权许可合同的效力

1. 依据本法第6条第3款第(1)项的规定登记设立的工业产权,工业产权许可合同经国家工业产权主管部门登记后生效。

2. 依据本法第6条第3款第(1)项的规定登记设立的工业产权,工业产权客体使用合同按照各方的约定生效。

3. 本条第2款规定的工业产权客体使用合同,除商标使用合同外,须在国家工业产权主管部门登记后才能对第三方发生法律效力。

4. 终止许可人的工业产权效力的,工业产权客体使用合同的效力当然终止。

10. 在第198条第3款后补充第4款和第5款

4. 法院判决未实施侵权行为的知识产权侵权案件中的被告组织或个人,有权请求法院强制原告给付聘请律师的合理支出或法律规定的其他支出。

5. 组织或个人滥用知识产权保护程序对其他组织或个人造成损害的,受损害的组织或个人有权请求法院强制滥用程序的一方赔偿因滥用程序造成的损害,其中包括聘请律师的合理支出。滥用知识产权保护程序的行为,包括故意超越该程序的范围或目标的行为。

11. 补充修订第 205 条第 1 款：

1. 原告能够证明知识产权侵权行为对其造成物质损害的，有权请求法院根据以下依据决定赔偿标准：

(1)原告减少的利润未计入物质损害总额的，以金钱计算的物质损害总额加上被告因知识产权侵权行为所获利润；

(2)假定原告在被告实施的侵权行为范围内，根据知识产权客体使用合同许可被告知识产权客体使用权的价款；

(3)知识产权主体依法提出的其他计算方式认定的物质损害；

(4)无法根据本款第(1)项、第(2)项、第(3)项的规定认定物质损害赔偿标准的，由法院根据损害程度认定物质损害赔偿标准，但不得超过 5 亿越南盾。

12. 补充修订第 218 条第 1 款：

1. 请求暂停办理海关手续的申请人已充分履行本法第 217 条规定的义务的，海关部门作出暂停办理货物海关手续的决定。海关部门自作出采取行政措施的决定之日起 30 日内，向知识产权主体提供发货人、出口商、收货人或进口商的名称和地址、商品说明、商品数量、商品出产国(如知悉)，以便根据本法第 216 条第 4 款的规定处理假冒商标商品和冒牌商品。

第 3 条　施行效力

1. 本法自 2019 年 11 月 1 日起生效施行，但本条第 4 款规定的情形除外。

……

4. 下列情形中，本法关于知识产权的规定自 2019 年 1 月 14 日起生效施行：

(1)2019 年 1 月 14 日后提交的工业产权登记设立申请；

(2)2019 年 1 月 14 日后提交的请求撤销基于工业产权登记设立申请授予的发明专利、实用新型专利或地理标志登记证效力的申请；

(3)请求终止 2019 年 1 月 14 日后办理的商标注册证书的效力;

(4)2019 年 1 月 14 日后主管部门受理的知识产权侵权案件,2019 年 1 月 14 日后提出的关于知识产权保护的其他请求。

第 4 条　过渡条款

……

2. 2019 年 1 月 14 日前提交的发明或地理标志登记申请,继续按照已经律字第 36/2009/QH12 号法律补充修订的律字第 50/2005/QH11 号《知识产权法》的规定处理。

3. 2019 年 1 月 14 日前各方已签订的未经国家工业产权管理机构登记的商标使用合同,2019 年 1 月 14 日后才能对第三方发生法律效力。

4. 2019 年 1 月 14 日前主管部门已受理的未完结知识产权侵权案件,继续适用已经律字第 36/2009/QH12 号法律补充修订的律字第 50/2005/QH11 号《知识产权法》的规定。

本法于 2019 年 6 月 14 日由越南社会主义共和国第十四届国会第七次会议审议通过。

国会主席

阮氏金银

《知识产权法》若干条款补充修订法案

律字第 07/2022/QH15 号

根据《越南社会主义共和国宪法》,国会颁布经律字第 36/2009/QH12 号法案和律字第 42/2019/QH14 号法案补充修订的律字第 50/2005/QH11 号《〈知识产权法〉若干条款补充修订法案》。

第 1 条　补充修订《知识产权法》若干条款

1. 补充修订第 4 条若干款:

(1)补充修订第 8 款、第 9 款和第 10 款;在第 10 款后补充第 10a 款、第 10b 款、第 10c 款和第 10d 款;修订第 11 款并在其后补充第 11a 款:

8. 演绎作品,系指基于一部或多部已有作品,经翻译、临摹、编纂、注释、选编、改编、转调和其他转换创作的作品。

9. 已发表的作品、录音录像制品,系指经著作权人或邻接权人同意,以任意形式向公众发行合理数量复制件的作品、录音录像制品。

10. 复制,系指以任何工具或形式制作全部或部分作品、录音录像制品的复制件。

10a. 版权费,系指向作品、表演、录音录像制品、广播节目、数字节目卫星信号的创作或转让著作权与邻接权支付的款项。

10b. 权利保护技术措施,系指针对未经著作权人或邻接权人许可实施的行为,在正常活动中使用任何具有保护著作权与邻接权功能的技术、设备或零件的措施。

10c. 有效技术措施,系指保护著作权与邻接权主体通过访问限制、保护规范或拷贝管制机制控制作品、表演、录音录像制品、广播节目、数字节目卫星信号的使用的技术保护措施。

10d. 权利管理信息,系指明确作品、表演、录音录像制品、广播节目、数字节目卫星信号、作者、表演者、著作权人、邻接权人和开发使用条件的信息,以及体现上述信息的序数和编码。权利管理信息应与作品、表演、录音录像制品、广播节目、数字节目卫星信号一并或伴随复制件向公众发行。

11. 广播,系指以无线工具向公众传播作品、演出、录音录像制品、广播节目的声音或图像、声像、声音或图像的再现及声像的再现,包括通过卫星发送数字信号、广播组织者向公众提供或经其同意提供解码器的情形下发送数字信号。

11a. 向公众传播,系指向公众传播作品、演出声音或图像、以广播以外的任何工具有形化的录音录像制品的声音或图像、声音或图像的再现。

(2)在第12款后补充第12a款,补充修订第13款:

12a. 秘密发明,系指根据保守国家秘密的法律规定,经主管部门认定为国家秘密的发明。

13. 工业品外观设计,系指在产品或复杂产品功能开发过程中以形状、线条、颜色或综合上述要素体现的可视化产品或复杂产品组装部分的外观。

(3)补充修订第20款:

20. 驰名商标,系指越南境内部分相关公众广泛熟知的商标。

(4)补充修订第22款并在其后补充第22a款:

22. 地理标志,系指标明产品具体生产地区、地点、领土或国家地理来源的标志。

22a. 同音地理标志,系指发音或书写方式相同的地理标志。

2. 补充修订第 7 条第 2 款：

2. 行使知识产权不得损害国家利益、公共利益、其他组织或个人的合法权益，不得违反相关法律的其他规定。行使涉及越南社会主义共和国国旗、国徽、国歌知识产权的组织或个人，不得阻碍、干扰国旗、国徽、国歌的普及和使用。

3. 补充修订第 8 条第 2 款和第 3 款：

2. 通过符合法律规定的财政支持、税收和信用优惠、其他投资支持和优惠，鼓励和促进智力资产的创造和利用，为社会经济发展和人民物质精神生活的改善作出贡献。

3. 对服务于公益的知识产权创造、受让和利用给予财政支持；鼓励国内外组织或个人为发明创造活动和知识产权保护提供资助。

4. 在第二编第一章第一节第 13 条前补充第 12a 条：

第 12a 条　作者与共同作者

1. 作者是直接创作作品的人。两人以上以其贡献组合成的整体意思共同直接创作作品的，为共同作者。

2. 为他人创作作品提供帮助、建议或资料的人，不是作者或共同作者。

3. 共同作者行使作品的人身权和财产权应协商一致，但作品的独立部分可分割使用且不妨害其他共同作者的部分或其他法律另有规定的情形除外。

5. 补充修订第 19 条、第 20 条和第 21 条：

第 19 条　人身权

人身权包括以下权利：

1. 为作品命名。

作者有权向受让本法第 20 条第 1 款规定的财产权的组织或个人转让作品的命名权。

2. 在作品上署真名或笔名；发表或使用作品时标注真名或笔名。

3. 发表作品或许可他人发表作品。

4. 保护作品的完整性,不允许他人以任何形式歪曲、修改、删减,侵犯作者的名誉、荣誉。

第 20 条　财产权

1. 财产权包括以下权利:

(1)创作衍生作品;

(2)直接向公众表演作品,或在公众可以进入但不能自由选择时间和作品片段的地点以录音录像制品或任何技术工具间接表演作品;

(3)以任何工具或形式直接或间接复制全部或部分作品,但本条第 3 款第(1)项规定的情形除外;

(4)以出售或其他所有权转让形式向公众发行或进口发行作品原件或有形复制件,但本条第 3 款第(2)项规定的情形除外;

(5)以有线、无线、电子信息网或其他任何技术工具向公众广播、传播作品,包括在公众可以进入的由其选择的时间和地点向公众提供作品;

(6)出租电影作品、计算机程序的原件或复制件,但计算机程序不属于出租的主要对象的情形除外。

2. 本条第 1 款规定的各项权利,由作者、独占著作权人行使或按本法的规定许可其他组织或个人行使。

组织或个人在利用、行使本条第 1 款和本法第 19 条第 3 款规定的某项、多项或全部权利时,应取得著作权人许可并向其支付版税或其他物质利益(如有),但本条第 3 款、本法第 25 条、第 25a 条、第 26 条、第 32 条和第 33 条规定的情形除外。创作衍生作品影响本法第 19 条第 4 款所规定的人身权的,还应取得作者的书面同意。

3. 著作权人无权禁止其他组织或个人实施以下行为:

(1)仅为行使本法规定的其他权利而复制作品;在设备运行过程中按照技术规范临时复制,不以独立经济目的,通过中介在第三方网络之间传输或合法使用作品,复制件被自动删除且不可恢复;

(2)继续发行或进口发行已经著作权人发行或许可发行的作品的原件或复制件。

第21条 电影作品和舞台作品的著作权

1. 电影作品的著作权规定如下：

(1)编剧、导演享有本法第19条第1款、第2款和第4款规定的权利。

(2)拍摄、剪辑、音乐创作、美术设计、声音设计、照明、视觉特效、电影演员及其他对电影作品作出创造性贡献的人员，享有本法第19条第2款规定的权利。

(3)投资经费和物质技术基础制作电影作品的组织或个人，享有本法第19条第3款和第20条第1款规定的各项权利，但另有书面协议的情形除外；具有按合同向本款第(1)项、第(2)项规定的人员支付版税或其他物质利益(如有)的义务。

(4)投资经费和物质技术基础制作电影作品的组织或个人，可与本款第(1)项规定的人员就作品的命名、改编事项进行协商。

(5)对于电影作品中独立使用的剧本、音乐作品，剧本或音乐作品的作者、著作权人独立享有该剧本、音乐作品的著作权，但另有书面协议的情形除外。

2. 舞台作品的著作权规定如下：

(1)舞台剧本的作者享有本法第19条第1款、第2款和第4款规定的各项权利。

(2)文学作品的作者、音乐作品的作者、舞台导演、音乐指挥、舞蹈编剧、舞台美工、服装设计及其他对舞台作品作出创造性贡献的人员，享有本法第19条第2款规定的权利。

(3)投资经费和物质技术基础创作舞台作品的组织或个人，享有本法第19条第3款和第20条第1款规定的各项权利，但另有书面协议的情形除外；具有按合同向本款第(1)项、第(2)项规定的人员支付版税或其他物质利益(如有)的义务。

(4)投资经费和物质技术基础创作舞台作品的组织或个人，可与本款第(1)项规定的人员就作品的命名、改编事项进行协商。

(5)对于舞台作品中独立使用的文学作品、音乐作品,文学作品或音乐作品的作者、著作权人独立享有该文学作品、音乐作品的著作权,但另有书面协议的情形除外。

6. 补充修订第22条第1款:

1. 计算机程序,是以命令、代码、图表或其他形式表达的指令集合,嵌入以编程语言运行的工具或设备中时可使计算机或设备执行工作或实现具体结果。以源代码或机器代码的形式表达的计算机程序,等同于文学作品受到保护。

计算机程序的作者和著作权人,有权就计算机程序的改写或升级达成书面协议。享有计算机程序复制件合法使用权的组织或个人,可以制作一份备用复制件,以防复制件被删除、损坏或无法使用时进行替换,但不得转让给其他组织或个人。

7. 修订第25条并在其后补充第25a条,补充修订第26条:

第25条 不侵犯著作权的例外情形

1. 下列情形,使用已发表作品,无须许可、无须支付版税,但应通告作者的名称和作品的来源、出处:

(1)以非商业目的复制作品供个人科学研究或学习。此项规定不适用于使用复制设备进行复制的情形。

(2)以非商业目的使用复制设备合理复制部分作品,供个人科学研究或学习。

(3)为教学目的,在教案、印刷物、演出、录音录像制品、广播节目中合理使用作品。此项中的使用包括采取技术措施保证仅教员和学员可以接触该作品的前提下在计算机内网提供作品。

(4)在国家机关的公务活动中使用作品。

(5)为在本人作品中评论、介绍或说明;为撰写新闻报道,在定期印刷物、广播节目或纪录片中使用,合理引用作品且不曲解作者观点。

(6)以非商业目的在图书馆业务中使用作品,包括在该复制件按照关于图书馆和存档的法律规定打上馆藏复制件标记并限制借阅对象的前提下,复制图书馆馆藏作品以供保管;使用复制设备合理复制部分作品,以供他人研究或学习;同一时间的读者人数不超过前述图书馆馆藏作品复制件数量的前提下,通过计算机网络复制或传播馆藏作品,以供馆际流通使用,但经权利人许可的情形除外且不适用于已在市场上流通的数字化作品。

(7)以非商业目的在文化生活、宣传动员活动中表演舞台作品、音乐、舞蹈和其他类型的艺术表演作品。

(8)为介绍作品的形象,以非商业目的拍摄或电视转播在公共场所陈列的美术作品、建筑作品、摄影作品和实用美术作品。

(9)以非商业目的进口他人作品的复制件供个人使用。

(10)为新闻报道目的,以在报纸、定期印刷物上重复登载、重复广播或其他媒体形式复制已向公众展示过的教案、演讲稿和其他发言稿,但作者声明保留版权的情形除外。

(11)为新闻报道目的,拍摄、录音、录像、广播事件,其中使用在该事件中看到或听到的作品。

(12)视力障碍者、阅读障碍者和其他不能以正常方式接触作品进行阅读的残障人士(以下简称残障人士)、抚养照顾残障人士的个人或符合政府规定条件的组织,按照本法第25条的规定使用作品。

2. 本条第1款规定的作品的使用,不得与作品的正常利用相冲突,且不会不合理损害作者和著作权人的合法利益。

3. 本条第1款规定的复制,不适用于建筑作品、美术作品、计算机程序、选编或合编作品。

4. 政府规定本条细则。

第25a条 残障人士不侵犯著作权的例外情形

1. 残障人士、抚养照顾残障人士的人有权合法接触作品原件或复制件时,享有复制、表演、传播作品无障碍版的权利。无障碍版,是以其他方式或格式呈现的供残障人士使用的作品复制件;仅供残障人士个人使用,可进行必要的相应技术调整以便残障人士能够接触作品。

2. 符合政府规定条件的组织在有权合法接触作品原件或复制件时,有权以非营利目的复制、发行、表演、传播作品的无障碍版。

3. 符合政府规定条件的组织有权向越南社会主义共和国加入的国际条约规定的相应组织发行或传播作品的无障碍版,无须著作权人许可。

4. 符合政府规定条件的组织在发行或传播作品前,不知道或不应当知道该作品的无障碍版将供残障人士以外的所有对象使用的前提下,有权向越南社会主义共和国加入的国际条约规定的外国残障人士发行或传播作品的无障碍版,无须著作权人许可。

5. 为了残障人士的利益,残障人士、抚养照顾残障人士的个人或符合政府规定条件的组织,有权自越南社会主义共和国加入的国际条约规定的相应组织进口作品的无障碍版,无须著作权人许可。

6. 政府规定本条细则。

第 26 条　著作权的限制

1. 下列情形,使用已发表作品无须许可,但须支付版税、须通告作者的名称和作品的来源、出处:

(1)广播组织者使用已发表的作品、经著作权人许可有形化在以商业目的发表的录音录像制品中的作品,进行有赞助、广告或任何收费形式的广播,无须许可,但应自使用之日起向著作权人支付版税。版税额及其支付方式,由各方商定;协商不成的,按照政府的规定执行。

广播组织者使用已发表的作品、经著作权人许可有形化在以商业目的发表的录音录像制品中的作品,进行无赞助、广告或无收费形式的广播,无须许可,但应按照政府的规定自使用之日起向著作权人支付版税。

(2)作品已经著作权人许可有形化在以商业目的发表的录音录像制品中的,组织或个人在其营商活动中使用该录音录像制品,无须许可，但应按约定自使用之日起向作品著作权人支付版税；协商不成的，按照政府的规定执行。政府具体规定本项所规定的营商活动。

2. 本条第1款规定的作品使用，不得与作品的正常利用相冲突，且不对作者和著作权人的合法权益造成不合理的损害。

3. 本条第1款规定的作品使用不适用于电影作品。

4. 对于外语译为越南语的作品翻译权、为教学和科研而非商业目的的复制权，越南的组织或个人享受越南社会主义共和国加入的国际条约对发展中国家的优惠待遇，按照政府的规定执行。

5. 组织或个人需要开发利用越南的组织或个人已发表的作品，但无法找到或无法确定著作权人的，按照政府的规定执行。

8. 补充修订第28条：

第28条　著作权侵权行为

1. 侵犯本法第19条规定的人身权。

2. 侵犯本法第20条规定的财产权。

3. 不履行或不充分履行本法第25条、第25a条和第26条规定的义务。

4. 为实施本条和本法第35条规定的行为，故意毁坏或规避作者、著作权人为保护其作品的著作权而采取的技术措施。

5. 知道或应当知道制造使用的该设备、产品、零件或服务是为规避保护著作权的技术措施，以商业目的制造、发行、进口、销售、出售、宣传、广告、营销、租赁或存储设备、产品或零件、介绍或提供服务。

6. 知道或应当知道实施该行为将煽动、创造可能、创造便利条件或包庇著作权侵权行为，未经作者、著作权人许可，故意删除、卸载或更改作品中的权利管理信息。

7. 知道或应当知道未经著作权人许可删除、卸载或更改权利管理信息，知道或应当知道实施该行为将煽动、创造可能、创造便利条件或包庇著作权侵权行为，故意向公众发行、进口发行、广播、传播或提供作品的复制件。

8. 不履行或不充分履行规定,以免除本法第198b条第3款规定的中介服务企业的法律责任。

9. 补充修订第29条、第30条、第31条、第32条和第33条:

第29条 表演者权

1. 表演者依法享有演出的人身权和财产权。

表演者不同时为演出权利人的,表演者享有本条第2款规定的人身权;演出权利人享有本条第3款规定的财产权。

2. 人身权包括以下各项权利:

(1) 在表演或发行演出录音录像制品、广播演出时具名;

(2) 保护表演形象的完整性,不允许他人以任何形式修改、删减或歪曲作品,侵犯表演者的名誉和荣誉。

3. 财产权包括专有行使或许可其他组织或个人行使的以下各项权利:

(1) 在录音录像制品中有形化其直接演出;

(2) 以任何工具或形式直接或间接复制其已在录音录像制品中有形化的全部或部分演出,但本条第5款第(1)项规定的情形除外;

(3) 以公众可获取的方式向公众广播或传播其未有形化的演出,但以广播为目的的演出除外;

(4) 通过出售或其他所有权转让形式向公众发行、进口发行其演出的有形化版本原件或复制件,但本条第5款第(2)项规定的情形除外;

(5) 向公众商业出租其有形化在录音录像制品中的演出原件或复制件,包括由表演者发行或经表演者许可发行后;

(6) 向公众广播、传播其演出的有形化版本,包括在公众选择的时间和地点以公众可获取的方式提供演出的有形化版本。

4. 组织或个人在开发利用本条第3款规定的某项、多项或全部权利时,应取得演出权利人的许可,并依法或法律未作规定情形下依照协议向演出权利人支付版税或其他物质利益(如有),但本条第

5款，本法第25条、第25a条、第26条、第32条和第33条规定的情形除外。

5. 演出权利人无权禁止其他组织或个人实施以下行为：

(1)仅为行使本法规定的其他权利复制演出；在设备运行过程中按照技术规范临时复制，以便通过中介在第三方的网络之间传输或非以独立经济目的合法使用其已有形化在录音录像制品中的演出，复制件被自动删除且不可恢复。

(2)继续发行或进口发行已经权利人发行或许可发行的演出有形化版本原件或复制件。

第30条　录音录像制作者权

1. 录音录像制作者可专有行使或许可其他组织或个人行使以下各项权利：

(1)以任何工具或形式复制其全部或部分录音录像制品，但本条第3款第(1)项规定的情形除外；

(2)通过出售或其他所有权转让形式向公众发行、进口发行其演出的有形化版本原件或复制件，但本条第3款第(2)项规定的情形除外；

(3)向公众商业出租其录音录像制品的原件或复制件，包括由录音录像制作者发行或经录音录像制作者许可发行后；

(4)向公众广播、传播其录音录像制品，包括在公众选择的时间和地点以公众可获取的方式提供录音录像制品。

2. 组织或个人在开发利用本条第1款规定的某项、多项或全部权利时，应取得录音录像制品权利人的许可，并依法或法律未作规定情形下依照协议支付版税或其他物质利益(如有)，但本条第3款，本法第25条、第25a条、第26条、第32条和第33条规定的情形除外。

3. 录音录像制品权利人无权禁止其他组织或个人实施以下行为：

(1)仅为行使本法规定的其他权利复制录音录像制品；在设备

运行过程中按照技术规范临时复制,以便通过中介在第三方的网络之间传输或非以独立经济目的合法使用其录音录像制品,复制件被自动删除且不可恢复。

(2)继续发行或进口发行已经权利人发行或许可发行的录音录像制品原件或复制件。

第31条 广播组织者权

1. 广播组织者专有行使或许可其他组织或个人行使以下各项权利:

(1)广播或重复广播其广播节目;

(2)以任何工具或形式直接或间接复制其全部或部分录音录像制品,但本条第3款第(1)项规定的情形除外;

(3)有形化其广播节目;

(4)通过出售或其他所有权转让形式向公众发行、进口发行其广播节目的有形化版本,但本条第3款第(2)项规定的情形除外。

2. 组织或个人在开发利用本条第1款规定的某项、多项或全部权利时,应取得广播节目权利人的许可,并依法或法律未作规定情形下依照协议支付版税或其他物质利益(如有),但本条第3款,本法第25条、第25a条、第26条、第32条和第33条规定的情形除外。

3. 广播节目的权利人无权禁止其他组织或个人实施以下行为:

(1)仅为行使本法规定的其他权利复制录音录像制品;在设备运行过程中按照技术规范临时复制,以便通过中介在第三方的网络之间传输或非以独立经济目的合法使用广播节目,复制件被自动删除且不可恢复。

(2)继续发行或进口发行已经权利人发行或许可发行的广播节目的有形化版本。

第32条 不侵犯邻接权的例外情形

1. 下列情形,使用已发表的演出、录音录像制品和广播节目,无须许可或支付版税,但应通告演出、录音录像制品和广播节目的信息:

(1)为非商业教学或新闻报道目的,直接对部分演出录音录像;

(2)为个人科研、学习而非商业目的,自行复制或协助残障人士复制部分演出、录音录像制品或广播节目;

(3)为个人直接教学而非商业目的,合理复制部分演出、录音录像制品或广播节目,但为教学已发表的演出、录音录像制品、广播节目除外;

(4)为新闻报道目的,合理摘引;

(5)广播组织者享有广播权时,为进行广播制作临时复制件。

2. 本条第1款规定的演出、录音录像制品、广播节目的使用,不得与演出、录音录像制品、广播节目的正常利用相冲突,不得对表演者、录音录像制作者、广播组织者的合法权益造成不合理的损害。

3. 政府规定本条细则。

第33条 邻接权的限制

1. 下列情形,使用已发表的录音录像制品,无须许可,但应支付版税并通告录音录像制品的信息:

(1)组织或个人使用以商业目的发表的录音录像制品进行有赞助、广告或任何收费形式的广播,无须许可,但须自使用时起向表演者、录音录像制作者、广播组织者支付版税。版税额及其支付方式,由各方商定;协商不成的,按照政府的规定执行。

组织或个人使用以商业目的发表的录音录像制品进行无赞助、广告或任何收费形式的广播,无须许可,但须自使用时起按照政府的规定向表演者、录音录像制作者、广播组织者支付版税。

(2)组织或个人在营商活动中使用以商业目的发表的录音录像制品,无须许可,但须自使用时起按约定向表演者、录音录像制作者、广播组织者支付版税;协商不成的,按照政府的规定执行。政府具体规定本项所规定的营商活动。

2. 本条第1款规定的录音录像制品的使用,不得与演出、录音录像制品、广播节目的正常利用相冲突,且不对表演者、录音录像制作者、广播组织者的合法权益造成不合理的损害。

3. 组织或个人需要开发利用越南的组织或个人已发表的录音录像制品，但无法找到或无法确定邻接权人的，按照政府的规定执行。

10. 补充修订第35条：

第35条 邻接权侵权行为

1. 侵犯本法第29条规定的表演者权。

2. 侵犯本法第30条规定的录音录像制作者权。

3. 侵犯本法第31条规定的广播组织者权。

4. 不履行或不充分履行本法第32条和第33条规定的义务。

5. 为实施本条和本法第28条规定的行为，故意毁坏或规避邻接权人为保护其权利采取的有效技术措施。

6. 知道或应当知道制造使用该设备、产品、零件或服务是为规避保护邻接权的技术措施，而以商业目的制造、发行、进口、销售、出售、宣传、广告、营销、租赁或存储设备、产品或零件、介绍或提供服务。

7. 知道或应当知道实施该行为将煽动、创造可能、创造便利条件或包庇邻接权侵权行为，未经邻接权人许可，故意删除、卸载或更改作品中的权利管理信息。

8. 知道或应当知道未经邻接权人许可删除、卸载或更改权利管理信息，知道或应当知道实施该行为将煽动、创造可能、创造便利条件或包庇邻接权侵权行为，故意向公众发行、进口发行、广播、传播或提供演出、有形化的演出复制件或录音录像制品、广播节目。

9. 知道或应当知道该设备、系统非法解码或主要用于辅助非法解码数字节目卫星信号，而制造、组装、改造、发行、进口、出口、销售、出售或租赁设备、系统。

10. 未经合法发行人许可，故意接收或转发数字节目卫星信号。

11. 不履行或不充分履行规定，以免除本法第198b条第3款规定的中介服务企业的法律责任。

11. 补充修订第36条:

第36条 著作权人

著作权人为享有本法第19条第3款和第20条第1款规定的某项、多项或全部权利的组织或个人。

12. 补充修订第二编第三章第41条、第42条、第43条和第44条,在第44条后补充第44a条

第41条 著作权人为权利受让人

1. 按照合同约定受让本法第19条第3款和第20条第1款规定的某项、多项或全部权利的组织或个人,为著作权人。

2. 管理或受让匿名作品的组织或个人,在作者或共同作者身份明确之前,享有著作权人的权利。明确作者或共同作者的身份后,著作权人对组织或个人管理或受让的作品、著作权相关的权利和义务,按照本法的规定和其他有关法律的规定予以确定。

第42条 著作权人和邻接权人为国家

1. 以下作品的著作权人和邻接权人为国家:

(1)由使用国家财政经费定制、指派、投标的机关创作的作品、演出、录音录像制品和广播节目;

(2)著作权人、邻接权人、共同著作权人、共同邻接权人向国家转让著作权、邻接权的作品、演出、录音录像制品和广播节目;

(3)保护期未满,但著作权人、邻接权人、共同著作权人、共同邻接权人死亡且无继承人、继承人拒绝继承或无继承权的作品、演出、录音录像制品和广播节目。

2. 下列情形,国家代为管理著作权和邻接权:

(1)按照本法的规定无法找到或无法确认著作权人、邻接权人、共同著作权人、共同邻接权人的作品、演出、录音录像制品和广播节目;

(2)未明确著作权人、邻接权人、共同著作权人、共同邻接权人身份的匿名作品,但本法第41条第2款规定的情形除外。

3. 使用国家财政经费定制、指派、投标创作的作品、演出、录音录像制品和广播节目的机关,代表国家行使本条第1款第(1)项规定的著作权人、邻接权人、共同著作权人、共同邻接权人的权利。

本条第1款第(2)项、第(3)项和第2款规定的著作权人和邻接权人的权利,由著作权和邻接权国家管理机关代为行使。

4. 政府规定本条第1款和第2款的细则,对本条第1款和第2款规定的版税额度表和支付方式作出规定。

第43条　公众所有的作品、演出、录音录像作品和广播节目

1. 本法第27条第2款规定的保护期届满的作品,以及本法第34条规定的保护期届满的演出、录音录像制品和广播节目,属于公众所有。

2. 任何组织或个人均有权使用本条第1款规定的作品、演出、录音录像作品和广播节目,但应尊重本法规定的作者、表演者的人身权和有关法律的其他规定。

3. 属于公众所有的作品、演出、录音录像制品和广播节目的使用,由政府作出具体规定。

第44条　邻接权人

1. 邻接权人包括:

(1) 使用其时间、资金和物质技术条件实施演出的表演者,为该演出的权利人,但与有关各方另有协议的除外;

(2) 使用其时间、资金和物质技术条件制作录音录像制品的录音录像制作者,为该录音录像制品的权利人,但与有关各方另有协议的除外;

(3) 广播组织者为其广播节目的权利人,但与有关各方另有协议的除外。

2. 邻接权人是向其所属组织或个人指派任务实施演出、制作录音录像制品和广播节目的组织的,为本法第29条第3款、第30条第1款和第31条第1款所规定的相应权利的权利人,但另有协议的除外。

3. 邻接权人是与实施演出、制作录音录像制品和广播节目的其

他组织或个人订立合同的组织或个人的，为本法第29条第3款、第30条第1款和第31条第1款规定的相应权利的权利人，但另有协议的除外。

4. 根据继承法的规定继承邻接权的组织或个人，为本法第29条第3款、第30条第1款和第31条第1款规定的相应权利的权利人。

5. 按照合同约定受让某项、多项或全部权利的组织或个人，为本法第29条第3款、第30条第1款和第31条第1款规定的相应某项、多项或全部权利的权利人。

第44a条　确定及分配版税的原则

1. 共同著作权人、共同邻接权人按照对全部作品、演出、录音录像制品和广播节目的创作参与度、出资额以及开发利用形式，协商版税分配比例。

2. 根据本法第26条第1款和第33条第1款的规定使用录音录像制品的，版税分配比例按照该录音录像制品的著作权人、表演者、邻接权人达成的协议执行；协商不成的，按照政府的规定执行。

3. 根据类型、形式、质量、数量或开发利用频次确定版税明细表；协调创作者、开发利用的组织或个人、受众之间的利益，符合实施开发利用行为当时、当地的社会经济条件。

13. 补充修订第47条第1款和第2款：

1. 著作权与邻接权许可使用，系指著作权人、邻接权人许可其他组织或个人在一定期限内使用本法第19条第3款、第20条第1款、第29条第3款、第30条第1款和第31条规定的某项、多项或全部权利。

2. 作者不得许可使用本法第19条第2款和第4款规定的人身权。表演者不得许可使用本法第29条第2款规定的人身权。

14. 补充修订第49条和第50条：

第49条　著作权登记与邻接权登记

1. 著作权登记与邻接权登记，系指作者、著作权人或邻接权人向国家主管部门提交材料以记录作者、作品、著作权人或邻接权人的信息。

2. 提交材料申请授予著作权登记证书或邻接权登记证书,不是享有本法规定的著作权与邻接权的强制性手续。

3. 取得著作权登记证书或邻接权登记证书的组织或个人,发生争议时不承担证明其享有著作权与邻接权的举证责任,但有相反证据的情形除外。

4. 组织或个人办理著作权登记证书或邻接权登记证书的授予、重新授予、变更、撤销手续时,应缴纳费用。

5. 政府对授予著作权登记证书或邻接权登记证书的条件、程序和手续作出具体规定。

第 50 条　著作权与邻接权登记材料

1. 作者、著作权人或邻接权人,可以直接或委托其他组织或个人直接或以邮政服务或线上服务方式,向国家著作权和邻接权管理机关提交著作权、邻接权登记材料。

2. 著作权、邻接权登记材料包括:

(1) 著作权、邻接权登记申请表。

登记申请表应以越南语填写载明申请人、作者、著作权人或邻接权人的信息;作品、演出、录音录像制品或广播节目的完成时间、内容概要;登记衍生作品的,应载明创作衍生作品的原作者、著作权人和作品的名称;发表时间、地点和方式;与重新授予、换发(如有)、对申请信息的保证责任有关的信息。申请表由作者、著作权人、邻接权人签名或按手印,但不能签名或按手印的情形除外。

文化体育与旅游部规定著作权、邻接权登记表模板。

(2) 登记著作权的作品复制件两份或登记邻接权的客体有形化版本复制件两份。

(3) 申请人受托登记著作权、登记邻接权的委托书。

(4) 申请人因创作或指派创作任务、订立创作合同、继承或受让成为权利人的证明材料。

(5)共同作者创作的作品,提供共同作者的同意书。

(6)共同所有著作权、邻接权的,提供共有人的同意书。

3. 本条第2款第(3)项、第(4)项、第(5)项、第(6)项规定的材料应以越南语填写;以外文填写的,应翻译成越南语。

15. 补充修订第52条:

第52条 授予著作权登记证书和邻接权登记证书的期限

国家著作权和邻接权管理机关自收到有效申请之日起15个工作日内,应向申请人授予著作权登记证书和邻接权登记证书。驳回申请的,国家著作权和邻接权管理机关应书面通知申请人并载明理由。

16. 补充修订第55条:

第55条 重新授予、换发或撤销著作权登记证书和邻接权登记证书

1. 著作权登记证书和邻接权登记证书遗失或损毁的,本法第51条第2款规定的国家主管部门自收到有效申请之日起7个工作日内,重新授予著作权登记证书和邻接权登记证书。申请变更著作权人和邻接权人;变更作品、作者和著作权人信息;变更邻接权客体和邻接权人信息的,本法第51条第2款规定的国家主管部门自收到有效申请之日起12个工作日内换发著作权登记证书和邻接权登记证书。

驳回重新授予、换发著作权登记证书和邻接权登记证书的,国家著作权和邻接权管理机关应书面通知申请人并载明理由。

2. 取得著作权登记证书和邻接权登记证书的并非作者、著作权人、邻接权人或已登记的作品、录音录像制品、广播节目不属于受保护客体的,本法第51条第2款规定的国家主管部门撤销著作权登记证书和邻接权登记证书。

3. 组织或个人发现著作权登记证书和邻接权登记证书的授予违反本法规定的,有权请求国家著作权和邻接权管理机关撤销著作

权登记证书和邻接权登记证书。

4. 国家主管部门自收到下列文件之日起15个工作日内,作出撤销著作权登记证书和邻接权登记证书的决定:

(1)法院撤销著作权登记证书和邻接权登记证书的生效判决或裁定、本法第200条规定的有权处理知识产权侵权行为的国家机关作出的关于撤销著作权登记证书和邻接权登记证书的决定;

(2)取得著作权登记证书和邻接权登记证书的组织或个人,申请撤销被授予的著作权登记证书和邻接权登记证书的文书。

5. 政府规定本条细则。

17. 补充修订第二编第六章的名称:

第六章 著作权、邻接权集体代表组织与咨询服务机构

18. 补充修订第56条:

第56条 著作权和邻接权集体代表组织

1. 著作权和邻接权集体代表组织,系指由作者、著作权人和邻接权人自愿协商成立的、自筹经费、依法委托著作权和邻接权,就著作权和邻接权集体代表活动受文化体育与旅游部管理的非营利组织。

2. 著作权和邻接权集体代表组织,按照作者、著作权人和邻接权人的书面委托实施以下活动:

(1)管理著作权和邻接权;就许可受托权利获取的版税和其他物质利益的准予、收费和分配进行谈判。

(2)保护成员的合法权益;产生争议时组织调解。

3. 著作权和邻接权集体代表组织具有以下权利和义务:

(1)在著作权和邻接权集体代表组织管理运行过程中,保证对国家主管部门;委托的作者、著作权人和邻接权人;开发利用的组织和个人公开透明。

(2)拟制委托作者、著作权人、邻接权人名册;拟制著作权和邻接权集体代表组织管理的作品、演出、录音录像作品、广播节目名

册;拟制委托范围、委托合同效力名录;拟制版税收取与分配计划和结果一览表。

(3)拟制版税额度和支付方式表,上报文化体育与旅游部审批。文化体育与旅游部部长根据本法第44a条第3款规定的原则审批版税额度和支付方式表。

(4)按照组织章程的规定以及与作者、著作权人、邻接权人就版税额度或分配百分比、分配方式和分配时间协商一致的委托书,按照依法公开透明的原则,收取和分配版税。

从国外的相应组织或国际组织收取和分配版税,适用关于外汇管理的法律规定。

(5)在与委托作者、著作权人、邻接权人协商一致的基础上,自收取的版税总额中留存部分款项用于履行组织任务的开销。与委托作者、著作权人、邻接权人协商调整留存款额度,且可以版税总额的百分比确定。

(6)扣除本款第(5)项规定的支出后,向作者、著作权人、邻接权人分配自许可开发利用收取的版税。

(7)向国家主管部门提交集体代表活动的年度报告和特别报告,并接受国家主管部门的监察和检查。

(8)实施文化发展、创新激励支持活动和其他社会活动。

(9)与国际组织和其他国家的相应组织就保护著作权和邻接权开展合作、签订互惠代理协议。

(10)设立著作权和邻接权集体代表组织的部门机构,保障委托作者、著作权人、邻接权人享有选举、被选举担任组织的领导、管理和监管职务的权利。

4. 作品、录音录像制品和广播节目涉及多个授权管理著作权和邻接权的集体代表组织权益的,可协商确定由一个组织代表,按照组织章程和委托书的规定进行许可使用、版税收取与分配谈判。

5. 著作权和邻接权集体代表组织超过5年仍无法找到或无法联络委托的作者、共同作者、著作权人、邻接权人、共同著作权人、共同邻接权人分配版税的,按照本法和有关法律的其他规定扣除管理和搜寻支出后,将该笔款项交予国家主管部门管理。

国家主管部门接收款项后,在5年内继续通告搜寻。5年期限届满,国家主管部门仍无法找到或无法联络作者、共同作者、著作权人、邻接权人、共同著作权人、共同邻接权人、法律规定的利害关系人的,则将该笔款项用于创新激励、宣传和加强实施著作权、邻接权保护的活动。在前述期限内,找到或联络到作者、共同作者、著作权人、邻接权人、共同著作权人、共同邻接权人、法律规定的利害关系人的,该笔款项扣除管理和搜寻支出后依法给付前述人员。

6. 政府规定本条细则。

19. 补充修订第60条第1款:

1. 不属于下列情形的发明,视为具有新颖性:

(1)在发明申请日前或优先权日前,在国内外以使用、书面描述或其他任何形式公开披露;

(2)在先申请日或优先权日提交的申请表中披露,但在该发明的申请日或优先权日当日或之后公布。

20. 补充修订第72条第1款:

1. 以一种或多种颜色的字母、文字、图画、图像、三维图形或前述要素组合形式的可视标志,或以图画形式表现的声音标志。

21. 补充修订第73条若干款:

(1)补充修订第1款:

1. 与越南社会主义共和国或其他国家的国旗、国徽、国歌及国际歌相同或混淆性相似的标志。

(2)在第73条第5款后补充第6款和第7款:

6. 商品原有形象或因商品技术特性必须具备的标志。

7. 含有作品复制件的标志,但经该作品著作权人许可的情形除外。

22. 补充修订第 74 条第 2 款若干项：

(1)补充修订第(1)项、第(2)项、第(3)项：

(1)简单的形状和几何图形、数字、字母或非通用语的文字，但在申请日前这些标志已投入使用并被普遍接受的情形除外；

(2)申请日前已长期使用并被普遍接受的商品或服务任何语言形式的标志、常规符号、图形或通用名称、商品或部分商品的通用形象、商品包装或存储物的通用形象；

(3)表明时间、地点、生产方法、类别、数量、质量、特征、成分、功能、价值或其他描述商品或服务特征的标志，或显著增加商品价值的标志，但在申请日前该标志经由使用已获得显著性的情形除外。

(2)补充修订第(5)项、第(6)项：

(5)表明商品或服务原产地的标志，但在申请日前该标志已作为商标使用并被普遍接受，或注册为本法规定的集体商标或证明商标的情形除外；

(6)与其他组织或个人基于在先申请日或优先权日受保护的商品或服务的商标相同或混淆性相似的标志，包括根据越南社会主义共和国加入的国际条约提交的商标注册申请，但该商标注册申请根据本法第 95 条第 1 款第(4)项的规定被终止效力，或根据本法第 96 条的规定以本法第 117 条第 3 款第(2)项规定的手续撤销效力的情形除外。

(3)补充修订第(8)项、第(9)项：

(8)与其他组织或个人在相同或近似商品或服务上注册的、终止效力不超过 3 年的商标相同或混淆性相似的标志，但该商标注册申请根据本法第 95 条第 1 款第(4)项的规定以本法第 117 条第 3 款第(2)项规定的手续被终止效力的情形除外；

(9)与他人在申请日前与带有驰名商标的商品或服务相同或相似，或在不同商品或服务上注册的被认定为驰名商标相同或混淆性相似的标志，使用该标志可能会影响驰名商标的显著性，或为利用该驰名商标的信誉注册商标。

(4)修订第(13)项并在其后补充第(14)项、第(15)项:

(13)与他人早于商标注册申请日、优先权日的在先申请日或优先权日而受保护的工业品外观设计相同或无显著差异的标志;

(14)与在越南受保护的植物品种名称相同或混淆性相似的标志,如该标志登记的商品为同类或近似种类植物品种或自植物品种收获的产品;

(15)与他人在申请日前受著作权保护的已广为人知的作品中的人物或形象的名字、图像相同或混淆性相似的标志,但该作品权利人许可的情形除外。

23. 补充修订第75条段首:

以下列部分或全部标准评估、认定驰名商标:

24. 补充修订第79条:

第79条 受地理标志保护的一般条件

1. 符合下列条件的地理标志受到保护:

(1)地理标志产品出产于相应地理标志所标示的地区、地点、领土或国家;

(2)地理标志产品具有取决于相应地理标志所标示地区、地点、领土或国家的地理条件而享有的声誉、质量或特性。

2. 符合本条第1款规定条件的同音地理标志,其实际使用不会使消费者混淆地理标志产品的原产地且公平对待生产该地理标志产品的组织或个人的,则该地理标志受到保护。

25. 修订第86条并在其后补充第86a条:

第86条 发明、工业品外观设计和布图设计的登记权

1. 下列组织或个人享有发明、工业品外观设计和布图设计的登记权:

(1)付出努力和经费创造发明、工业品外观设计和布图设计的

创作者；

(2)以指派或聘用形式向创作者提供经费、物质工具的组织或个人，按照基因源获取和利益分配协议管理基因供源、基因源传统知识的组织或个人，但各方另有约定或本法第86a条规定的情形除外。

2. 多个组织或个人共同创作或投资创造发明、工业品外观设计、布图设计的，均有权登记且全体组织或个人同意的才能行使该登记权。

3. 本条所规定的享有登记权的组织或个人，有权向其他组织或个人依法以书面合同、遗赠或继承的形式转让登记权，包括已提交登记申请的情形。

第86a条　作为国家财政经费资助的科研项目成果的发明、工业品外观设计、布图设计的登记权

1. 作为国家财政经费全额资助的科研项目成果的发明、工业品外观设计、布图设计，登记权自动由主持科研项目的组织享有且无须偿还经费，但本条第3款规定的情形除外。

2. 作为国家财政经费部分资助的科研项目成果的发明、工业品外观设计、布图设计，与国家财政经费资助比例相应的发明、工业品外观设计、布图设计的登记权，自动由主持科研项目的组织享有且无须偿还经费，但本条第3款规定的情形除外。

3. 作为国家国防安全领域的科研项目成果的发明、工业品外观设计、布图设计的登记权，按照下列规定执行：

(1)国家财政经费全额资助的科研项目成果的发明、工业品外观设计、布图设计，登记权属于国家；

(2)国家财政经费部分资助的科研项目，与国家财政经费资助比例相应的发明、工业品外观设计、布图设计的登记权属于国家；

(3)国家权利人的代表行使本款第(1)项、第(2)项规定的登记权。

4. 政府规定本条细则。

26. 补充修订第 88 条：

第 88 条 地理标志的注册权

1. 越南地理标志的注册权属于国家。国家许可地理标志产品的生产组织或个人、代表该组织或个人的集体组织、地理标志所在地区的行政管理机关行使地理标志注册权。行使地理标志注册权的组织或个人不转变为该地理标志的权利人。

2. 作为出产国的法律规定的地理标志权利主体的组织或个人，有权在越南登记该地理标志。

27. 在第 89 条后补充第 89a 条：

第 89a 条 在国外提交发明登记申请前的安全检查

1. 属于影响国防安全技术领域的、在越南创造且登记权属于在越南有永久住所的越南公民或按照越南的法律规定设立的组织的发明，在越南提交办理发明登记申请办理安全检查手续后，才能在外国提交登记申请。

2. 政府规定本条第 1 款细则。

28. 补充修订第 92 条第 2 款：

2. 地理标志保护凭证记载地理标志管理组织、受保护的地理标志、地理标志产品的特征、地理标志所标示地区的地理条件和地理区域的特征。

29. 在第 93 条第 7 款后补充第 8 款和第 9 款：

8. 自国家工业产权管理机关作出承认保护国际注册中的商标的决定之日起，或从任一在先时间点起算自国际办公室通告商标国际注册之日起至 12 个月期限届满之日的次日，按照《商标国际注册马德里协定有关议定书》《商标国际注册马德里协定》指定越南的商标国际注册生效。商标国际注册的时效按照《商标国际注册马德里协定有关议定书》《商标国际注册马德里协定》的规定计算。

9. 自国家工业产权管理机关作出承认保护国际注册中的工业

品外观设计的决定之日起,或从任一在先时间点起算自国际办公室公布工业品外观设计国际注册之日起至6个月期限届满之日的次日,按照《工业品外观设计国际注册海牙协定》指定越南的工业品外观设计国际注册生效。工业品外观设计国际注册的时效按照《工业品外观设计国际注册海牙协定》的规定计算。

30. 补充修订第95条和第96条:

第95条 保护凭证效力的终止

1. 下列情形,保护凭证的效力部分或全部终止:

(1)持有人未按规定缴纳有效期维持费或续展费;

(2)持有人声明放弃工业产权;

(3)持有人不再存续或商标注册证书持有人不再从事商业活动且无合法继承人;

(4)在申请终止商标效力前,商标权人或其被许可人无正当理由连续5年未使用商标,但在申请终止效力前至少3个月开始使用或恢复使用的情形除外;

(5)集体商标注册证书持有人对集体商标使用章程的实施未进行监督或监督不力;

(6)证明商标注册证书持有人违反证明商标使用章程或对证明商标使用章程的实施未进行监督或监督不力;

(7)对地理标志产品的声誉、质量或特性具有决定意义的地理条件发生变化,导致其丧失产品声誉、质量或特性的;

(8)商标权人或其被许可人在商品或服务中使用受保护的商标,导致消费者混淆该商品或服务的性质、质量或产地;

(9)受保护的商标变为该商标注册的商品或服务的通用名;

(10)外国的地理标志在出产国不再受到保护。

2. 发明专利、实用新型专利持有人未在规定期限内缴纳有效期维持费的,期限届满时,保护凭证的有效期自未缴费当年的首日起自动终止。

商标、工业品外观设计保护凭证持有人未在规定期限内缴纳续展费的,期限届满时,保护凭证的有效期自未缴费的下一有效期首日起自动终止。

国家工业产权管理机关将保护凭证效力终止事项录入国家工业产权登记簿并在《工业产权公报》公示。

3. 持有人声明放弃本条第 1 款第(2)项规定的工业产权的,国家工业产权管理机关审核并决定终止保护凭证的效力。

4. 对本条第 1 款第(3)项、第(4)项、第(5)项、第(6)项、第(7)项、第(8)项、第(9)项、第(10)项规定的情形,组织或个人在缴费的前提下有权请求国家工业产权管理机关终止保护凭证的效力。

5. 国家工业产权管理机关根据对本条第 3 款和第 4 款规定情形下终止保护凭证效力申请的审查结果和有关各方的意见,作出终止部分或全部保护凭证效力的决定或通知驳回申请。

6. 对本条第 1 款第(3)项、第(4)项、第(5)项、第(6)项、第(7)项、第(8)项、第(9)项规定的情形,自国家工业产权管理机关作出终止保护凭证效力的决定之日起,保护凭证的效力终止。

对本条第 1 款第(10)项规定的情形,自出产国不再保护地理标志之日起,保护凭证的效力终止。

国家工业产权管理机关依据本条第 3 款的规定作出终止保护凭证效力的决定的,自国家工业产权管理机关收到持有人的书面声明之日起,保护凭证的效力终止。

7. 本条第 1 款、第 2 款、第 3 款、第 4 款、第 5 款和第 6 款的规定,适用于终止商标、工业品外观设计国际注册的效力。

第 96 条　保护凭证效力的撤销

1. 下列情形,撤销保护凭证的全部效力:

(1) 申请人恶意注册商标;

(2) 提交的发明登记申请违反本法第 89a 条关于发明安全检查的规定;

(3) 对于直接基于基因源或基因源传统知识创造的发明,发明注册申请未披露或未准确披露基因源或基因源传统知识的来源。

2. 下列情形,保护凭证的全部或部分内容不符合本法关于登记权、保护条件、补充修订申请、发明披露、先申请原则的规定的,撤销全部或部分保护凭证的效力:

(1)发明、工业品外观设计、布图设计、商标的登记申请人无登记权且未自登记权人处受让登记权;

(2)工业产权客体不符合本法第七章和第8条规定的保护条件;

(3)工业产权登记申请的补充修订扩大已披露的或申请的客体范围,或改变申请登记对象的性质;

(4)未充分详细披露发明,使相应技术领域内的普通技术人员不能据此实施该发明;

(5)授予保护凭证的发明超出发明登记申请的初次书面描述中披露的范围;

(6)发明不符合本法第90条规定的初次申请原则。

3. 本条第1款和第2款规定的保护凭证被撤销全部或部分效力的,被撤销全部或部分效力的保护凭证自授予时起不发生效力。

4. 组织或个人在缴费的前提下,有权就本条第1款和2款规定的情形请求国家工业产权管理机关撤销保护凭证的效力。

行使撤销保护凭证效力的请求权时效为整个保护期,但对于以本条第2款规定的理由请求撤销商标的保护凭证效力的,时效为自授予保护凭证之日起或自商标国际注册在越南生效之日起5年。

5. 根据对撤销保护凭证效力申请的审查结果和有关各方的意见,国家工业产权管理机关作出撤销保护凭证效力的决定或通知驳回申请。

6. 本条第1款、第2款、第3款、第4款和第5款的规定,适用于撤销商标和工业品外观设计国际注册的效力。

7. 科技部部长对本条第1款和第2款作出具体规定。

31. 补充修订第97条第1款和第2款:

1. 持有人、行使本法第88条规定的地理标志登记权的组织或个人,在缴费的前提下,有权请求国家工业产权管理机关修改保护凭

证中的下列信息:

(1)变更或修正创作者的名称和国籍、持有人或地理标志管理组织的名称和地址;

(2)修改地理标志特征、特殊质量或地理区域的描述;修改集体商标使用章程、证明商标使用章程。

2. 应持有人、行使地理标志登记权的组织或个人的请求,国家工业产权管理机关有责任修正因过错造成的保护凭证中的错误。在此情形下,持有人、行使地理标志登记权的组织或个人无须缴纳费用。

32. 在第100条第1款第(5)项后补充第(5a)项:

(5a)对于直接基于基因源或基因源传统知识创造的发明,发明注册申请中关于基因源或基因源传统知识来源的说明材料。

33. 补充修订第103条:

第103条 工业品外观设计登记申请的要求

1. 工业品外观设计登记申请中识别登记保护的工业品外观设计的文件,包括工业品外观设计的图片和照片集、图片和照片集中体现的工业品外观设计说明书。

2. 工业品外观设计的图片和照片集应充分体现申请保护的工业品外观设计的造型特点,使相应技术领域内的普通技术人员不能据此识别该工业品外观设计。

3. 图片和照片集中体现的工业品外观设计说明书应按顺序列出图片和照片集中的图片和照片、工业品外观设计的造型特点。

34. 补充修订第105条第2款:

2. 商标样本的描述应明确商标的构成要素和商标的整体含义(如有);商标由象形文字的字词组成的,须对字词进行音译;商标由非越南语的字词组成的,须翻译成越南语;商标为声音的,商标样本应为声音文件和声音动画形式呈现的版本。

35. 在第106条第1款第(5)项后补充第(6)项：

(6)对于同音地理标志，提供不同地理标志显著性的使用条件和呈现方式的说明材料。

36. 在第108条第2款补充第3款：

3. 秘密发明的注册申请，按照政府的规定执行。

37. 修订第109条第2款第(5)项并在其后补充第(6)项：

(5)申请人未按规定足额缴纳费用；

(6)提交的发明登记申请违反本法第89a条关于发明安全检查的规定。

38. 修订第110条的名称及若干款项：

(1)修订第110条的名称：

第110条　公布商标注册申请、公布工业产权登记申请

(2)在第1款后补充第1a款：

1a. 未被国家工业产权管理机关受理为有效的商标注册申请，收到后立即公布。

(3)补充修订第3款：

3. 工业品外观设计登记申请、商标注册申请或地理标志登记申请，自被受理为有效申请之日起2个月内公布。应申请人提交申请时的请求，工业品外观设计登记申请可以延迟公布，但不得超过申请日之日起7个月。

39. 修订第112条并在其后补充第112a条：

第112条　第三人对授予保护凭证的异议

自工业产权登记申请在《工业产权公报》公示之日起至作出授予保护凭证的决定之日前，任何第三人均有权向国家工业产权管理机关就授予或不授予保护凭证提出异议。异议应以书面形式提出

并附证明材料或援引信息来源。

第三人提出的书面异议被视为处理工业产权登记申请过程中的参考信息源之一。

第112a条 反对工业产权登记申请

1. 作出授予保护凭证的决定之日前,任何第三人在下列期限内均有权反对授予保护凭证:

(1)发明注册申请公布之日起9个月;

(2)工业品外观设计登记申请公布之日起4个月;

(3)商标注册申请公布之日起5个月;

(4)地理标志登记申请公布之日起3个月。

2. 本条第1款规定的反对异议应以书面形式提出,附证明材料或援引信息来源并缴费。

3. 国家工业产权管理机关有责任按科技部部长规定的程序和手续处理本条第2款规定的反对异议。

40. 在第114条第2款后补充第3款和第4款:

3. 国家工业产权管理机关在评估保护性的过程中,可以使用由外国发明机构对相同发明注册申请的实质审查结果。

4. 科技部部长对本条第3款规定的发明注册申请实质审查结果的使用作出具体规定。

41. 补充修订第116条第2款:

2. 自申请人声明撤回申请时起,终止与该申请有关的一切手续。

42. 补充修订第117条若干款项:

(1)修订第1款并在其后补充第1a款:

1. 下列情形,驳回发明、工业品外观设计、商标或地理标志登记申请:

(1)有理由认定申请客体不完全满足保护条件;

(2)有理由认定申请人不享有工业产权客体登记权或恶意注册

商标；

(3)申请符合授予保护凭证的条件，但不属于本法第90条第1款和第2款规定的享有优先权日或最早申请日的申请；

(4)属于本法第90条第3款规定的未经所有申请人一致同意的申请；

(5)申请的补充修订扩大已披露的或申请的客体范围，或改变申请登记对象的性质。

1a. 除本条第1款规定的情形外，驳回下列情形中的发明注册申请：

(1)申请保护的发明超出发明注册申请初次书面描述中披露的范围；

(2)发明的书面描述未充分详细披露，使相应技术领域内的普通技术人员不能据此实施该发明；

(3)对于直接基于基因源或基因源传统知识创造的发明，发明注册申请未披露或未准确披露基因源或基因源传统知识的来源；

(4)提交的发明登记申请违反本法第89a条关于发明安全检查的规定。

(2)补充修订第3款：

3. 国家工业产权管理机关对本条第1款、第1a款和第2款规定的工业产权登记申请办理以下手续：

(1)通告实质审查结果，其中载明临时驳回通知书及理由，并指定申请人提出异议的期限。

(2)根据本法第74条第2款第(6)项、第(7)项规定的例外情形，申请人申请暂停审查并请求终止或撤销商标注册证书效力的，暂停申请审查流程。根据对请求终止或撤销商标注册证书效力的处理结果，国家工业产权管理机关继续审查流程。

(3)收到管辖法院关于第三人就工业产权客体登记权或恶意注册的商标提起诉讼的受理通知书副本的，暂停申请审查流程。根据法院的审理结果，国家工业产权管理机关继续审查流程。

(4)申请人对本款第(1)项规定的临时驳回通知书无反对异议或反对异议不当的,作出驳回申请的决定。

43.补充修订第118条:

第118条 授予保护凭证与录入登记簿

对不属于本法第117条第1款、第1a款、第2款和第3款第(4)项规定的驳回申请的工业产权登记申请,或申请人就本法第117条第3款第(1)项规定的临时驳回通知书提出合理反对异议的,国家工业产权管理机关办理下列手续:

(1)通告实质审查结果,其中载明临时授予全部或符合保护条件的部分保护凭证,并指定申请人缴费或对实质审查结果提出反对异议的期限;

(2)申请人缴费的,作出授予保护凭证的决定并录入国家工业产权登记簿。

对实质审查结果提出反对异议的,就反对的问题复审相应工业产权登记申请。

44.在第八章第三节第119条后补充第119a条:

第119a条 工业产权手续的申诉及其处理

1.申请人,以及与决定或通告涉及设立工业产权;维持、续展、变更、终止或撤销工业产权保护凭证效力;国家工业产权管理机关颁布的工业产权转让合同登记的处理有直接利害关系的组织或个人,有权向国家工业产权管理机关申诉或按照本法和有关法律的其他规定向法院提起诉讼。

2.越南的组织或个人、在越南有永久住所的外国人、在越南有生产经营场所的外国组织或个人,直接或通过其在越南的合法代表申诉。在越南无永久住所的外国人、在越南无生产经营场所的外国组织或个人,通过其在越南的合法代表申诉。

3.申诉内容应体现在申诉状中,其中应载明申诉人的姓名和地址,申诉的决定或通告的编号、签发日期和内容,申诉的内容、论据和引证内容,关于修订或撤销相关决定或通告的具体建议。申诉状应以纸质书面形式作出或按在线申诉系统制作电子版。

4. 申诉涉及登记权或须复审的其他内容的,申诉人应缴纳复审费用。

5. 处理申诉的期限适用关于申诉的法律规定。国家工业产权管理机关对本条第4款规定的情形进行复审或申诉人补充修订申诉状的,复审时间、补充修订申诉状的时间不计入关于申诉的法律规定的处理申诉的期限。

复审期限适用本法第119条第3款的规定。

6. 本条未作规定的申诉及其处理,适用关于申诉的法律规定。

45. 补充修订第121条若干款项:

(1)补充修订第1款:

1. 发明、布图设计的权利人,是指取得主管部门授予相应工业产权客体保护凭证的组织或个人。

工业品外观设计的权利人,是指取得主管部门授予工业品外观设计保护凭证,或持有经主管部门承认的已进行国际登记的工业品外观设计的组织或个人。

商标权人,是指取得主管部门授予商标保护凭证,或持有经主管部门承认的国际注册商标或持有驰名商标的组织或个人。

(2)补充修订第4款:

4. 越南地理标志的权利人为国家。

国家授予组织或个人在相应地区生产地理标志产品并投放市场的地理标志使用权。国家直接行使地理标志管理权,或授予代表所有被授予地理标志使用权的组织或个人权益的组织。

政府对行使地理标志管理权作出具体规定。

46. 补充修订第123条第2款:

2. 根据本法第121条第4款的规定或地理标志原产国的法律规

定，被授予地理标志使用权的组织或个人、被授予地理标志管理权的组织，有权根据本条第1款第(2)项的规定禁止他人使用该地理标志。

47. 补充修订第124条第5款第(2)项：

(2)出售、销售、宣传销售、陈列销售、储存销售或运输带有受保护商标的商品；

48. 补充修订第125条第2款第(2)项：

(2)流通、进口、开发由权利人、本法规定的包括强制许可使用的使用权受让人、工业产权客体在先使用权人投入国内外市场的产品。

49. 补充修订第128条：

第128条 实验数据的保密义务

1. 法律规定药品、农化产品的经营流通许可申请人应提供试验结果或其他因大量投入取得的属于商业秘密的数据，且申请人请求对该信息保密的，作出许可的主管部门有义务采取必要措施保护此数据不会被用于不正当的商业目的且不会被披露，但为保护公众必须披露的情形除外。

2. 对于药品，自向本条第1款规定的主管部门提交许可申请中的秘密数据时起至申请人取得许可之日起5年届满期间，未经该数据提供者同意，该主管部门不得向申请中使用前述秘密数据的任何后续申请人作出许可，但本法第125条第3款第(4)项规定的情形除外。

3. 作出药品流通许可的主管部门，准许后续申请人基于已许可流通的某种药品或证明已许可流通的某种药品安全性、有效性的数据申请其他药品流通许可的，有权许可的主管部门应在后续申请中的药品取得流通许可前5个月内，在本部门的电子信息门户或网站主页上公布后续申请的信息，但按照有关法律的其他规定流通许可需在先实施的情形除外。

4. 对于农化产品,自向本条第1款规定的主管部门提交许可申请中的秘密数据时起至申请人取得许可之日起10年届满期间,未经该数据提供者同意,该主管部门不得向申请中使用前述秘密数据的后续申请人或基于前述秘密数据提供者取得流通许可而向后续申请人作出许可,但本法第125条第3款第(4)项规定的情形或为保障国防、安全、人民营养健康及满足其他社会迫切需要必须作出许可的情形除外。

50. 补充修订第130条第1款第(4)项:

(4)恶意占有或使用与他人受保护的商标、商号或本人无权使用的地理标志相同或混淆性相似的域名,利用相应商标、商号或地理标志的声誉、信誉谋取不正当利益。

51. 在第三编第九章第一节第131条后补充第131a条:

第131a条 因药品流通许可迟延补偿发明专利权人

1. 发明专利权人办理发明专利效力维持手续时,在越南按该发明专利生产药品的首次流通登记手续迟延的时间,无须缴纳保护凭证使用费。

2. 自有权许可药品流通的主管部门完整收到流通许可登记文件且未作出第一次回函之日起超过2年,视为药品流通登记手续迟延。迟延时间自有权许可药品流通的主管部门收到完整文件之日起至作出第一次回函之日2年期限届满的次日起算。

3. 因申请人的过错或国家主管部门不可控的原因造成的迟延时间,不计入本条第2款规定的时间。

4. 发明专利权人为被视为迟延的时间缴纳保护凭证使用费的,已缴纳的费用将用于下一有效期扣减或返还。

5. 为避免缴纳本条第1款规定的保护凭证使用费,自药品取得流通许可之日起12个月内,发明专利权人向国家工业产权管理机关提交许可药品流通的主管部门确认该药品流通登记手续迟延的函件。

6. 政府规定本条细则。

52. 在第133条后补充第133a条:

第133a条 国家对作为财政经费资助的科研项目成果的发明、工业品外观设计、布图设计的权利

1. 下列情形,国家权利人的代表在90日内公开通告,以便向有需求的组织或个人转让作为国家财政经费资助的科研项目成果的发明、工业品外观设计、布图设计的登记权:

(1)主持科研项目的组织不履行本法第136a条第1款规定的通报义务;

(2)主持科研项目的组织书面通知国家权利人的代表无登记需求;

(3)主持科研项目的组织未在本法第136a条第2款规定的期限内提交发明、工业品外观设计、布图设计登记申请。

2. 无法向本条第1款规定的有需求的组织或个人转让登记权的,国家权利人的代表在科研项目管理机关的电子信息门户或网站主页公示作为国家财政经费资助的科研项目成果的发明、工业品外观设计、布图设计的内容。

3. 下列情形,无须独占使用权人同意,国家主管部门许可其他组织或个人使用作为国家财政经费资助的科研项目成果的发明、工业品外观设计、布图设计:

(1)独占使用权人未在合理期限内采取有效措施使用国家财政经费资助比例30%以上的科研项目成果的发明、工业品外观设计、布图设计;

(2)为公共目的、非商业目的,为服务国防安全、疾病防治、保障人民营养健康或满足其他社会迫切需要目的。

4. 国家主管部门许可其他组织或个人使用本条第3款规定的发明、工业品外观设计、布图设计,按下列规定向独占使用权人支付补偿款:

(1)作为国家财政经费全额资助的科研项目成果的发明、工业

品外观设计、布图设计，获准许可使用的组织或个人无须支付补偿款。

(2)作为国家财政经费部分资助的科研项目成果的发明、工业品外观设计、布图设计，对国家财政经费资助部分相对应的使用权，获准许可使用的组织或个人无须支付补偿款，但应对其余经费来源相对应部分的使用权支付补偿款。向独占使用权人支付的补偿款，按照本法第146条第1款第(4)项的规定予以确定。

5. 政府规定本条细则。

53. 补充修订第135条：

第135条　向发明、工业品外观设计或布图设计的创作者支付报酬的义务

1. 除本条第2款规定的情形外，发明、工业品外观设计或布图设计的权利人有义务按协议向创作者支付报酬；没有协议的，向创作者支付的报酬额度按照下列规定执行：

(1)权利人使用发明、工业品外观设计或布图设计所获税前利润的10%；

(2)权利人许可使用发明、工业品外观设计或布图设计历次收费总额依法纳税前的15%。

2. 作为国家财政经费资助的科研项目成果的发明、工业品外观设计、布图设计，权利人按照下列规定向创作者支付报酬：

(1)权利人使用发明、工业品外观设计或布图设计所获税前利润的10%~15%；

(2)权利人许可使用发明、工业品外观设计或布图设计历次收费总额依法纳税前的15%~20%。

3. 发明、工业品外观设计或布图设计由多位创作者共同完成的，本条第1款和第2款规定的报酬额度适用于所有共同创作者。共同创作者自行协商报酬的分配。

4. 向发明、工业品外观设计或者布图设计的创作者支付报酬的义务贯穿于发明、工业品外观设计或布图设计的整个保护期。

54. 在第 136 条后补充第 136a 条:

第 136a 条　主持科研项目的组织对作为国家财政经费资助的科研项目成果的发明、工业品外观设计、布图设计的义务

1. 自作为国家财政经费资助的科研项目成果的发明、工业品外观设计、布图设计创造完成之日起30 日内,通报国家权利人的代表。

2. 自通报国家权利人的代表之日起 6 个月内,在越南申请登记设立对作为国家财政经费资助的科研项目成果的发明、工业品外观设计、布图设计的权利。

3. 按照本法第 135 条的规定向发明、工业品外观设计或者布图设计的创作者支付报酬。

4. 对于国家财政经费资助 30%以下的科研项目,自使用、许可使用、转让权利或以国家资助比例相对应的发明、工业品外观设计、布图设计出资所获利润,向发明、工业品外观设计或者布图设计的创作者支付报酬后,按照主持科研项目的组织的财务管理制度使用税后利润。

5. 对于国家财政经费资助 30%以上的科研项目,自使用、许可使用、转让权利或以作为国家财政经费资助的科研项目成果的发明、工业品外观设计、布图设计出资所获利润,向发明、工业品外观设计或者布图设计的创作者支付报酬后,税后利润的分配按以下规定执行:

(1) 按中介合同向中介(如有)支付不超过 10%的中介费。

(2) 对于国家财政经费全额资助的科研项目,50%以上的剩余利润投入科研活动;剩余利润按照主持科研项目的组织的财务管理制度使用。

(3) 对于国家财政经费部分资助的科研项目,各方按照投入科研项目的资金比例分配剩余利润。国家资助比例相对应部分的利润,由主持科研项目的组织按照本款第(2)项的规定使用。

6. 取得按本法第 86a 条第 1 款和第 2 款的规定登记的发明、工业品外观设计、布图设计的保护凭证的主持科研项目的组织,有义

务按照规定行使工业产权，采取保护措施，并向科研项目管理机关提交关于行使权利、采取保护措施和利润分配的年度报告。

7. 政府规定本条细则。

55. 在第139条第5款后补充第6款：

6. 作为国家财政经费资助的科研项目成果的发明、工业品外观设计、布图设计的权利，只能转让给按照越南的法律设立的组织、在越南有永久住所的越南公民。受让所有权的组织或个人，应按照本法的规定履行主持科研项目的组织的相应义务。

56. 在第145条第1款第(4)项后补充第(5)项：

(5)为满足具备越南社会主义共和国加入的国际条约规定的进口条件的其他国家疾病防治药品需求而使用发明。

57. 补充修订第146条第1款若干项：

(1)补充修订第(2)项：

(2)许可使用仅限于足以实现许可目标的范围和期限内，但本法第145条第1款第(4)项规定的情形除外。对于半导体技术领域的发明，其许可使用仅限于公共目的、非商业目的或为处置竞争法规定的限制竞争行为。

(2)修订第(4)项并在其后补充第(5)项：

(4)被许可人应按协议向发明独占使用权人支付补偿款，未协商一致的，则按照政府的规定执行，但按照越南社会主义共和国加入的国际条约的规则进口药品的强制决定许可使用且强制许可使用发明的补偿款已在出口国支付的情形除外。

(5)许可使用主要面向国内市场，但本法第145条第1款第(4)项、第(5)项规定的情形除外。

58. 补充修订第147条第1款：

1. 科技部基于对本法第145条第1款第(2)项、第(3)项、第(4)

项规定的许可使用请求的审查,作出许可使用发明的决定。

本法第 145 条第 1 款第(1)项、第(5)项规定的情形,各部、部级机关在征求科技部意见后,在其职权范围内作出许可使用发明的决定。

59. 补充修订第 153 条第 1 款:

1. 工业产权代理具有以下职责:

(1)告知客户与工业产权的设立和保护手续有关的款项、收费和费率。

(2)对其代理案件有关的信息和文件保密。

(3)如实、完整告知设立和保护工业产权的国家主管部门的通知和要求;及时向被代理人交付保护凭证和其他决定。

(4)及时满足设立和保护工业产权的国家主管部门对被代理人的要求,保护被代理人的合法权益。

(5)必要时,向设立和保护工业产权的国家主管部门通报被代理人名称、地址和其他信息的变更。

60. 补充修订第 154 条:

第 154 条　提供工业产权代理服务的条件

1. 依法设立并运营、至少一名自然人持有工业产权代理服务执业证书的企业、合作社、律师执业组织、科技服务机构,可以工业产权代理服务机构的名义提供工业产权代理服务,但本条第 2 款规定的情形除外。

2. 在越南执业的外国律师执业组织不得提供工业产权代理服务。

61. 修订第 155 条第 2 款并在其后补充第 2a 款:

2. 授予符合下列条件的自然人工业产权代理服务执业证书,但本条第 2a 款规定的情形除外:

(1)具有完全民事行为能力的越南公民。

(2)在越南有永久住所。

(3)取得大学本科毕业证或在商标、地理标志、商号、反不正当竞争、商业秘密领域执业的同等水平证书;取得大学本科毕业证或在发明、工业品外观设计、布图设计领域执业的自然科学、技术科学专业同等水平证书。

(4)直接从事工业产权相关法律工作连续5年以上,或直接在国家或国际工业产权机构从事工业产权登记申请审查工作连续5年以上,或毕业于主管部门认可的工业产权法律法规培训班。

(5)不属于设立和保护工业产权的国家主管部门的在职干部、公职人员或劳动者。

(6)通过主管部门组织的工业产权代理业务检查。

2a. 为《律师法》规定的执业律师且在越南有永久住所的越南公民,自主管部门认可的工业产权法律法规培训班毕业的,授予商标、地理标志、商号、反不正当竞争、商业秘密领域的工业产权代理服务执业证书。

62. 补充修订第156条第2款:

2. 工业产权代理不再具备本法第154条和第155条规定的经营执业条件的,国家工业产权主管部门吊销其工业产权代理服务执业证书,在国家工业产权登记簿中注销工业产权代理的名称并在《工业产权公报》公示。

63. 补充修订第157条第2款:

2. 本条第1款规定的组织或个人,包括越南的组织或个人、国际植物品种保护联盟成员方或与越南社会主义共和国签订植物品种保护协议的缔约方组织或个人、在越南拥有永久住所或设立植物品种生产经营场所的外国自然人、在越南设立植物品种生产经营场所的外国组织、在国际植物品种保护联盟成员方境内拥有永久住所或设立植物品种生产经营场所的组织或个人。

64. 补充修订第 158 条:

第 158 条　受植物品种保护的一般条件

受保护的植物品种,是指经过培育或发现、开发,具有新颖性、特异性、一致性、稳定性且具有适当名称的植物品种。

65. 补充修订第 163 条若干款项:

(1)补充修订第 1 款:

1. 登记植物品种权的组织或个人,应向国家植物品种权管理机构为植物品种指定一个适当的名称,该名称应与在任何国际植物品种保护联盟的成员方及与越南社会主义共和国签订植物品种保护协议的缔约方登记保护的名称相同。

(2)补充修订第 3 款第(1)项:

(1)仅由数字组成,但数字与该植物品种的特征或育种有关或包含该植物品种的种类名称的情形除外。

(3)补充修订第 3 款第(3)项:

(3)容易对该植物品种的特征、特性或价值形成误解。

(4)在第 5 款后补充第 6 款:

6. 登记保护的植物品种名称不符合本条第 2 款和第 3 款规定的要求的,国家植物品种权管理机构驳回该名称并要求登记申请人自通知之日起 30 日内提交其他名称。国家植物品种权管理机构在授予植物品种权保护证书时记录植物品种的正式名称。

66. 补充修订第 164 条和第 165 条:

第 164 条　植物品种权的登记

1. 组织或个人应向国家植物品种权管理机构提交登记保护申请,以获得植物品种权保护。

2. 有权登记保护植物品种的组织或个人(以下简称登记人)包括:

(1)付出努力和经费直接培育或发现、开发植物品种的培育人；

(2)以分配工作或聘用形式资助培育人培育或发现、开发植物品种的组织或个人，但另有约定或本条第3款和第4款规定的情形除外；

(3)受让或继承植物品种登记保护权的组织或个人。

3. 国家财政经费全额资助的科研项目成果培育或发现、开发的植物品种，植物品种登记权自动归属于该科研项目的组织且无须偿还经费。

4. 国家财政经费部分资助的科研项目成果培育或发现、开发的植物品种，与国家财政经费资助比例相对应的植物品种登记权，自动归属于主持该科研项目的组织且无须偿还经费。

第165条　植物品种权代理

1. 越南的组织或个人、在越南有永久住所或在越南设立植物品种生产经营场所的组织或个人，直接或通过植物品种权代理服务机构提交植物品种权登记申请；本法第157条规定的其他组织或个人，通过植物品种权代理服务机构提交登记申请。

2. 符合下列条件的组织，可以代理服务机构的名义提供植物品种权代理服务：

(1)依法设立运营的越南企业、合作社、律师执业组织、科技服务机构，但在越南执业的外国律师执业组织除外；

(2)至少一名自然人持有植物品种权代理服务执业证书。

3. 植物品种权代理服务，包括代表组织或个人面对设立和保护植物品种权的国家主管部门，就设立和保护植物品种权的手续提供咨询，以及提供涉及设立和保护植物品种权手续的其他服务。

4. 植物品种权代理具有以下职责：

(1)告知客户与设立和保护植物品种权的手续有关的款项、收费和费率。

(2)对其代理案件有关的信息和文件保密。

(3)如实、完整告知设立和保护植物品种权的国家主管部门的通知和要求;及时向被代理人提交植物品种权保护证书和其他决定。

(4)及时满足设立和保护植物品种权的国家主管部门对被代理人的要求,保护被代理人的合法权益。

(5)向设立和保护植物品种权的国家主管部门通报被代理人名称、地址和其他信息的变更,通报代理方名称、地址和代理人的信息变更。

(6)植物品种权代理服务机构应对以机构名义实施植物品种权代理活动的人员承担民事责任。

5. 准予符合下列条件的自然人从事植物品种权代理业务:

(1)持有植物品种权代理服务执业证书;

(2)就职于植物品种权代理服务机构。

6. 授予符合下列条件的自然人植物品种权代理服务执业证书:

(1)具有完全民事行为能力的越南公民;

(2)在越南有永久住所;

(3)取得大学本科毕业证或同等水平证书;

(4)直接从事植物品种权相关法律工作连续5年以上,或直接在国家或国际植物品种权机构从事植物品种权登记申请审查工作连续5年以上,或毕业于主管部门认可的植物品种权法律法规培训班;

(5)不属于设立和保护植物品种权的国家主管部门的在职干部、公职人员或劳动者;

(6)通过主管部门组织的植物品种权代理业务考核。

7. 政府对植物品种权法律法规培训课程、植物品种权代理业务考核、授予植物品种权代理服务执业证书作出具体规定。

67. 在第170条第5款后补充第6款:

6. 政府对终止、恢复、撤销植物品种权保护证书效力的程序和手续作出具体规定。

68. 补充修订第 171 条第 1 款第(1)项:

(1)由无登记权的人提交的植物品种登记保护申请。

69. 在第 172 条第 2 款后补充第 3 款:

3. 政府对变更、重新授予植物品种权保护证书的程序和手续作出具体规定。

70. 补充修订第 176 条第 3 款第(4)项:

(4)申请有效或登记人已按要求更正错误或对本款第(2)项规定的通知提出合理反对异议的,通知受理该申请,其中要求登记人自通知受理该申请之日起首个育种季前 30 日内向检测机构提交新品种样品进行技术检测,但登记人按照本法第 178 条第 2 款的规定自行检测植物品种的情形除外。

71. 补充修订第 180 条第 2 款:

2. 自登记人撤回登记保护申请时起,终止与该申请有关的一切后续程序。

72. 补充修订第 183 条:

第 183 条　授予植物品种权保护证书

根据本法第 182 条的规定,登记保护申请未被驳回且登记人缴纳费用的,国家植物品种权管理机构作出授予植物品种权保护证书的决定并录入国家植物品种保护名录。

本法第 164 条规定的、国家主管部门授予植物品种权保护证书的植物品种权登记人,为植物品种权利人。

73. 补充修订第 189 条第 2 款:

2. 登记人知道其登记保护的植物品种已由他人实施本法第 186 条和第 187 条规定的行为的,自申请被公布受理为有效时起,登记人有权书面通知使用者其已申请植物品种登记保护,其中载明申请日期和受理为有效申请的日期,以便使用者停止或继续使用植物新品种。

74. 补充修订第四编第十四章第二节第191条并在其后补充第191a条和第191b条:

第191条　植物品种权保护证书持有人的义务

1. 除本条第2款规定的情形外,植物品种权保护证书持有人有义务按协议向植物品种培育人支付报酬;无协议约定的,支付的报酬额度按下列规定执行:

(1)植物品种权保护证书持有人将植物品种用于生产经营所获税前利润的10%;

(2)植物品种权保护证书持有人许可使用植物品种历次收费总额依法纳税前的15%;

(3)植物品种权保护证书持有人首次许可使用植物品种,且不得收取后续许可报酬及本款第(1)项、第(2)项规定的报酬的收费总额依法纳税前的35%。

2. 作为国家财政经费资助的科研项目成果的植物品种,植物品种权保护证书持有人按照下列规定向培育人支付报酬:

(1)植物品种权保护证书持有人将植物品种用于生产经营所获税前利润的10%~15%;

(2)植物品种权保护证书持有人许可使用植物品种历次收费总额依法纳税前的15%~20%;

(3)植物品种权保护证书持有人首次许可使用植物品种,且不得收取后续许可报酬及本款第(1)项、第(2)项规定的报酬的收费总额纳税前的20%~35%。

3. 植物品种由多位培育人共同完成的,本条第1款和第2款规定的报酬额度适用于所有共同培育人;共同培育人自行协商报酬的分配。

4. 向培育人支付报酬的义务贯穿于植物品种的整个保护期。

5. 取得植物品种权保护证书后,在有效期首年的3个月、后续有效期首月内向植物品种保护机构缴纳植物品种权保护证书有效期维持费。

6. 应国家植物品种权管理机构的要求，存储受保护的植物品种、提供受保护植物品种的信息和繁殖材料；按照授予植物品种权保护证书时描述的性状，维护受保护植物品种的稳定性。

第191a条　主持科研项目的组织对国家财政经费资助的科研成果培育或发现、开发的植物品种的义务

1. 自验收科研项目之日起12个月内，提交植物品种权登记申请。

2. 按照本法第191条的规定向植物品种培育人支付报酬。

3. 对国家财政经费资助30%以下的科研项目，自使用、许可使用、转让权利或以国家资助比例相对应的植物品种出资所获利润，向培育人支付报酬后，按照主持科研项目的组织的财务管理制度使用税后利润。

4. 对国家财政经费资助30%以上的科研项目，自使用、许可使用、转让权利或以国家财政经费资助的科研项目成果培育或发现、开发的植物品种出资所获利润，向培育人支付报酬后，税后利润的分配按以下规定执行：

(1) 对国家财政经费全额资助的科研项目，50%以上的剩余利润投入科研活动；剩余利润按照主持科研项目的组织的财务管理制度使用。

(2) 对国家财政经费部分资助的科研项目，各方按照投入科研项目的资金比例分配剩余利润。与国家资助比例相对应的部分利润，由主持科研项目的组织按照本款第(2)项的规定使用。

5. 取得按本法第164条第3款和第4款的规定登记的植物品种权保护证书的主持科研项目的组织，有义务按照规定行使植物品种权、采取保护措施并向科研项目管理机关提交关于行使权利、采取保护措施和利润分配的年度报告。

6. 政府规定本条细则。

第191b条　国家对财政经费资助的科研项目成果培育或发现、开发的植物品种的权利

1. 下列情形,国家权利人的代表在 90 日内公开通告,以便向有需求的组织或个人转让国家财政经费资助的科研项目成果培育或发现、开发的植物品种的登记权:

(1) 主持科研项目的组织不履行本法第 191a 条第 1 款规定的义务;

(2) 主持科研项目的组织书面通知国家权利人的代表无登记需求。

2. 无法向本条第 1 款规定的有需求的组织或个人转让登记权的,国家权利人的代表在科研项目管理机关的电子信息门户或网站主页公示国家财政经费资助的科研项目成果培育或发现、开发的植物品种的内容。

3. 下列情形,无须独占使用权人同意,国家主管部门许可其他组织或个人使用国家财政经费资助的科研项目成果培育或发现、开发的植物品种:

(1) 独占使用权人未在合理期限内采取有效措施使用国家财政经费资助比例 30% 以上的科研项目成果培育或发现、开发的植物品种;

(2) 为公共目的、非商业目的,为服务国防安全、疾病防治、保障人民营养健康或满足其他社会迫切需要而使用。

4. 国家主管部门许可其他组织或个人使用本条第 3 款规定的植物品种,按下列规定向独占使用权人支付补偿款:

(1) 国家财政经费全额资助的科研项目成果培育或发现、开发的植物品种,获准使用的组织或个人无须支付补偿款。

(2) 国家财政经费部分资助的科研项目成果培育或发现、开发的植物品种,对国家财政经费资助部分相对应的使用权,获准使用的组织或个人无须支付补偿款,但应对其余经费来源相对应部分的使用权支付补偿款。向独占使用权人支付的补偿款,按照本法第 195 条第 3 款第(4)项的规定确定。

5. 政府规定本条细则。

75. 修订第194条第4款并在其后补充第5款：

4. 国家财政经费部分资助的科研项目成果培育或发现、开发的植物品种，只能转让给按照越南的法律设立的组织、在越南有永久住所的越南公民。受让所有权的组织或个人，应按照本法的规定履行主持科研项目的组织的相应义务。

5. 政府规定本条细则。

76. 补充修订第198条若干款项：

(1)补充修订第1款第(1)项、第(2)项：

(1)采取权利保护技术措施、提供权利管理信息或采取其他技术措施，防范知识产权侵权行为；

(2)要求实施知识产权侵权行为的组织或个人终止侵权行为，删除通信网络和互联网环境下的侵权内容，公开道歉、整改并赔偿损失。

(2)在第1款后补充第1a款，补充修订第2款和第3款：

1a. 知识产权主体可以委托其他组织或个人采取本条第1款规定的措施保护其知识产权。

2. 因知识产权侵权行为遭受损失或发现损害消费者或社会的知识产权侵权行为的组织或个人，有权请求国家主管部门按照本法和有关法律的其他规定处理知识产权侵权行为。

继承著作权、表演者权的组织或个人，有权请求国家主管部门处理本法第19条第4款和第29条第2款第(2)项规定的侵权行为。

3. 因不正当竞争行为遭受或可能遭受损失的组织或个人，有权请求国家主管部门采取本法第202条规定的民事救济措施。

77. 在第198条后补充第198a条和第198b条：

第198a条　著作权与邻接权的推定

关于著作权和邻接权的民事、行政和刑事诉讼程序中无相反证据的，推定著作权与邻接权如下。

1. 按照通常方式署名为作者、表演者、录音录像制作者、广播组织者、电影作品制片人、出版人的组织或个人,被视为该作品、演出、录音录像制品、广播节目的权利主体。

2. 本条第1款规定的按照通常方式署名,应理解为在作品原件或演出、录音录像制品、广播节目和有关材料(如有)的初次有形化版本上署名,或作品原件、演出、录音录像制品、广播节目和有关材料的初次有形化版本不复存在的情形下,在合法发表的相应复制件上署名。

3. 本条第1款规定的组织或个人,享有相应著作权与邻接权。

第198b条 中介服务企业关于著作权与邻接权的法律责任

1. 中介服务企业,是指提供技术工具供组织或个人使用通信网络和互联网环境下的数字信息内容传输服务,提供直接链接供公众访问和使用通信网络和互联网环境下的数字信息内容的企业。

2. 中介服务企业有责任采取技术措施,配合国家主管部门和权利主体实施通信网络和互联网环境下的著作权和邻接权保护措施。

3. 下列情形,中介服务企业对涉及通信网络和互联网环境下提供或使用其服务的著作权和邻接权侵权行为免责:

(1)仅传输数字信息内容或仅提供数字信息内容访问。

(2)为使信息中转和信息传输更高效,中介服务企业在信息传输过程中应自动、临时进行缓存,前提是因技术原因仅修改信息;遵守数字信息内容访问和使用条件;遵守按工业行业广泛认可并使用的格式具体规定的数字信息内容更新原则;不拦截工业行业广泛认可的获取数字信息内容使用数据的技术的合法使用;知道已在源头删除数字信息内容或源头已取消访问时删除或不允许访问该数字信息内容。

(3)按照用户的要求存储用户的数字信息内容,前提是不知道该数字信息内容侵犯著作权和邻接权;知道该数字信息内容侵犯著作权和邻接权时迅速删除或拦截该数字信息内容的访问。

(4)政府规定的其他情形。

4. 本条第3款规定的免除法律责任的中介服务企业,无须自行监管其服务或主动寻找证据指出侵权行为。

5. 本条规定的数字信息内容，系指数字形式的受本法保护的作品和邻接权客体。

6. 政府规定本条细则。

78. 补充修订第 201 条：

(1) 修订第 1 款并在其后补充第 1a 款；修订第 2 款并在其后补充第 2a 款：

1. 知识产权鉴定，是指本条第 2 款和第 3 款规定的组织或个人运用专业知识对知识产权有关的事项作出评估和结论。知识产权司法鉴定适用关于司法鉴定的法律规定。

1a. 知识产权鉴定包括：

(1) 鉴定著作权和邻接权；

(2) 鉴定工业产权；

(3) 鉴定植物品种权。

2. 依法设立并运营、至少一人持有知识产权鉴定员证的企业、合作社、事业单位、律师执业组织，可以开展知识产权鉴定业务，但本条第 2a 款规定的情形除外。

2a. 在越南执业的外国律师组织，不得开展知识产权鉴定业务。

(2) 补充修订第 4 款和第 5 款：

4. 开展鉴定的原则包括：

(1) 遵守法律规定，遵守鉴定程序和手续；

(2) 忠实、准确、客观、公正和及时；

(3) 仅对申请范围内的事项作出鉴定结论；

(4) 对鉴定结果承担法律责任；

(5) 鉴定申请人与鉴定组织或个人协商确定鉴定费用。

5. 鉴定结论是主管部门处置案件的证据来源之一。鉴定结论不作为知识产权侵权行为或争议案件的结论。

79. 补充修订第 212 条、第 213 条和第 214 条：

第 212 条　追究刑事责任的知识产权侵权行为

对实施构成犯罪要件的知识产权侵权行为的自然人或商业法人,追究刑事责任。

第 213 条 假冒知识产权商品

1. 本法规定的假冒知识产权商品,包括本条第 2 款、第 3 款和第 4 款规定的假冒商标商品、假冒地理标志商品和冒牌商品。

2. 假冒商标商品,是指未经商标权人许可,在其商品或商品外包装上加贴与受保护的商标相同或难以分辨的商标、标志或标签的商品。

3. 假冒地理标志商品,是指本法第 121 条第 4 款规定的或地理标志出产国法律规定的无地理标志使用权的组织或个人在其商品或商品外包装上加贴与受保护的地理标志相同或难以分辨的商标、标志或标签的商品。

4. 冒牌商品,是指未经著作权人或邻接权人许可生产的复制品。

第 214 条 行政违法处罚形式及其补救措施

1. 实施本法第 211 条第 1 款规定的知识产权侵权行为的组织或个人,按照行政违法处罚法的规定给予处罚并责令其采取补救措施。

2. 除行政违法处罚法规定的处罚形式和补救措施外,在不影响知识产权主体利用其权利且符合政府规定的其他条件的前提下,还可责令知识产权侵权组织或个人强制分销或以非商业目的使用假冒知识产权商品及主要用于生产经营假冒知识产权商品的原料、材料和工具。

3. 对知识产权侵权行为的处罚力度和权限,适用行政违法处罚法的规定。

80. 补充修订第 216 条若干款项:

(1)补充修订第 2 款:

2. 下列情形,暂停办理涉嫌侵犯知识产权商品的海关手续:

(1)应知识产权主体请求,为收集有关货物批次的信息和证据以便其行使处置侵权行为并要求采取临时紧急措施或行政违法处罚预防保障措施的请求权;

(2)在检查、监督、查验过程中发现明显证据怀疑进出口商品为假冒知识产权商品的,海关部门主动暂停办理手续。

(2)在第4款后补充第5款:

5. 政府对本条第2款第(2)项作出具体规定。

81. 在第218条第3款后补充第4款:

4. 海关部门主动暂停办理海关手续的,有知识产权主体联系方式的应立即通知,并通知进口人或出口人暂停办理手续事项。

自通知之日起10个工作日内,知识产权主体未提起民事诉讼且海关部门未作出按行政违法处罚手续受理案件的决定的,海关部门负责为货物继续办理海关手续。

82. 替换、删除下列条款中的字或词:

(1)第14条第1款第(7)项中的"造型作品"替换为"美术作品";

(2)第16条第2款中的"演出"替换为"邻接权"并删除"第1款";

(3)第60条第3款、第65条第4款和第71条第2款中的"第86条"替换为"第86条、第86a条";

(4)第94条第1款中的"有效期维持费"替换为"维持有效期的费用";

(5)第94条第2款中的"续展费"替换为"续展有效期的费用";

(6)第94条第3款中的"费用"替换为"费用或手续费";

(7)第108条第1款第(3)项中的"申请手续费"替换为"费用或手续费";

(8)第151条第1款第(1)项中的"保障实施"替换为"保护";

(9)第151条第1款第(2)项、第(3)项中的"实施"替换为"保护";

(10)第159条和第169条第2款中的"藤本植物"替换为"爬藤植物";

(11)删除第 176 条第 3 款第(1)项中的“第(2)项”;

(12)删除第 185 条第 2 款中的“第 1 款第(1)项”;

(13)删除第 203 条第 1 款中的“第 79 条”;

(14)删除第 209 条第 1 款中的“第 122 条第 1 款”;

(15)删除第 210 条中的“第一编第八章”;

(16)删除第 216 条第 4 款和第 219 条中的“和第 215 条”;

83. 废除第 4 条第 19 款、第 5 条、第 51 条第 3 款、第 117 条第 4 款、第 176 条第 2 款第(2)项和第 215 条。

第 2 条　补充修订其他有关法律的若干条款

1. 补充修订经律字第 71/2014/QH13 号法案和律字第 35/2018/QH14 号法案补充修订的律字第 54/2014/QH13 号《海关法》若干条款。

(1)补充修订第三章第八节的名称:

第八节　检查、监督、暂停办理涉知识产权的进出口商品的海关手续

(2)补充修订第 73 条第 2 款:

知识产权主体或其合法受托人提交申请、合法享有知识产权的证据、知识产权侵权证据,且已交纳款项或信用组织担保赔偿因申请暂停办理海关手续不当造成的损失和依法产生的各项支出的保函的,海关部门作出暂停办理进出口货物海关手续的决定。海关部门在检查、监督、查验过程中发现明显证据怀疑进出口商品为假冒知识产权商品的,主动暂停办理手续。

2. 补充修订经律字第 28/2018/QH14 号法案补充修订的律字第 29/2013/QH13 号《科技法》的若干条款:

(1)补充修订第 41 条:

第 41 条　科研技术成果的所有权和使用权

1. 投资经费和物质技术基础实施科学研究与技术开发项目的

组织或个人,为科研技术成果的权利人,但各方在科学研究与技术开发合同中另有约定的情形除外。

2. 对于国家财政经费资助产出的科研技术成果,国家权利人的代表规定如下:

(1)科技部部长为国家级科研项目成果的权利人代表;

(2)部长、部级机关、政府机关和其他中央机关的领导、省级人民委员会主席,为部级、省级或由其审批的基础科研项目成果的权利人代表;

(3)不属于本款第(1)项、第(2)项的组织机构的领导,为其决定审批的科研项目成果的权利人代表。

3. 本条第2款规定的国家权利人的代表,有权按照政府的规定将国家财政经费资助产出的科研技术成果的全部或部分所有权或使用权转让给主持科研项目的组织,或有开发使用需求的组织或个人,但本条第4款规定的情形除外。

4. 作为国家财政经费资助的科研项目成果的发明、工业品外观设计、布图设计、植物品种,主持科研项目的组织自动享有登记权且无须偿还经费,或由《知识产权法》规定的其他组织或个人享有登记权。取得保护权凭证的,主持科研项目的组织为相应发明、工业品外观设计、布图设计、植物品种的权利人。

5. 政府对本条规定的科研技术成果的所有权和使用权作出具体规定。

(2)补充修订第43条:

第43条 使用、许可使用、转让或以国家财政经费资助的科研技术成果出资的利润分配

1. 自使用、许可使用、转让或以国家财政经费资助的科研技术成果出资所获利润30%以上支付给创作者,剩余利润由权利人、主持项目的机关、中介机构按照政府的规定分配,但本条第2款规定的情形除外。

2. 自使用、许可使用、转让或以受知识产权保护的作为国家财

政经费资助的科研项目成果的发明、工业品外观设计、布图设计、植物品种出资所获利润的分配,适用《知识产权法》的规定。

3. 补充修订经律字第64/2020/QH14号法案补充修订的律字第15/2017/QH14号《公共财产管理使用法》第105条第4款第(1)项:

(1)向主持项目的组织转让使用权或所有权,以便开发项目成果或使用资产实现科研成果的商业化,但科研项目成果为发明、工业品外观设计、布图设计、植物品种的,其转让适用《知识产权法》的规定。

4. 补充修订经律字第61/2014/QH13号法案和律字第64/2020/QH14号法案补充修订的律字第11/2012/QH13号《价格法》若干条款:

(1)在第19条第1款第(3)项后补充第(4)项:

(4)《知识产权法》规定的限制著作权与邻接权的作品、录音录像制品。

(2)补充修订第19条第3款第(3)项:

(3)制定下列具体价格区间和价格标准:

①土地、水面、地下水、国家代表全民所有的森林、生活纯净水;

②使用国家财政支出建设的社会性住房、公务住房的租赁或租购价格,国有住房的销售或租赁价格;

③在国家的疾病诊疗机构、教育机构的医疗服务和教育服务;

④开发利用《知识产权法》规定的限制著作权与邻接权的作品、录音录像制品的版税。

(3)在第22条第1款第(3)项后补充第(4)项:

(4)开发利用《知识产权法》规定的限制著作权与邻接权的作品、录音录像制品的版税价格区间和价格标准。

第3条 施行效力

1. 本法自2023年1月1日起生效施行,但本条第2款和第3款规定的情形除外。

2. 关于保护声音商标的规定,自 2022 年 1 月 14 日起生效施行。

3. 关于保护农化产品实验数据的规定,自 2024 年 1 月 14 日起生效施行。

第 4 条　过渡条款

1. 本法生效施行前受保护的著作权和邻接权尚在保护期内的,继续受本法的保护。

2. 本法生效施行前已向主管部门提交的著作权与邻接权登记申请,继续按照申请时生效的法律规定办理。

3. 本法生效施行前已向国家工业产权管理机构提交的发明、工业品外观设计、布图设计、地理标志登记申请,继续按照申请时生效的法律规定办理,但下列情形除外:

(1)经本法第 1 条第 1 款第(2)项补充修订的《知识产权法》第 4 条第 13 款,适用于 2020 年 8 月 1 日提交的、本法生效施行前尚未决定授予保护权凭证或驳回申请的工业品外观设计登记申请;

(2)经本法第 1 条第 22 款第(2)项、第(3)项;第 35 款和第 42 款第(2)项补充修订的《知识产权法》第 74 条第 2 款第(6)项、第(7)项;第 106 条第 1 款第(6)项和第 117 条第 3 款第(2)项,适用于本法生效施行前尚未决定授予保护权凭证或驳回申请的工业产权登记申请;

(3)对本法生效施行前尚未决定授予保护权凭证或驳回申请的发明登记申请中的发明的安全检查,适用经本法第 1 条第 27 款补充的第 89a 条的规定;

(4)经本法第 1 条第 43 款补充修订的《知识产权法》第 118 条的规定,适用于本法生效施行前尚未通知实质审查结果的工业产权登记申请。

4. 经本法第 1 条第 25 款、第 52 款、第 53 款、第 54 款、第 55 款、第 66 款、第 74 款和第 75 款补充修订的《知识产权法》第 86 条、第 86a 条、第 133a 条、第 135 条、第 136a 条、第 139 条、第 164 条、第 191

条、第191a条、第191b条和第194条关于作为国家财政经费资助的科研项目成果的发明、工业品外观设计、布图设计和植物品种的规定,适用于本法生效施行之日起交办的科研项目。

5. 对基于2020年8月1日前提交的登记申请取得的保护权凭证确定的成套产品组装部分的工业品外观设计的权利和义务,适用本法生效施行前生效的法律规定。

撤销保护权凭证效力的依据,适用授予该保护权凭证的生效法律规定。

6. 本法生效施行前已取得工业产权代理服务执业证书的自然人,继续以其取得的证书执业。本法生效施行前已通过主管部门组织的工业产权代理业务考核的自然人,按照经律字第36/2009/QH12号法案和律字第42/2019/QH14号法案补充修订的律字第50/2005/QH11号《知识产权法》的规定授予工业产权代理服务执业证书。

7. 本法生效施行前已向主管部门提交的植物品种权登记保护申请,继续按照申请时生效的法律规定办理。本法生效施行前已取得工业产权代理服务执业证书的自然人,继续以其取得的证书执业。

8. 本法生效施行前主管部门已受理未完结的知识产权侵权案件,继续适用经律字第36/2009/QH12号法案和律字第42/2019/QH14号法案补充修订的律字第50/2005/QH11号《知识产权法》的规定处理。

本法于2022年6月16日由越南社会主义共和国第十五届国会第三次会议审议通过。

国会主席

王廷惠